印度仲裁法精要

ARBITRATION LAW AND PRACTICE IN INDIA

李　钦 / 著
Santosh Pai / 审校

中国法制出版社
CHINA LEGAL PUBLISHING HOUSE

序

疫情期间，李钦把刚完工的《印度仲裁法精要》装订一本，寄给我先睹为快，并邀我作序。于书于人，均不忍推托。

于书而言，所着力的主题是我一直期待看到的。虽然作者自嘲“内容比较浅显，对仲裁专业人士而言可能入不得法眼”，但我知道这是到目前为止国内要了解印度仲裁可资参考的第一本书。作者以投资者及为投资者服务的法律顾问作为预设读者对象，努力按照观察仲裁的通常认知框架，以问题为导向，对印度仲裁中不能简单套用一般仲裁知识或国内观念来理解的地方做了较好的介绍。因为强调实务取向，书中甚至涉及了一些其他仲裁法著作中不太会提及的内容，比如“如何获取印度方的相关信息”等。虽然我并不是对作者的每一点分析都完全认同，但深信凡是需要了解印度仲裁相关信息的一线人员均能从中受益。对于一般的仲裁研习者，阅读之后也会对各国仲裁的趋同性与差异性有更深切的理解。

于人而言，李钦曾是“清华大学法学院国际仲裁与争端解决(IADS)”项目的第二期学员。这个项目设立初期，担任项目主任的郑若骅老师给我安了个 Tutor 的身份，让我多参与。我借机旁听了 Gary Born、Albert van den Berg 等顶级专家主讲的课，极大深化了对国际仲裁的理解。同时，也给学员做过实务分享，协助主持过结课口试。有次还作为学员期末模拟仲裁庭的仲裁员，感受了学员经过课程训练后展示出相当高水平的攻防对抗。记得郑老师让我说几句的时候，我用了“I come! I see! I enjoy!”表达了参与这个项目的诸多活动的感受！因为有这些参与，我对项目学员在仲裁领域取得的成长和进步总是由衷地感到高兴，也希望中国仲裁领域能够人才辈出。

寥寥数语，是以为序！

陈福勇

北京仲裁委员会/北京国际仲裁中心 副秘书长

序

Foreword

Lord Mustill, in one of his forewords to a book remarked that the writers of forewords often begin by saying, no doubt sincerely, how delighted they have been by the request to contribute and for him it was not only a delight but an honor too. With equal sincerity, I completely echo his words.

马斯蒂尔勋爵在他为一本书的作序中写道：写序言的人通常会在一开头说，毫无疑问，他们非常地高兴接到了邀请自己出力的请求，但对他而言，这不仅是一种喜悦，也是一种荣誉。对于此话，我真诚地完全认同。

The importance of this book can hardly be overstated. Following the adoption of Model Law by India in 1996, there have been significant amendments to the Indian Arbitration Law. The Amendments of 2015 and 2019 aim at fostering India's position as a hub of International Arbitration. Since theses amendments, it would not be wrong to say that the landscape of arbitration has seen a drastic change. There is a growing realisation and a positive move of arbitrations from ad-hoc arbitrations to institutional arbitrations. India has recently witnessed the emergence of several arbitration institutions that aim to popularize institutional arbitration as an alternative for dispute resolution. One of the underlying objectives behind this trend is to boost confidence among foreign counterparties from jurisdictions that do not share a common law system or preference for ad-hoc arbitration such as China. Chinese companies doing business in India can possibly be one of the largest categories of beneficiaries from such a trend towards institutional arbitration. As the Secretary General of Mumbai Centre for International Arbitration (MCIA), one of most prestigious arbitral institutions in India, I am fortunate to be a witness to such progress and I am proud of the achievements that have been made over the years by the arbitration community in India.

这本书非常重要，重要到再怎么强调也不为过。继 1996 年印度基于《联合国国际贸易法委员会国际商事仲裁示范法》制定其仲裁法后，2015 年和 2019 年的修正案都旨在加强印度作为国际仲裁中心的地位。自这些修正案颁布以来，印度仲裁的格局也发生了巨大的改变。越来越多的人认识到，仲裁正经历着从临时仲裁到机构仲裁的积极转变。最近，印度出现了多家仲裁机构，旨在推广机构仲裁作为解决争端的替代办法。这一趋势背后的根本目标之一，是为了增强那些来自非普通法系或不偏好临时仲裁的司法管辖区（如中国）的外国交易对手的信心。在印度开展业务的中国公司可能是机构仲裁这一趋势的最大受益者之一。作为印度最具声望的仲裁机构之一的孟买国际仲裁中心（MCIA）的秘书长，我很幸运地见证了这一进步，同时我也为印度仲裁界多年来取得的成就感到自豪。

Knowledge about the legal system of a counterparty's home jurisdiction often boosts trust in commercial dealings. The increasing scale and complexity of economic ties between India and China has created an imperative for stakeholders to increase their awareness about the legal systems of both countries. In this context, a book that aims to educate Chinese readers about the evolution and development of Indian arbitration law is indeed a commendable and a timely initiative.

加强对交易对手所在国法律体系的了解，往往能够增强人们在商业交易中的信任。随着中印经济联系的规模扩大和复杂性增加，利益攸关方必须要加强对两国法律体系的学习和认识。因此，在这样的背景下，出版一本旨在帮助中国读者了解印度仲裁法演变和发展的书，的确是一项值得称赞的应时应势之举。

I am honored to be one of the first readers of this book. Written by leading experts of Indian law, the book discusses and covers in detail all important facets of arbitration in India, the evolution of jurisprudence of arbitration in India against the backdrop of international practices, in a clear and sensible manner. This book is an extensive commentary on the Indian Arbitration Act, 1996 as amended in 2015 and 2019 and is a reflection of the maturity now reached by the Indian Arbitration community. It is a painstaking and diligent piece of work that can only be properly discharged by someone both familiar and competent in this field. Li Qin and Santosh Pai must be commended and congratulated for having undertaken this exercise, so well. I recommend this book to all readers interested in Indian arbitration and, in particular, to international practitioners who regularly deal with Indian companies. My only wish is to see further editions of this remarkable book.

我很荣幸能够成为这本书的首批读者之一。这本由印度法专家们撰写的书，以清晰而睿智的方式，详细讨论了印度仲裁的所有重要方面，以及在国际惯例的背景下印度仲裁法律体系的演变。它是对 1996 年印度《仲裁法》（2015 年和 2019 年修订）的广泛评论，同时也反映了印度仲裁界目前的成熟度。它的撰写是一项艰苦和勤奋的工作，只有熟悉这一领域并具备相应能力的人才能够胜任此项工作。我必须赞扬和祝贺李钦和白大山出色地完成了这项工作，在此，我向所有对印度仲裁感兴趣的读者，特别是经常与印度公司打交道的国际从业者推荐这本书。我唯一的愿望是看到这部非凡作品的进一步版本。

Neeti Sachdeva

Secretary General

孟买国际仲裁中心秘书长

目　录

第三编　印度现行仲裁法中英文对照及理解

ARBITRATION LAW AND PRACTICE IN INDIA

第一编 印度仲裁法的演进与发展

第一章

印度仲裁法简介

第一节　印度仲裁法的历史演进

有学者认为，仲裁在印度并非新兴事物，最早可以追溯至古印度村庄长老的民间调解和仲裁①，亦非移植于英国。但事实上，对于现代意义上的“商事仲裁”以及立法上的移植和内化而言，印度基本上都是跟随英国的脚步亦步亦趋。

英国于 1697 年率先颁布了第一个仲裁法案，并于 1889 年制定了其第一部仲裁法。而对于印度现代意义上而言的仲裁可以追溯至 18 世纪 70 年代，当时英国在印度制定的《孟加拉诸项立法》（*the Bengal Regulations*）中首先引入了仲裁这一概念。在英国制定了首部仲裁法之后，英国统治者在印度制定了 1899 年印度《仲裁法》，虽然基本上是原样照搬英国法，但这是印度第一部“本土”的仲裁立法。印度在 1908 年《民事诉讼法》附件 2 中也有对仲裁的专门规定。② 随后，印度效仿英国的 1934 年《仲裁法》，颁布了 1940 年《仲裁法》，并考虑到外国仲裁裁决的执行问题，在 1937 年通过了《仲裁（协定和公约）法》[*Arbitration*（*Protocol & Convention*）*Act*，1937]、1961 年通过了《外国裁决（承认和执行）法案》[*the Foreign Awards*（*Recognition & Enforcement*）*Act*，1961]，对基于《日内瓦公约》和《纽约公约》的外国仲裁裁决分别进行处理。直到 1996 年印度以《联合国国际贸易法委员会国际商事

---

① Law Commission of India Report 76, November 1978, P. 4.

② 见 1908 Civil Procedure Law of India, Schedule II, Section 89.

仲裁示范法》（*UNCITRAL Model Law on International Commercial Arbitration*）为蓝本，颁布了《仲裁与调解法》（*the Arbitration and Conciliation Act*，1996），在此之前的数百年时间，印度的仲裁法律制度构建和实践都是仿效英国。①

印度对于英国各项立法的吸收和内化不仅仅因为其曾经作为英国的殖民地，还有着非常复杂的国内和民族原因。

在英帝国的殖民经济体系中，印度是其重要的原料产地，也是重要的产品倾销市场，被称为“帝国皇冠上的宝石”，其对于英国的重要性可见一斑。1857 年印度民族大起义被英国镇压之后，英国终结了通过东印度公司管理印度的体制，将印度置于英国直接统治之下。英国议会在 1858 年通过了《印度政府法》（*The Government of India Act of* 1858），正式建立起在印度的英国式统治架构和治理系统。因为印度需要在短时间之内建立起新的英国式法律体系，加之其受到 19 世纪法典化运动的影响，因此在移植英国法的时候大量采用了成文法的形式。有印度学者曾经说过，“我们的法律本质上还是普通法，成文法条款就是为了普通法的精神的实现而存在，法条是普通法的附录和勘误表”。② 在随后的 1859 年至 1882 年的立法运动中，印度编纂了包括 1859 年《民事诉讼法典》（*The Code of Civil Procedure*，1859）、1861 年《刑事诉讼法典》（*The Criminal Procedure Code*，1861）、1860 年《刑法典》（*The Indian Penal Code*，1860）、1872 年《合同法》（*The Indian Contract Act*，1872）、1872 年《证据法》（*The Indian Evidence Act*，1872）和 1881 年《票据法》（*The Negotiable Instruments Act*，1881）等在内的众多成文法。

就印度仲裁法的本土化立法而言，在长达百余年的英国殖民统治中，印度受到了英国仲裁法、仲裁惯例和商事法律的影响。作为重要的商事争议解决法律和对营商环境的重要配套，印度是在首先以英国法为基石，逐步建立起了自己完善的商法体系之后才慢慢在仲裁领域进行本土化发力。因此，我们可以大致把印度商事争议解决法律的立法进程分为以下几个时期。

---

① 印度立法委员会在 2001 年发布的第 176 号报告中，“英国仲裁法”这个关键词出现达 69 次之多，Law Commission of India Report 176，September 2001。

② 李来孺：《印度当代合同法》，法律出版社 2015 年版，第 31 页。

一、19 世纪末期至 20 世纪 40 年代

此时大量在印度进行经营的公司其实是注册在英国本土的公司，随着印度对英国的利益显得越来越突出，为了提升经济和管理效率，英国当局认为有必要在印度直接进行仲裁法的立法，并且对印度的商事争议解决活动进行更直接有效的管理。于是，这一阶段英国将其在本国制定的 1889 年《仲裁法》推广到印度适用①，制定了 1899 年印度《仲裁法》，这部法律虽然完全仿照英国 1889 年《仲裁法》，没有印度本土特色，但作为印度第一部《仲裁法》，仍具有重要意义。

这一阶段印度的仲裁法律依据除了 1899 年印度《仲裁法》，还需要参照 1908 年印度《民事诉讼法》中相关章节的内容。

二、1940 年仲裁法的诞生至 1996 年印度制定新仲裁法

进入 20 世纪以来，印度积极推动仲裁制度改革，尤其是 1919 年《印度政府法》（*The Government of India Act*，1919）实施后，虽然印度此时距离获得国家层面上的独立尚需 30 年，但这一法案使得印度立法会可以行使立法权，其在国内层面制定了 1940 年《仲裁法》，在国际层面于 1937 年加入了《关于执行外国仲裁裁决的日内瓦公约》（以下简称《日内瓦公约》）和 1958 年《承认及执行外国仲裁裁决公约》（以下简称《纽约公约》）。

在这一阶段，印度希望要基于印度自身的经济社会和政治情况（Social-economic and Political Context）来制定一部“印度的”《仲裁法》，但印度 1940 年《仲裁法》很大程度上还是照搬了英国 1934 年《仲裁法》，仅仅用了很少的笔墨来应对印度与英国完全不同的国情和现实情况，这也反映出了英国体系和制度对印度的影响之深，英国法作为印度殖民时代的遗产（Colonial Legacy）得到了珍视和继续采用。英国对印度的殖民统治除了将英国的政治制度推行到印度，对于印度司法的影响也极为深远。

---

① Law Commission of India Report 76, November 1978, p. 6.

1940 年《仲裁法》是适用于"英属印度"的法律，因此也包括当今的巴基斯坦和孟加拉国等国。

受限于当时的国际国内政治经济环境和商事仲裁的发展程度，1940 年《仲裁法》有以下不足：

1. 法院对仲裁实体过度干预，法院可以随意修改仲裁裁决，且法院对仲裁程序的干预从仲裁庭组成之前到裁决作出之后随时都可以介入。

2. 对仲裁程序和仲裁协议及仲裁庭的组成的异议在作出裁决之后都可以随时提起，无法实现裁决的终局效力。

3. 撤销裁决的理由不仅仅包括程序问题，还包括实体（Merit）问题。

4. 没有包含调解相关内容。

5. 碎片化的裁决执行制度。执行印度国内裁决（Domestic Award）需要遵照印度 1940 年《仲裁法》，但该 1940 年法案完全不涉及外国仲裁裁决的执行，执行外国裁决则分别按照 1937 年的《仲裁（协定和公约）法》[*Arbitration（Protocol & Convention）Act*，1937] 和 1961 年的《外国裁决（承认和执行）法案》[*the Foreign Awards（Recognition & Enforcement）Act*，1961] 进行分别处理。印度这样立法的原因是 1937 年的法案处理基于《日内瓦公约》的仲裁裁决，而 1961 年法案处理基于《纽约公约》的仲裁裁决。显然，这样碎片化（Fragmented）的立法是不合理且无效率的，并且让很多当事人一头雾水，极易在执行环节引发争议。

因为上述缺陷，导致 1940 年《仲裁法》中规定的仲裁根本算不上是法院的替代程序（Alternative Mechanism），而更像是另外一个法院。从 1940 年《仲裁法》通过到 1996 年印度颁行新的仲裁法，在长达半个多世纪的过程中，在南亚次大陆上通行的仲裁争议解决法律是这么一部不太切合印度实际也无法满足外国投资者期望的仲裁法律。这也导致了大量的争议只能找法院去解决，而印度法院则是以不堪重负、审判效率奇低而闻名于世。

此外，就国内国际的政治经济环境而言，印度在 1947 年独立并于 1950 年建国之后，印度首任总理尼赫鲁组建的政府决定经济上仿效苏联，实行优先发展国营重工业的战略。在执行第二个五年计划时，政府颁布了 1956 年工业政策决议，把所有重工业、国防工业和基础设施划归国营。私营只能投资于其他工业，在资源配置上向重工业倾斜。尼赫鲁认为只有将以消费资料为主的工业结构改变为以生产资料为主的工业结构，经济才能高速发展，从而逐渐减少对外国的依赖。因为这种模式是尼赫鲁授意，由统计学家马哈诺比斯设计的，故称为尼赫鲁发展模式或马哈诺比斯增长模式。

由于对外资限制过严，印度错过了20世纪60年代至80年代世界经济全球化的第一次浪潮：跨国公司的产品、零部件和装配线外包。而这一时期有着“亚洲四小龙”之称的中国香港、中国台湾、新加坡和韩国推行出口导向型战略，重点发展劳动密集型的加工产业，在短时间内实现了经济的腾飞，一跃成为全亚洲发达富裕的地区。随后，在带有技术和资本性质转移的第二次全球化浪潮中，印度也仅处于边缘。20世纪80年代英迪拉·甘地总理和拉吉夫·甘地总理进行经济调整，实行“进口替代与促进出口相结合”的战略，放松对私营企业的部分管制，但他们没有从根本上打破1956年工业政策决议的框架。而靠扩大政府开支，大量举借外债，特别是大量使用国际货币基金组织的应急贷款和利率高的短期商业贷款来发展能源和扩充军备，加重了财政负担。印度经济年均增长率虽然达5.5%，但宏观管理失控，财政收支和国际收支双失衡。1990年，在海湾危机的冲击下，印度爆发了严重的外汇危机，外汇储备仅剩12.5亿美元，只够支付一个月的进口。中央财政赤字占GDP的8.4%，经济濒临崩溃。加上政局动荡，工业化化为泡影。与此相对照，在经济全球化的进程中，以出口为导向、实行市场经济的发展中国家经济反而快速增长，成为一批新兴的工业国和地区，“亚洲四小龙”的韩国、新加坡以及中国的香港和台湾地区最具有代表性。1978年中国实行改革开放后经济增长率也大大超过印度。受限于这一时期印度国内经济的高度计划性，1940年《仲裁法》并未在私营领域发挥出其该有的活力。

印度最高法院在“Guru Nanak Foundation v Rattan Singh and Sons”① 的判词中都毫不留情地说，“1940年《仲裁法》项下的程序已经变得非常机械

① AIR 1981 SC 2075 - 76.

化，每一环节都伴随着无休止的冗长，对于无风险意识的当事人而言创设了大量的陷阱（that the proceedings under the Arbitration Act of 1940 have become highly technical, accompanied by an unending prolixity at every stage, providing a legal trap to the unwary）”。负责立法建议的印度法律委员会（Law Commission of India）在1978年就建议议会对1940年《仲裁法》进行大修或者干脆制定一部新的立法，但受制于当时的议会政治斗争和国际国内环境，这一议题一直被搁置。

三、1996年仲裁法的立法通过至2015年修正

1991年6月，国大党在印度第十届大选中获胜，纳拉辛哈·拉奥出任总理。为摆脱经济危机，财政部长曼莫汗·辛格设计出经济自由化和全球化的改革方案，彻底抛弃尼赫鲁发展模式，实行改革开放，使经济从半封闭半管制经济体制转向市场机制。这次经济改革被称为印度经济的“第二次革命”。

随着经济的发展，民众对于新的争议解决法律出台的呼吁声越来越高。为了更有利于经贸事务的开展，且与经济改革相匹配，使仲裁更加迅速、有效地进行，印度以当时反映国际商事仲裁立法主流理念的《联合国国际贸易法委员会国际商事仲裁示范法》为蓝本，于1996年颁布了《仲裁与调解法》（*the Arbitration and Conciliation Act*, 1996），取代了之前的1940年《仲裁法》。1996年《仲裁与调解法》为印度现行司法体系提供了富有成效的争端解决机制，缓解了部分案件过度拖延、积压的情况：

1. 针对1940年《仲裁法》过度司法干预的问题，新法大幅度减少了法院可以介入的情形，赋予了仲裁庭较大的权力，尊重了仲裁庭的管辖权。

2. 内核与国际接轨，对于外国投资者而言较为熟悉。

3. 优化了裁决的执行，针对上文提到的执行外国裁决和国内裁决需要遵循不同的法律、极易产生问题的弊端，1996年《仲裁与调解法》废除了上述三个与仲裁相关的法案，以统一的面貌示人，是一个非常大的进步。

4. 规定了调解和其相匹配的制度。

四、2015年和2019年两次对1996年《仲裁与调解法》进行修正

印度1996年《仲裁与调解法》基于《联合国国际贸易法委员会国际商事仲裁示范法》制定，无疑是一部先进的立法。但由于1899年和1940年的《仲裁法》中都仅仅承认临时仲裁（ad hoc Arbitration），直到1996年《仲裁与调解法》出台，印度才首次认可了机构仲裁（Institutional Arbitration），这一历史因素导致目前在印度进行的仲裁案件大多基于临时仲裁。有数据统计显示，临时仲裁在印度仲裁案件中的比例竟然达到了95%之多。印度机构仲裁居于弱势地位导致了如下缺点和弊病：

1. 程序滥用。临时仲裁程序灵活也意味着程序失控。在印度，很多企业在其合同中有意地加入临时仲裁条款，并且通过后期滥用程序，使得案件久拖不决。

2. 相比于机构仲裁较为透明和固定的费用，临时仲裁的费用多数情况下不固定。印度的仲裁员一般都是前法官担任，由于习惯问题，他们是按照开庭次数（Per Hearing）收费，更有甚者将开庭进一步划分成了上下场（Per Sitting），每场都要收费。

此外，1996年《仲裁与调解法》还有很多固有的缺陷。比如2015年之前，印度仲裁法在实践上有一个饱受诟病的制度叫作“自动中止（Automatic Stay）”，指的是裁决作出后，在执行过程中，如果被执行人依照印度1996年《仲裁与调解法》第34条的内容向法院申请异议（Challenge），则当事人申请撤销仲裁裁决的申请被受理后，该裁决的执行程序在法院给出最终决定之前自动中止，这一制度设计经常被一方用来作为拖延战术（Dilatory Tactic）。实践中，大量的企业最为关注的问题是现金流，如果款项不能及时收回，很可能出现现金流断裂而被活活拖死，这将导致胜裁方“不败而败”，原来的失败方“不胜而胜”的局面。另外，对于当事人非常关心的临时救济问题，在旧的仲裁法框架下，如果仲裁地在印度境外，则该仲裁庭发布的临时救济措施依照印度仲裁法无法获取印度法院的协助执行，因为1996年《仲裁与

调解法》仅仅规定了最终的裁决（Final Award）才可以在印度执行；但如果仲裁地是在印度，则仲裁庭发出的临时救济措施可以等同于印度法院的裁定（Order）并得到执行。

以上弊端倒逼印度的当事人考虑“用脚投票”。因印度长久以来忽视仲裁机构的发展，其国内没有一个具有悠久历史传统的仲裁机构，这导致不少印度当事人选择印度境外的仲裁机构进行仲裁，以新加坡国际仲裁中心（SIAC）为例，其第一大客户就是印度当事人。① 无形中大量外汇和收入都进了别国的腰包，这让处在南亚交通要道的印度政府大为艳羡。当然，新加坡的成功不仅仅是因为其社会廉洁以及独立公正的法律体系，还包括一整套“Pro - arbitration”（支持仲裁）的司法制度。

有鉴于以上弊端，印度通过在2015年和2019年短时间间隔密集修订1996年《仲裁与调解法》，设立了如下的“组合拳”，以期可以从根本上改善印度国内仲裁市场的乱象并提升印度仲裁对外国投资者的吸引力：

1. 印度在2015年年底对1996年《仲裁与调解法》进行了修正，所有仲裁地（Seat）在印度的仲裁案件，必须要在仲裁庭组成后的12个月内给出裁决。当事双方同意的话可以延期6个月，但进一步的延期只能从法院获取许可。并且针对仲裁员有意拖延的情况，在修正案中规定了如果仲裁员无法按期给出裁决，则将面临扣除仲裁员费用的处罚。

2. 仲裁庭可以根据双方提交的书面诉状、文件和书面材料进行仲裁，当事人也可以选择进行开庭裁决。

3. 赋予仲裁庭批准采取临时措施以保护和保全争议财产/标的的权力。仲裁庭的裁决与民事法院的裁决具有同等法律效力，并且可以相同方式执行。

4. 仲裁裁决可以在印度境内能够执行法院判决的任何地方执行，不需要对仲裁程序具有管辖权的法院移送判决。

5. 废除了“自动中止”制度。针对“自动中止”这一饱受诟病的顽疾，

① SIAC Annual Report 2019, p. 4.

2014 年印度政府启动“印度制造”计划时，仲裁法被确定为重点改革领域，以提高印度作为外国直接投资目的地的吸引力。2015 年印度完成了对 1996 年《仲裁与调解法》的修正，仲裁裁决的执行程序不再因撤销仲裁裁决的申请而自动中止。解决办法是新增了第 36 条并规定当事人若想以尚未作出决定的撤销仲裁裁决的案件申请中止执行仲裁裁决，则需另行向法院单独提出中止执行仲裁程序的申请。这一修正改变了之前只要依照《仲裁与调解法》第 34 条提出撤裁申请，裁决执行程序就自动停止的情形，对法案进行修正后实现了“异议不影响执行”。对这部分内容，具体可以参见本书第八章第二节“印度仲裁裁决执行的先决程序及其废止”相关部分的内容。

6. 通过在仲裁法后引入第五和第六附件的方式，对于仲裁员利益冲突、披露的情况等进行细化处理，进一步完善了 1996 年《仲裁与调解法》。

7. 2019 年 6 月，印度联邦内阁批准了 2019 年《新德里国际仲裁中心（NDIAC）草案》[*The New Delhi International Arbitration Centre* (*NDIAC*) *Bill*, 2019]，同意设立新德里国际仲裁中心，在国内外推广印度的机构仲裁。

这一历史阶段聚焦的主要目的就是提升仲裁效率、推广机构仲裁的同时在国际上树立印度“支持仲裁（Pro-arbitration）”的形象，提振外国投资者的信心。当然，这段时间印度的诸多司法判例都作出了支持仲裁和支持外国投资者的裁决，比如对于公共政策的解释上，在“Tata sons v Docomo”和“Cruz City 1 Mauritius Holdings v Unitech Limited”等案件中，印度最高法院作出了支持仲裁的判决。因这些案例在本书第八章第二节“拒绝执行外国仲裁裁决的理由”部分中有详细的描写，这里不再赘述。

第二节　印度现行仲裁立法体例简介

印度现行的仲裁立法为 1996 年《仲裁与调解法》，其共分为四部分（Part）：

1. 第一部分包含第 2 条至第 43 条（Section），主要对印度国内仲裁的一般条款进行了规定。

2. 第二部分包含第 44 条至第 60 条，主要对外国仲裁裁决的执行等问题进行规定。其中，第二部分第一章（Chapter 1）规定的是基于《纽约公约》所作出的裁决在印度的执行问题，而第二章（Chapter 2）规定的是基于 1927 年《日内瓦公约》（*the* 1927 *Geneva Convention*）所作出的裁决的执行问题。

3. 第三部分包含第 61 条至第 81 条，主要对和解（Conciliation）制度进行了规定。

4. 第四部分包含第 82 条至第 87 条，主要是一些增补条款（Supplementary Provisions）。此外，还包括七个附件（Schedule），这七个附件对应的主要内容如下表所示：

名称	内容
附件一（THE FIRST SCHEDULE）	1958 年《纽约公约》
附件二（THE SECOND SCHEDULE）	1923 年《仲裁条款议定书》
附件三（THE THIRD SCHEDULE）	1927 年《执行外国仲裁裁决的日内瓦公约》
附件四（THE FOURTH SCHEDULE）	示范性仲裁员收费表
附件五（THE FIFTH SCHEDULE）	仲裁员公正性和独立性指引
附件六（THE SIXTH SCHEDULE）	仲裁员利益冲突披露表
附件七（THE SEVENTH SCHEDULE）	导致仲裁员不适格的情形

以上四部分中，第一部分几乎是完全基于《联合国国际贸易法委员会国际商事仲裁示范法》；第二部分则是承认和执行仲裁裁决的内容，主要是基于国际性条约《纽约公约》和《日内瓦公约》，结合印度自身情况对于执行外国仲裁裁决的条件、程序等进行了规定。

但印度 1996 年《仲裁与调解法》也有一些与《联合国国际贸易法委员会国际商事仲裁示范法》存在较大差异的地方。比如 1996 年《仲裁与调解法》第 16 条第 6 款规定，如果对仲裁庭管辖权异议失败，仲裁庭作出仲裁裁决的，当事一方可以向法院申请撤销该仲裁裁决。印度法上没有将这一问题放在“Pre-award”即仲裁裁决作出之前进行处理，而是放在仲裁裁决作出之后处理，这在事实上又创造了一个在仲裁作出后可以申请撤销仲裁裁决的理由。

又如，1996 年《仲裁与调解法》第 13 条第 5 款规定，如果基于仲裁员独立性和公正性产生对仲裁员的异议，但异议不成功的，该异议方可以基于这一理由，结合仲裁法第 34 条向法院提出撤销仲裁裁决的申请。这就导致了印度法项下仲裁庭对于当事人对仲裁员丧失独立性或者公正性的异议（Challenge）申请一般都会非常审慎地处理，因为如果仲裁庭驳回当事人的异议，虽然仲裁程序得以继续，但这样做的风险敞口非常大。基于 1996 年《仲裁与调解法》第 13 条第 5 款规定，如果对仲裁员的异议没有成功，则仲裁庭可以继续审理，但该当事方享有第二次救济机会，即可以基于第 34 条的规定，在仲裁裁决作出后，向法院寻求撤销（Set Aside）仲裁裁决。

印度法上的这一点处理方式与《联合国国际贸易法委员会国际商事仲裁示范法》的做法不同，示范法中第 13 条规定，如果仲裁庭拒绝当事人对于仲裁员的异议的，“根据当事人约定的任何程序或本条第 2 款的程序而提出的回避不成立的，提出回避申请的一方当事人可以在收到驳回其所提出的回避申请的决定通知后三十天内，请求第 6 条规定的法院或其他机构就是否回避作出决定，该决定不得上诉；在对该请求未决期间，仲裁庭包括被申请回避的仲裁员可以继续进行仲裁程序和作出裁决”。

也就是说，《联合国国际贸易法委员会国际商事仲裁示范法》框架下对于仲裁员的异议不成功的，需要在仲裁庭作出仲裁裁决前向法院提出申请，但印度法项下，却挪到了仲裁裁决作出之后向法院申请救济，这在事实上给了另外一方额外的理由来撤销仲裁裁决，实践中也可能存在会被失败一方滥用，成为阻碍仲裁裁决执行的一个抗辩工具的倾向。当然，如果失败一方是中国企业，则完全可以将此条纳入救济战术的考虑范围之中，尤其是可以证明仲裁员的独立性和公正性存在问题的情况下，这一点值得中国的读者格外关注。

因此，对于不熟悉印度本国仲裁立法的外国当事人而言，如果无法从全局上对印度仲裁立法和实践进行把握，仅仅依赖在印度域外获取的仲裁相关经验，很可能造成相关的误区，更严重的则可能导致在后续救济上应对乏力。

自 1996 年该法施行以来，一共进行了两次修正，分别是在 2015 年和 2019 年。具体的修改内容，可以参照上一节的描述，也可以参见本书第三编中的印度仲裁法中英文对比法条，笔者就 2015 年和 2019 年修正的法条和生效时间以脚注的形式进行了标记，供读者参考。

第三节　印度仲裁法的法律渊源

印度是受英国法影响深远的普通法系国家，如第一章第一节所述，1857 年印度民族大起义被英国镇压之后，英国终结了通过东印度公司管理印度的体制，将印度置于英国直接统治之下，英国议会在 1858 年通过了《印度政府法》（*The Government of India Act of* 1858），正式建立起在印度的英国式统治架构和治理系统。因为印度需要在短时间之内建立起新的英国式法律体系，加之其受到 19 世纪法典化运动的影响，因此在移植英国法的时候大量采用了成文法的形式。而且因为成文法系议会立法，所以在三权分立的印度具有最高的法律地位，因此，作为成文法的 1996 年《仲裁与调解法》就是印度仲裁成文法领域的最权威法律。此外，1963 年印度《时效法》（*The Limitation Act* 1963）也对仲裁整体适用，因此，《时效法》也是印度仲裁领域不可忽视的成文法律渊源。

虽然 1996 年《仲裁与调解法》第 19 条明确规定了仲裁庭不受 1908 年《印度民事诉讼法典》或者 1872 年《印度证据法》的约束，但实践中这两部成文法还是具有比较高的参考价值的。

在成文法没有规定、规定不清楚或者机械适用成文法可能导致不公正的情况下，则需要依靠判例法来进行说理。这时首先需要看印度本国的争议解决法实践产生的司法判例。[①] 印度专门对以往的案例进行汇编，用专门的案例汇编（Report）进行刊载，目前在印度影响最大的是《全印案例汇编》（*All India Reporter*），另外，印度最高法院也有自己的案例汇编。[②]

此外，虽然印度已经脱离英国而独立，但到目前为止印度司法界和实务界仍然较多地引用英国法的经典判例。印度1950年之前因为历史的原因，最高法院实际上是英国的枢密院（Privy Council）。在印度取得独立后不久的1949年，印度制定了《废除枢密院管辖权法案》（*The Abolition of Privy Council Act*），并于1950年建立了印度最高法院（Supreme Court of India），但英属时代的判例和法学教育[③]及司法系统和传统都得以保存。

另外，印度《宪法》也是印度商事立法的重要渊源。与中国《宪法》是具有指导性的原则不同，印度《宪法》并不只是抽象的原则，其条款可以直接作为裁判的依据。按照印度《宪法》的规定，印度为联邦制国家，因而就立法权力而言，分成了专属联邦立法的事项（Union List）、专属地方立法的事项（State List）以及中央和地方共同立法的事项（Concurrent List）三种。

1. 专属联邦立法的事项：属于这一类的事项都是诸如国防、外交、原子能、银行、邮政等具有全国重要性的事项。针对这一部分事项，中央政府可以进行相关的法律制定。目前印度中央政府针对97项事务有制定相关法律法规的权力。

2. 专属地方立法的事项：属于这一类的事项是诸如警察、地方政府、贸易、农业等具有地方影响性的事项。针对这一部分事项，地方政府可以进行

---

① 印度作为联邦制的共和国，政府体制为二元化，即分为中央邦和地方邦两个层级，但其法院体系却是一元的。印度法院判例的基本运行规则为：下级法院受到上级法院判例的约束。但在高等法院之间，一邦的高等法院不需要受到另外一邦的高等法院的判例的约束，但另外一邦的高等法院的判例具有“有说服力的价值”（Persuasive Value）。此外，印度最高法院不受其自身已经作出的判例的约束。

② 参见印度最高法院网站，http：//supremecourtofindia. nic. in/scr. htm。

③ 比如印度目前还保留有与英国一样的法学学士学位（LL. B）作为法学第一学位，但反观现在的美国已经没有本科阶段的法学学位。另外，印度很多知名的法学院开设五年制的本科项目，学生毕业时可以获得法学学士学位以及文学学士学位。

相关的法律制定。目前印度地方政府针对 66 项事务有制定相关法律法规的权力。但是，在国家或者地方处于紧急状态下，印度议会将接管这些权力，进行具体法律法规的制定。

3. 中央和地方共同立法的事项：目前印度有 47 项事务，中央和地方都有权制定相关的法律法规。这些事务诸如刑事及民事法律制度、婚姻、教育、经济发展相关计划制定以及工会等。但是，为了避免中央政府和地方政府针对同一事务制定的法律出现相左的情形，印度宪法规定在这种情况下中央制定的法律优先适用。1976 年之前，教育事务的法律制定本来是地方各邦的权力，但是在 1976 年宪法修正案中，将此权力变更为中央和地方共管的事务。

除了以上列举的三种权力分配机制之外，还有一种叫作“剩余权力”（Residuary Power），即没有包含以上三种权力分配列表之中的权力。针对这一部分权力，目前印度宪法授权中央政府来具体执行。

印度宪法中有专门条款对仲裁作出了规定。第 51 条指出，“国家鼓励通过仲裁解决国际争议”，虽然这一条更多的是国际关系层面，但其存在也直接为印度加入《纽约公约》等多边性国际争议解决公约提供了最直接的法律依据。

第二章

印度与国际仲裁领域的两个重要公约：《日内瓦公约》以及《纽约公约》

第一节　《纽约公约》简介

1958 年《纽约公约》是国际仲裁领域中参加国最多、适用范围最广、影响最大也是最成功的国际公约。由于其在很大程度上增强了争议解决领域的可预见性与安全性，确保了仲裁在解决国际商事纠纷方面的效力，促进了经济全球化的进一步发展，因此，《纽约公约》得到了缔约国的普遍尊重与执行，并对国际仲裁立法以及各国国内立法及其实践产生了重要与积极的影响。2020 年 3 月 31 日，帕劳共和国（The Republic of Palau）批准加入《纽约公约》，公约于 2020 年 6 月 29 日对其正式生效，这使得批准《纽约公约》的国家和地区数目达到 163 个。①

在《纽约公约》之前，尤其是国际商事仲裁刚刚兴起的 20 世纪初期，并没有条约对于国际仲裁进行规制，主要依据是各国的国内立法，且各国当时的国内法和法院并不对仲裁持友好态度。

第一次世界大战后，对国际商事仲裁的需求增多促进了在巴黎重新建立的国际商会建议给仲裁订立一项国际公约，在当时的国际联盟（League of Nations）的倡导下，于 1927 年在瑞士的日内瓦制定了《日内瓦公约》。

在当时的历史环境下，《日内瓦公约》有其积极意义，但是其存在适用

---

① 参见《纽约公约》官方网站，http：//newyorkconvention1958. org/。

范围窄、不支持当事人对仲裁程序法进行选择、执行裁决的双重许可制度、对寻求执行裁决的一方当事人规定了过多的举证责任等弊端。

正是因为《日内瓦公约》存在上述不足，成为《纽约公约》出现的历史契机。1958 年 5 月 20 日至 6 月 10 日联合国经济及社会理事会国际商事仲裁大会于纽约联合国总部召开，其结果是通过了著名的 1958 年《纽约公约》。《纽约公约》对此前《日内瓦公约》及仲裁制度的重要发展和改进主要体现在以下几个方面：①

1. 扩大了公约的适用范围。《纽约公约》要求各缔约国应将该公约适用于“在外国作出的裁决”。“在外国作出的裁决”是指在被请求承认及执行的缔约国以外某一国家领土上作出的裁决。《纽约公约》的这一适用对象是非常广泛的，它意味着缔约国一旦加入该公约，就有义务在本国领土内承认及执行在任何外国作出的仲裁裁决，而无论该外国是否是《纽约公约》的缔约国。②

2. 确立了仲裁协议书面形式的统一规则。就仲裁协议的形式而言，各国国内立法规定存在一些差别。例如，大多数国家立法要求仲裁协议应为书面形式，但也有少数国家允许口头方式订立仲裁协议；在采用书面形式要求的国家中，有些国家对构成书面协议的具体条件要求比较宽松，而有些则比较严格和苛刻。《日内瓦公约》要求仲裁协议按其准据法应是有效的，并将此作为执行裁决的条件之一。因此，按照《日内瓦公约》，仲裁协议采用何种形式也取决于上述准据法。与此不同的是，《纽约公约》直接规定了仲裁协议必须采用书面形式并在公约第 2 条第 2 款中对书面形式的含义作了界定。

3. 赋予当事人对仲裁程序法的选择权。1927 年的《日内瓦公约》规定，仲裁庭的组成和仲裁程序必须符合仲裁地的法律，而且将此作为执行仲裁裁决的一项条件。这势必导致仲裁必须受仲裁地程序法的支配。而从实践来看，当事人在选择仲裁地点和选择仲裁程序法时的考量因素往往是有区别

---

① 黄亚英：《仲裁制度的发展与〈纽约公约〉的历史贡献——纪念〈纽约公约〉创设 50 周年》，载《北京仲裁》2008 年第 3 期。

② 当然，实际中半数以上的签约国在加入《纽约公约》时作出了“互惠保留”，请参考下文描述。

的，也就是说，当事人选择在某国仲裁并不表明他们当然希望适用该国的法律。正是为了尊重当事人的自主权利，更好地体现仲裁在程序上比诉讼具有的灵活性，《纽约公约》第5条第1款第4项规定，如果当事人已经就仲裁庭的组成或仲裁程序达成了协议，则仲裁地的仲裁程序法可以不被考虑；只有在当事人之间缺乏上述协议的情况下，才应该适用仲裁地国家的相关程序法。

4. 废除执行裁决的“双重许可”制度。《纽约公约》的一大改进和优点在于，该公约对仲裁裁决不再使用《日内瓦公约》中的“终局”（Final）概念，而只是要求仲裁裁决对当事人均有约束力（be Binding on the Parties）。根据《日内瓦公约》对“终局”含义的规定，实践中就意味着申请承认及执行裁决的一方，在向外国要求承认及执行该裁决前，必须在该裁决作出国取得有关该裁决已经成为“终局”（即该裁决在作出国不得再上诉、提出异议或请求撤销或对该裁决效力提出任何其他抗辩）的证明。《日内瓦公约》的这一制度表明，申请承认及执行裁决的一方需要先在裁决作出国取得执行许可证明（Exequatur），然后再向承认及执行地国法院当局申请承认及执行许可，从而导致申请执行一方要取得所谓的“双重许可”（Double Exequatur）。而“双重许可”在《纽约公约》中已不复存在，《纽约公约》只要求裁决是有效的即可。

5. 重新分配举证责任。《日内瓦公约》还对寻求执行裁决的一方当事人规定了过多的举证责任和满足执行所需的各种条件。但根据《纽约公约》第4条的规定，申请执行裁决的一方只需向法院提交裁决文书正本或经证明的副本，此外不再承担其他举证责任。相反，根据《纽约公约》第5条的规定，证明存在第5条第1款所列举的拒绝执行的有限理由的责任则留给了被申请执行人一方。这表明了举证责任被重新分配，有利于仲裁裁决的承认及执行。

6. 统一了确定仲裁协议准据法的冲突规范。《纽约公约》第5条第1款（甲）项要求缔约国法院在审理申请承认及执行外国仲裁裁决的诉讼案件中，如果当事人对仲裁管辖所依赖的仲裁协议的效力发生争议，则法院对仲裁协议应适用“当事人选择的法律”；如当事人未选择时，则应适用“仲裁裁决作出地国家的法律”。这项规定被看作以国际公约立法的方式在仲裁协议法律适用方面创设了一项效力优先于法院地国内冲突规范的统一冲突规范。

统一冲突规范无疑非常重要，它是公约的一大立法成就。它意味着缔约国法院在承认及执行仲裁裁决的诉讼中，如果被申请人就仲裁协议的实质有效性提出质疑并因此请求不予承认及执行该裁决时，受案法院则应首先对本案仲裁协议的有效性适用双方当事人选择的准据法；如果当事人未选定仲裁协议的准据法，则应适用“仲裁裁决作出地国家的法律”。

7. 创设了独特的“更优权利条款”。由于《纽约公约》的许多缔约国除参加该公约外，还制定有关于承认及执行外国仲裁裁决的国内立法，有些缔约国同时还签订了涉及这一事项的其他双边或多边条约，对此公约在其第 7 条第 1 款中规定：“本公约之规定不影响缔约国间所订立的关于承认及执行仲裁裁决的多边或双边协定的效力，也不剥夺任何利害关系人在被申请承认及执行地国的法律或条约许可的方式及范围内援用仲裁裁决的任何权利。”上述第 7 条第 1 款表明当事人在向《纽约公约》缔约国申请承认及执行某一公约范围内的仲裁裁决时，既可选择公约作为请求的依据，也可选择被申请承认及执行地国的有关国内立法或该国缔结的有关其他条约作为请求的依据。换言之，如果在被申请承认及执行地国境内有效的国内立法或其他条约提供了比《纽约公约》更为有利和优惠的权利（More Favorable Right），则申请执行裁决的一方当事人便可援引和利用该项更为有利和优惠的规定并以此取代公约的相关规定。故此，该公约第 7 条第 1 款的规定被称为公约中的“更优权利条款”（More Favorable Right Provision）。

第二节　印度与《纽约公约》的关系

依照《纽约公约》，缔约国和非缔约国的仲裁裁决都可以依照公约规定的条件和程序予以承认及执行，但是，某一国家在选择加入《纽约公约》

时，可以通过声明的方式作出保留（Reservation）。实践中常见的保留主要是互惠保留（Reciprocity Reservation）和商事保留。

《纽约公约》于1987年4月22日对中国生效。在加入《纽约公约》时，中国作了互惠保留声明和商事保留声明。

“互惠保留”是指我国只承认及执行在缔约国领土内作出的仲裁裁决。例如，瑞典是该公约的缔约国，但瑞典并未作“互惠保留”，因而在任何外国（并不限于缔约国）作出的仲裁裁决都可以依据《纽约公约》在瑞典申请承认及执行。从参加和批准公约的情况来看，目前大约有三分之二的缔约国在《纽约公约》的适用范围上作出了互惠保留。

“商事保留”是指一国只承认及执行属于契约性和非契约性商事法律关系争议作出的仲裁裁决。所谓“契约性和非契约性商事法律关系”，具体来说是指由于合同、侵权或者根据有关法律规定而产生的经济上的权利义务关系，如货物买卖、财产租赁、工程承包、加工承揽、技术转让、合资经营、合作经营、勘探开发自然资源、保险、信贷、劳务、代理、咨询服务和海上、民用航空、铁路、公路的客货运输以及产品责任、环境污染、海上事故和所有权争议等，但不包括外国投资者与东道国政府之间的争端。①

凡不属于以上互惠保留和商事保留情形的，仲裁当事人有权依照《纽约公约》的规定，向中国内地有管辖权的法院申请承认及执行成员国内作出国际商事仲裁裁决。

就印度的情况而言，其在1958年6月10日签署了《纽约公约》，并且议会于1960年7月13号批准（Ratify）了此条约。1960年10月11日起，《纽约公约》正式对印度生效。印度对于《纽约公约》的保留与中国一致，作出了互惠保留和商事保留。

① 《最高人民法院关于执行我国加入的〈承认及执行外国仲裁裁决公约〉的通知》（1987年4月10日）。

第三节　中国作出的裁决可否依据《纽约公约》在印度得到执行

中国和印度都是《纽约公约》的缔约国，并且印度更是根据联合国国际贸易法委员会（UNCITRAL）所发布的《联合国国际贸易法委员会国际商事仲裁示范法》为蓝本颁布了1996年《仲裁与调解法》，但该法在其第二部分（Part II）第44条“基于《纽约公约》的外国裁决”的执行项下，增加了一个额外条件，即印度中央政府有权基于互惠等考虑，在将某国以在印度国家官方公报（National Gazette）上刊登之前，即使该国是《纽约公约》的签字国，印度也不会执行在该国作出的仲裁裁决。

2012年，印度政府才将中国加入“公报国”。这一举动，确实给了中国一方更多的选择。不过，在实践中大量涉及中国方和印度方的仲裁都不会选择印度或者中国作为仲裁地，而是选择中立的第三地比如新加坡、英国。但考虑到印度现行立法的特殊做法，也得提请中国投资者注意，需要确认一下仲裁地所在国是否为印度所承认的“公报国”，千万不要选择一些没有被印度认可的国家，否则花费时间和精力所作出的裁决，很可能得不到印度的执行。

根据印度司法部的文件，以下是印度已经在其国家官方通报上承认的国家和地区①。需要注意的是，因为历史的变动，下述有些国家的主体已经发生了变化，但根据笔者的检索，印度政府没有发出新的文件来更正已经不存在的国家。

1. Australia 澳大利亚

2. Austria 奥地利

3. Belgium 比利时

① 参见印度官方公报：F. No. 12（164）/2012 - Judl。

4. Botswana 博茨瓦纳
5. Bulgaria 保加利亚
6. Central African Republic 中非共和国
7. Chile 智利
8. China (including Hong Kong and Macau) 中国（包含香港及澳门）
9. Cuba 古巴
10. Czechoslovak Socialist Republic 捷克斯洛伐克社会主义共和国①
11. Denmark 丹麦
12. Ecuador 厄瓜多尔
13. Federal Republic of Germany 德意志联邦共和国
14. Finland 芬兰
15. France 法国
16. German Democratic Republic 德意志民主共和国②
17. Ghana 加纳
18. Greece 希腊
19. Hungary 匈牙利
20. Italy 意大利
21. Japan 日本
22. Kuwait 科威特
23. Malagasy Republic 马达加斯加
24. Malaysia 马来西亚
25. Mauritius 毛里求斯
26. Mexico 墨西哥

---

① 1960 年，捷克斯洛伐克通过新宪法，改国名为捷克斯洛伐克社会主义共和国。1990 年 3 月，捷克斯洛伐克联邦议会决议改国名为捷克斯洛伐克联邦共和国，同年 4 月再次改国名为捷克和斯洛伐克联邦共和国。1993 年 1 月 1 日起分立为捷克及斯洛伐克两个独立的国家。

② 简称“民主德国”，俗称“东德”，是 1949 年 10 月 7 日到 1990 年 10 月 3 日期间存在于欧洲中部的社会主义国家。1990 年 10 月 3 日，德意志民主共和国宣布停止存在，其领土正式并入德意志联邦共和国（西德），两德统一成为当今的德国。

27. Morocco 摩洛哥
28. Nigeria 尼日利亚
29. Norway 挪威
30. Philippines 菲律宾
31. Poland 波兰
32. Republic of Korea 韩国
33. Romania 罗马尼亚
34. Russia 俄罗斯
35. San Marino 圣马力诺
36. Singapore 新加坡
37. Spain 西班牙
38. Sweden 瑞典
39. Switzerland 瑞士
40. Syrian Arab Republic 叙利亚
41. Thailand 泰国
42. The Arab Republic of Egypt 埃及
43. The Netherlands 荷兰
44. Trinidad and Tobago 特立尼达和多巴哥
45. Tunisia 突尼斯
46. United Kingdom 英国
47. United Republic of Tanzania 坦桑尼亚
48. United States of America 美国

对于中国作出的仲裁裁决在印度执行的时限、所需文件和具体流程等，请读者参考本书第八章第二节“裁决的执行”里面的详细内容。

第三章

印度国内临时仲裁与机构仲裁的发展

如第一章所述，印度现代意义上的仲裁可以追溯至18世纪70年代，当时英国在印度制定的《孟加拉诸项立法》（*the Bengal Regulations*）中首先引入了仲裁这一概念，随后印度于1899年和1940年跟随英国仲裁立法的脚步各颁布了一部《仲裁法》。但无一例外，以上几部法律都仅仅承认临时仲裁（ad hoc Arbitration）。而一直到1996年的印度新仲裁法即《仲裁与调解法》出台，印度才首次认可了机构仲裁，这一历史因素导致目前在印度进行的仲裁案件大多基于临时仲裁。有数据统计显示，临时仲裁在印度仲裁案件中的比例竟然达到了95%之多。

不可否认，临时仲裁具有以下优势：①

1. 充分尊重和体现当事人的意思自治。临时仲裁灵活性强，弹性较大，形式多样，更能体现当事人的意志。

2. 程序灵活，可以不受常设仲裁机构固定仲裁程序时限的拘束，如答辩期限、举证期限等，从而缩短结案时间，而且在临时仲裁中当事人也不必填写审理案件的各种文书，省去很多繁杂的程序，提高了仲裁的效率。

3. 因无须支付仲裁管理费、服务费以及仲裁员指定费等，在一定程度上可以节省一些不必要的开支，更加符合当事人的利益。

虽然临时仲裁具有上述优势，但很多情况下，仲裁机构在案件的仲裁过程中通过立案审查和程序性工作，保证仲裁活动的顺利进行：

---

① 董临瑞：《论临时仲裁的优势及在我国的现状》，载《科技咨询导报》2007年第30期。

1. 受理仲裁案件。以读者较为熟悉的中国的仲裁机构为例，仲裁机构的工作首先是审查当事人提交仲裁申请书时仲裁协议是否有效，以及仲裁请求事项是否超出协议约定的范围，受申请的仲裁机构是否与仲裁协议约定的仲裁机构相一致。其次是审查当事人的主体资格是否合法。最后是对于决定受理的，分别向申请人和被申请人送达受理和应诉通知书、仲裁规则、仲裁员名册等法律文书，开始仲裁庭程序。

2. 组成仲裁庭。组成仲裁庭主要有两个方面的工作，一是提供仲裁员名册，由当事人选择仲裁庭的组成方式和选定仲裁员。二是指定仲裁员，如中国《仲裁法》第 32 条规定，当事人没有在仲裁规则规定的期限内约定仲裁庭的组成方式或者选定仲裁员的，由仲裁委员会主任指定。

3. 决定仲裁员的回避。所谓仲裁员的回避，是指仲裁员具有可能影响案件公正裁决的情形时，依照法律规定，应当退出案件仲裁活动的一种制度。在实践中，回避有两种情形：一种是仲裁员被当事人选定后，仲裁庭发现有仲裁法和仲裁规则规定的回避情形时，由仲裁员本人向仲裁机构提出回避申请；另一种是当事人或者其代理人要求某个仲裁员回避。仲裁员是否回避，由仲裁机构主任决定。及时、正确地行使回避权利，对保证公正裁决、树立仲裁机构的威信以及保障仲裁活动的顺利进行都具有重要的作用。

4. 办理仲裁案件的其他事务。以中国为例，仲裁机构承担着案件受理通知、开庭通知及调解书、裁决书等仲裁文书的送达，仲裁案件的记录工作。此外，还根据当事人申请，向法院提交财产及证据保全函件。所有这些工作，都是仲裁活动中不可或缺的环节。

由于印度长期以来机构仲裁制度的缺位，没有仲裁机构履行委任仲裁员这一职责，这就使得法院必须介入来辅助仲裁程序的进行，如印度 1996 年《仲裁与调解法》中就通过第 11 条规定了仲裁员的选任方式，首先依照协议约定的方式对仲裁员进行选任。若无法按照约定选出（如在独任仲裁员的情况下双方无法就该独任仲裁员的人选达成一致的，或者在三人组成仲裁庭的模式下，如无双方约定，则印度仲裁法默认的模式是一方推举一个仲裁员，由该两名仲裁员决定第三位仲裁员，如果该两名仲裁员无法在 30 日之内推举出第三位仲裁员)，则需要高等法院或者最高法院的协助，就仲裁员的委任事项作出决定。

这就使得印度仲裁实践中产生一种情况，即如果在有仲裁机构的情况下本来应该由仲裁机构行使的权能，最终却只能交由法院处理，而即使印度后来建立了一些仲裁机构，但“惯性”使得当事人仍然会去找法院。先不说印度法院堆积如山的案卷导致效率低下，这一规定产生的直接问题是，法院对仲裁员的选任作出决定（Decision)，这一权力是司法（Judicial）性质的还是行政管理（Administrative）性质的？这直接导致是否可以就这一问题向上级法院提起无休止的上诉。

另外从经济层面上，大量的印度当事人“用脚投票”跑到新加坡仲裁，使得以当事人计算印度是新加坡国际仲裁中心排名数一数二的大客户。这不仅仅是印度宝贵外汇的流失，更是一个滑稽的宣示：连印度本国用户都不敢相信印度本土的仲裁机构和司法制度，怎么能奢望外国投资者对印度报以信心？

当然，印度并非没有本土的仲裁机构，而是由于长时间的发展滞后，导致无法与其在国际上快速成长的经济地位相匹配①。其实，印度政府对机构仲裁的首次努力可以追溯到 1995 年，此时印度的新仲裁法（即 1996 年《仲裁与调解法》）还尚未通过，印度就已经设立了“国际替代性争议解决中心”（International Centre for Alternative Dispute Resolution , ICADR)，当时印度计划将 ICADR 建设成一个“示范性中心（Model Centre)”，但很遗憾，受制于印度国际国内的环境以及各种短板，这个中心最终没能完成其设计时的使命。该中心不仅没有在私营部门中产生影响力，甚至印度的国有企业也都没有采用 ICADR 作为其争议解决的首选。其自身也没有跟上国际上知名仲裁中心的发展步伐，比如香港国际仲裁中心和新加坡国际仲裁中心也都是成立于 20 世纪八九十年代，但现在回看 ICADR 和这两个同处于亚洲的仲裁中心，前者在印度已经名存实亡，而后两者已经成为世界性的仲裁中心。

① 根据印度国家统计局的信息，印度 2019 年 GDP 总量约为 2.85 万亿美元，超过英国和法国，位居世界第五，大致相当于中国 2008 年的水平。

因此，为了迎合那些来自对机构仲裁比较熟悉、对临时仲裁比较陌生的法域的商主体对仲裁这一高效争端解决机制的需求，2018 年 1 月 5 日，《新德里国际仲裁中心草案》由印度司法部长乔杜里在印度议会下院（Lok Sabha）提出。该草案旨在成立独立自主的机构来更好地管理印度仲裁，主要内容包括以下几个方面：

1. 设立新德里国际仲裁中心（New Delhi International Arbitration Centre ，NDIAC）。该法案旨在设立新德里国际仲裁中心，以进行仲裁、调解和调解程序。草案宣布将建设新德里国际仲裁中心，作为一个具有国家重要性的机构，为印度本地以及国际投资者提供与国际接轨的商事争议解决机构。

2. 解决旧的国际替代性争议解决中心（ICADR）问题。如上文所述，ICADR 成立后毫无建树，已经名存实亡。草案旨在将现有的 ICADR 的管理权移交给印度中央政府，继而中央政府将该协会的所有权限移交到新德里国际仲裁中心。

3. 新德里国际仲裁中心组成。根据草案，新德里国际仲裁中心将由七名成员组成，其中包括：

（1）一名主席，他可以是最高法院法官或高等法院法官或者在仲裁的进行或管理方面具有特殊知识和经验的知名人士；

（2）两名在机构仲裁方面有丰富知识和经验的知名人士；

（3）三名职业经理人，包括财政部提名人和首席执行官（负责日常行政管理）；

（4）受认可的商业和行业机构（规模以上企业或者具有行业声望的机构）的一名代表，作为兼职成员，实行轮值制。

4. 任期和退休金。新德里国际仲裁中心成员任期为 3 年，并有资格连任。主席的退休年龄为 70 岁，其他成员的退休年龄为 67 岁。

5. 新德里国际仲裁中心的目标和职能。中心的主要目标包括促进仲裁领域法律和实务问题的研究、提供培训、举办会议和替代争端解决办法问题研讨会；为仲裁、调解和调解程序的进行提供便利和行政协助；培训和支持一个由经认证的专业人员（仲裁秘书）组成的小组来进行仲裁、调解和调解程序。该中心的主要职能包括：促进以专业、及时和兼顾成本效益的方式进行仲裁和调解，促进在替代性争端解决领域的研究。

6. 财务和审计。法案将设立新德里国际仲裁中心专项基金，该基金将由中央政府提供的拨款、其业务活动所收取的费用和其他来源来充实。中心的账目则将由印度主计长兼审计长进行审计和核证。

7. 机构支持。草案规定，新德里国际仲裁中心将设立一个常设仲裁员小组（Permanent Panel of Arbitrators）。此外，新德里国际仲裁中心还可能设立一个仲裁学院，培训仲裁员和在替代性争端解决领域进行研究。

该草案于2019年7月18日在印度议会通过。虽然单纯一部法律的通过无法使印度机构仲裁的面貌在短时间之内“焕然一新”，但作为“万里长征第一步”，伴随着2015年和2019年印度对1996年《仲裁与调解法》的两次修正，其积极意义不可忽视。从莫迪在2014年提出“印度制造（Make In India）”计划以来，笔者深切地感受到印度商事和外商直接投资法领域的密集修法和立法，至少就争议解决领域而言，印度政府的期望是，“印度制造”同时也意味着“印度仲裁”，而从现实来看，这一期望正在逐步落实。

目前，印度有30多家仲裁机构。一些著名的仲裁机构有印度仲裁理事会（ICA）、德里国际仲裁中心（DIAC）、孟买国际仲裁院（MCIA）等。德里国际仲裁中心位于德里高等法院综合大楼内，已成为一个比较强大的机构，自成立以来已经处理了900多起案件。虽然孟买国际仲裁院还处于初级阶段，但其所在的马哈拉施特拉邦政府为其倾注了不少精力，比如马哈拉施特拉邦政府要求对公营部门价值超过5000万卢比的合同进行机构仲裁，优先推荐孟买国际仲裁院。

国际化程度不足仍然是印度仲裁机构的短板。以印度仲裁理事会[①]这一印度本土知名的仲裁机构为例，其拥有近2600名仲裁员（其中法官209人、律师400人、会计师152人、海事专家153人、商人13人、公司高管628人，工程师1005人），但却仅包含外国人53人，其中中国公民1人。单以

① 参见印度仲裁理事会网站，http：//www.icaindia.co.in/htm/clouse.htm。

中国籍仲裁员人数就可以看出，印度仲裁机构的国际化程度与中国是对印度投资大国的身份非常不相称。此外，和中国的一些机构对比，更显现出印度本土仲裁机构在国际化程度方面的短板。以华南国际经济贸易仲裁委员会披露的信息为例，目前，该仲裁委员会共有 870 名仲裁员，覆盖 50 个国家和地区，其中境外仲裁员有 353 人，占仲裁员总数的 40. 6%，扩大了涉外商事纠纷当事人选择仲裁员的空间，也进一步提升了华南国际经济贸易仲裁委员会的国际化形象。北京仲裁委员会/北京国际仲裁中心现聘有 567 名仲裁员，来自 26 个不同的国家和地区，其中中国港台地区的仲裁员有 23 人，外籍仲裁员有 126 人[①]，这也说明印度本土仲裁机构的发展，还有较长的路需要走，才能在印度国内和国外树立起广泛的声誉和形象。

① 参见北京仲裁委员会/北京国际仲裁中心网站，http：//www. bjac. org. cn/page/gybh/introduce_index. html，2020 年 4 月 5 日访问。

第二编
印度仲裁实务问题

第四章

印度仲裁的先决问题

第一节　诉讼和仲裁

从实践来看，任何理智的中国企业都不会选择约定在印度本土法院进行诉讼，原因有以下两点：

第一，印度法院审判案件效率较低。以印度最高法院（Supreme Court of India）为例，根据其公开披露的数据[①]，截至 2017 年 5 月 1 日，印度最高法院的未决事项（Pending Matters）共有 60751 项，其中在受理（Admission）阶段的有 33656 项，在审理阶段的有 27095 项。而到了 2020 年 3 月 1 日，仍有 60469 项未决事项，在受理阶段的有 40723 项，在审理阶段的有 19746 项，也就是说，虽然过去了 3 年，但是印度最高法院需要审理的案件负担几乎没有变化，没有任何减少的趋势。考虑到印度最高法院非常有限的司法资源，一旦案件上诉至最高法院，则可能是旷日持久的等待，即使能够完成受理，后续的排期以及聆讯（Hearing）也可能花费更长的时间。而按照印度官方披露的数据和一些媒体的统计，目前印度各级法院积压了近 3000 万起案件，全部处理完大约需要 400 年。印度的法院除了周六周日和法定节假日不开庭之外，每年夏天（5 月到 6 月）都享有至少一个月的“假期”。在这期间，法院关闭，除非紧急事项，否则不进行法庭审理。总的算起来最高法院一年中有近 140 天是不开庭的。

① 参见印度最高法院网站，https：//main. sci. gov. in/statistics，2020 年 3 月 1 日访问。

地方法院休庭期更长，马德拉斯高等法院每年享有近160天的休庭期，有些地方法院休庭期长达近180天。印度的法官队伍明显人数不足，在开庭日期较少、人手也少的双重压力下，导致诉讼在印度成了旷日持久的“鏖战”。而法谚有云：“迟到的正义非正义（Justice Delayed is Justice Denied）”，如果在合理的时间内无法得出一个终局结果，定会重挫外商投资者的信心。

第二，对于中国企业而言印度现代法律体系非常陌生。目前中国国内对印度的宗教法、古代法研究较多，但是对包括印度公司法、知识产权法、外汇管理法等商事相关法律的系统性研究几乎为零。由于印度长期作为英国的殖民地，其现代法律体系出于英国法的源流，英国法作为印度殖民时代的遗产（Colonial Legacy）得到了珍视和继续采用。但中国律师或者企业不能认为如果精通英国法就可以游刃有余地对印度法进行运用，因为作为普通法系的国家，印度的司法实践还需要遵循判例（Precedent），即印度自身的司法实践产生的判例也有很大价值。暂不论如何按照印度的法律习惯来研究这些判例从而找出对自身有利的结论，单说如何获取这些材料，就是中国律师或者中国企业难以实现的事情。因此，如果中国企业和印度企业约定在印度进行诉讼，中国企业在诉讼尚未开始之前就在信息掌握和司法资源获取能力上差了几个数量级。

因此，涉及中印之间的商事活动，在诉讼与仲裁之间，仲裁自然是一个比较妥当的解决方式。

第二节　可仲裁性问题

可仲裁性（Arbitrability）是指相关的争议事项根据本国公共政策是否可以通过仲裁解决以及该事项是否必须要走法院诉讼程序，即一项纠纷是否具有可仲裁性，意味着其能否被提交仲裁庭解决，抑或只有法院对其具有排他性的管辖权。

缘于各国对于公共政策的理解各有侧重，反映公共政策的立法与司法实践也迥然不同，导致了各国所界定的具有可仲裁性的争议事项的类型与范围不同。

有些国家是以成文法的形式在国内仲裁立法中明确规定了哪些事项可仲裁或不可仲裁。例如，我国《仲裁法》第 2 条规定：“平等主体的公民、法人和其他组织之间发生的合同纠纷和其他财产权益纠纷，可以仲裁。”第 3 条规定：“下列纠纷不能仲裁：（一）婚姻、收养、监护、扶养、继承纠纷；（二）依法应当由行政机关处理的行政争议。”而有些国家如新加坡则并无成文法具体规定哪一类争议可仲裁或不可仲裁，只是通过判例法的方式予以确认。①

可仲裁性问题的重要性不仅在于提交仲裁阶段，还在于未来的执行阶段。因为可仲裁性的判断不仅涉及仲裁作出地的法律，还涉及裁决执行地的法律。如果一项争议不具有可仲裁性，则仲裁庭没有管辖权②，同时，若根据一国法律认定仲裁协议项下的事项不可仲裁，则该仲裁协议即被认定为无效（Void），从而使根据该仲裁协议作出的仲裁裁决可能被法院地的法院予以撤销或者在执行地的法院被拒绝承认及执行。例如，根据《纽约公约》第 5 条第 2 项规定，被请求承认及执行仲裁裁决的国家主管机关如果查明有下列情况也可以拒绝承认及执行，其中就包括争议事项依这个国家的法律，不可以仲裁方式解决。因此，可仲裁性问题直接关系到仲裁庭是否有管辖权、仲裁协议是否有效乃至后续的仲裁裁决的承认及执行问题。

印度对于可仲裁性问题的取向与新加坡一致，即没有在 1996 年《仲裁与调解法》中以明确的形式写明哪些事项可仲裁或不可仲裁，而是通过判例的方式对可仲裁性的外延进行明晰化处理，比如以下就是一些在印度法项下不可仲裁的事项：

1. 与刑事犯罪相关事项；

2. 与离婚、司法分居（Judicial Separation）、恢复夫妻权利（Restitution

---

① 翁磊：《新加坡法院对商事仲裁中仲裁协议范围以及可仲裁性的认定》，载《上海法学研究》集刊 2019 年第 17 卷（总第 17 卷）。

② 杨良宜、莫世杰、杨大明：《仲裁法（从 1996 年英国仲裁法到国际商务仲裁）》，法律出版社 2006 年版，第 513 页。

of Conjugal Rights)、子女监护权有关的婚姻纠纷（Matrimonial Disputes）；

3. 破产及清算事宜；

4. 遗嘱事项（遗嘱认证、遗产管理等）；

5. 信托契约和信托法引起的案件；

6. 反垄断与竞争法案件。

而就因事项不可仲裁导致后续在执行阶段产生的不利后果，印度 1996 年《仲裁与调解法》则是以成文法的方式进行了规定，如第 34 条第 2 款第（b）项规定，如果法庭发现以下情形：（i）争议事项按照届时有效的法律不能通过仲裁解决的；（ii）仲裁裁决违反印度公共政策的。此类裁决当事人可以申请向法院进行撤销。

另外，1996 年《仲裁与调解法》第 48 条第 2 款规定，如果法院发现裁决中的争议事项不可仲裁或者违反印度公共政策的，则可以撤销该裁决。第 2 条第 3 款也规定，如果有特别法规定某一事项不能仲裁的，则按照该特别法的约定。

例如，印度最高法院在“Himangni Enterprises v Kamaljeet Singh Ahulwalia [（2017）10 SCC 706]”一案中判定，租客和地主之间有关房屋清退的争议不得通过仲裁解决。该案的案情比较简单，承租人在租约到期后没有续约，也没有腾房，因此地主向法院提告申请强制迁出令（Eviction）。但租客以租赁合同中包含仲裁条款为由向法院提出异议。最终本案上诉到印度最高法院，最高法院援引了在“Natraj Studios（P）Limited v Navrang Studios [（1981）AIR 537] and Booz Allen & Hamilton Inc v SBI Home Finance Limited [（2011）5 SCC 532]”一案中的判决，认为结合《孟买 1947 年租赁、旅馆和宿舍价格控制法》（*The Bombay Rents, Hotel and Lodging House Rates Control Act*, 1947）以及公共政策的考量，与房东及租客关系和强制迁出令相关的事项因存在特别法规定的对租客的特殊救济，因此不得通过仲裁解决此类争议。

又如，印度最高法院在“M/s Emaar MGF Land Limited v Aftab Singh”一案中认为消费者与卖家之间的争议涉及消费者权利保护，该事项具有公法性质，印度也专门制定《消费者保护法》（*Consumer Protection Act*），所以虽然合同中规定了仲裁条款，但在存在高效和便宜的公法救济情况下（Efficacious and Affordable Public Law Remedies），不得通过仲裁解决。

再如，"JITF Water Infrastructure Limited v MSME Commissionerate & 1 Other（s），C/SCA/11169/2018"一案中，一方当事人根据1996年《仲裁与调解法》将争议提交至仲裁，而另一方则根据2006年《微中小型企业发展法》（*Micro*，*Small and Medium Enterprises Development Act*，2006）第18条争议解决之规定，将争议提交至当地工商会仲裁解决。而法院认定争议当事方的特殊关系属于《微中小型企业发展法》第2条下规定的"买方"和"供应商"关系，故该法下的第18条具有优先适用地位，应按照特别法的规定进行争议解决。

这就提醒投资者事前一定要注意仲裁条款所涵盖的争议事项是否属于"可仲裁"事项，并且最好咨询下专业人士是否有判例或者特别法规定，否则即使拿到了有利于自己的仲裁裁决，最终也可能落得被撤销或者拒绝执行的下场。

第三节　仲裁地和仲裁地点以及印度法上的规定与司法实践

在国际仲裁中，仲裁地和仲裁地点（Venue）是极易引发混淆的概念。英国1996年《仲裁法》将仲裁地定义为"Juridical Seat"，实务中大家一般以"Seat"来称呼它。

为了更直观地给读者展示Seat和Venue的不同，我们可以假设中国A公司和印度B公司签订国际货物买卖协议，约定在英国仲裁（Seat in the UK），采用临时仲裁的方式，不选定某一家仲裁机构，而是双方各指定一名仲裁员且由该两名仲裁员推举第三位仲裁员组成仲裁庭，仲裁开始后考虑到开庭方便，双方一致同意在中国香港地区开庭，最后仲裁庭在中国香港地区作出了裁决。

在上述假设案件中，虽然仲裁庭是在中国香港地区作出的裁决，但裁决的国籍仍然是英国，因为仲裁地是英国，而中国香港地区仅仅是地理意义上的开庭地点。判断该仲裁裁决是否有效以及申请撤销该裁决，需要在英国的法院进行。

一般而言，除非当事方有另外约定，仲裁地的程序法默适用于仲裁程序，当然当事方也可以进行另外约定。这里的程序法指的是一国的国内立法，和“仲裁规则（Arbitration Rules）”不是一个概念，切不可混淆。虽然仲裁程序法和仲裁规则都是为了仲裁程序的顺利进行，并且存在一定交叉，比如都可能对仲裁程序、证据规则、仲裁庭权力等作出规定，但仲裁程序法还包含与法院相关的诸如司法协助、撤销仲裁庭命令或者申请撤销裁决、时效、仲裁的合并等相关的内容。

因为仲裁地决定了仲裁适用的程序法以及何地的法院对仲裁程序拥有监督管辖权（Supervisory Jurisdiction），因此审慎的当事方一般都会倾向于选择那些具有“亲仲裁（Pro-arbitration）”特性和仲裁地法院不会轻易对仲裁程序进行司法干预的法域（Jurisdiction）作为仲裁地。当然，实践中当事人双方也会对这一问题进行博弈，选择一个居中的第三地来作为仲裁地。

就印度立法和法律实践而言，非常值得注意的一点是，印度 1996 年《仲裁与调解法》中，并没有规定“Seat”，反而是规定了“Place of Arbitration”，这一条见于第 20 条：

（1）The parties are free to agree on the place of arbitration.

当事人可以自由约定仲裁地。

（2）Failing any agreement referred to in sub-section（1），the place of arbitration shall be determined by the arbitral tribunal having regard to the circumstances of the case，including the convenience of the parties.

未达成上述第 1 款中该种约定的，由仲裁庭考虑到案件的情况，包括当事人的便利，确定仲裁地。

（3）Notwithstanding sub-section（1）or sub-section（2），the arbitral tribunal may，unless otherwise agreed by the parties，meet at any place it considers appropriate for consultation among its members, for hearing witnesses, experts or the parties, or for inspection of documents, goods or other property.

虽有本条第1款或者第2款的规定，为在仲裁庭成员间进行磋商，为听取证人、专家或当事人的意见，或者为检查文件、货物或者其他财产，除非当事人另有约定，仲裁庭可以在其认为适当的任何地点①会晤。

需要注意的是，根据印度法上的判例以及印度法律委员会的解释，印度1996年《仲裁法》第20条第1款和第2款中的“Place of arbitration”即“仲裁地”，而第20条第3款中的“Place”则为仲裁地点。②

实务中经常出现的问题主要有两个：第一个问题是当事人没有在仲裁协议中对仲裁地进行约定；第二个问题则是只规定了“开庭地点”，但没有规定仲裁地。

为了解决第一个问题，有些仲裁机构的仲裁规则如《伦敦国际仲裁院仲裁规则》规定仲裁机构所在地被视为仲裁地，同时仲裁机构所在地的仲裁法成为仲裁程序法。而另外一些规则比如《联合国国际贸易法委员会仲裁规则》、国际商会仲裁规则（ICC仲裁规则）等规定由仲裁庭结合案件的各种因素确定仲裁地。

但印度机构仲裁并不占主流，如果在印度境内选定临时仲裁，没有约定明确的仲裁地，应该如何处理？德里高等法院在“Dwarika Projects Ltd. v. Superintending Engineer and others”一案中的判决可以给出一些头绪。背景情况是，此案的合同履行地是在哈里亚纳邦A市，但仲裁庭主要程序和开庭却是在德里国家首都区（和哈里亚纳邦不属于同一个邦）作出。

在本案中，双方当事人没有在仲裁协议中明确约定仲裁地，后续仲裁庭也没有确定仲裁地。仲裁裁决作出后，当事双方在印度不同地方的法院提起针对仲裁裁决的诉讼，这就产生了哪一地的法院拥有管辖权的问题。而解决这一问题的关键就是要判定仲裁地在哪里。

---

① 这里英文原文的“place”与“venue”同义。

② 246th Law Commission Report: “It further made it clear that Sections 20 (1) and 20 (2) where the word place is used, refers to juridical seat, whereas in Section 20 (3), the word place is equivalent to venue.”

在本争议中，仲裁庭作出裁决后双方都对裁决不满，于是 Dwarika Projects Ltd. 作为原告向德里地区法院提告，而另一方 Superintending Engineer 则向合同履行地哈里亚纳邦的一所法院提告，由此产生了平行诉讼程序。原告在其抗辩中认为主要有三点导致在没有对仲裁地作出约定的情况下，德里可以成为仲裁地：第一，在裁决作出后，原告首先向德里法院提告且得到法院受理，从而德里地区法院获得了对于本案的管辖权，另一方不得在其他地方法院开展诉讼程序；第二，本案中，仲裁裁决在德里作出，故原告向德里法院提告的“诉因（Cause of Action）”产生于德里；第三，虽然有小部分仲裁程序的开庭地点在昌迪加尔（Chandigarh），但大部分开庭的地点在德里。

但德里高等法院认为，第一，本争议中的仲裁程序在新德里和昌迪加尔同时进行，虽然仲裁程序主要部分在德里进行，但不能因此认定仲裁地就是德里。第二，关于 Seat 和 Venue 的区别，印度最高法院曾经在“Union of India vs. Hardy Exploration and Production (India) INC.”① 一案中作出认定，即“仲裁庭确定的仲裁场所并不等同于确定管辖地或仲裁地”。第三，基于主合同和合同履行地以及当事人的意图来推知，德里法院并非双方当事人在约定合同时所考虑的具有管辖权的法院。

可以看出，本案中核心问题是，在双方当事人没有事先就仲裁地和管辖法院作出明确约定的情况下，可否主张开庭地作为仲裁地，从而向开庭地的法院申请后续救济？在此判例中，德里高等法院明确了仲裁地和仲裁开庭地的区别，即使在某一地开庭上百次，只要双方的意图并非是将该地作为仲裁地来处理，则不可以简单地认定该开庭地就是仲裁地，而是需要基于合同的具体背景和推测当事人的具体意图来确定管辖法院。

而就上述所说的实践中第二种情形，即虽然没有约定仲裁地（Seat 或者 Place of Arbitration），但是明确约定了开庭地，那这里的开庭地是否就是仲裁地？

---

① 2018 SCC OnLine SC 1640.

印度最高法院在2019年“Brahmani River Pellets Limited v Kamachi Industries Limited”[①] 一案中进行了解答。在本案中，双方在货物销售协议的争议解决条款中规定“仲裁须依据1996年《仲裁与调解法》，仲裁地点（Venue of Arbitration）应当在奥里萨邦首府布巴内斯瓦尔（Bhubaneswar）”。[②] 但发生争议后，在委任仲裁员阶段，双方未能达成一致，一方向马德拉斯（Madras）高等法院[③]申请法院协助委任仲裁员，并且取得了马德拉斯高等法院的支持。但另一方认为按照合同之规定，马德拉斯高等法院没有本案的管辖权，应当由奥里萨高等法院作出有关仲裁员委任的决定。

此案上诉至印度最高法院，而最高法院在审理后认为，虽然没有约定“仲裁地”，但当事双方已明确约定仲裁开庭地（Venue of Arbitration）在奥里萨邦首府布巴内斯瓦尔，故奥里萨高等法院作为仲裁地法院拥有受理仲裁程序争议的专属管辖权，同意上诉并撤销马德拉斯高等法院作出的命令。

本案一个有意思的点是，当事双方的仲裁协议仅约定了“开庭地（Venue）”而未约定“仲裁地（Seat或者Place of Arbitration）”，对于“开庭地”是否等同于“仲裁地”，以及开庭地法院是否等同于对仲裁事项具有专属管辖权的仲裁地法院，印度最高院通认为，印度仲裁法中关于“仲裁地”（Seat或者Place of Arbitration）与“开庭地”的区分，仅在国际仲裁中的特定情形下显得较为重要；在印度国内仲裁的情况下中，如果当事双方明确约定了“开庭地”，由于充分体现了当事双方的意思自治，以及开庭地法院的中立性，该约定的效力等同约定了“仲裁地”，故开庭地法院等同于仲裁地法院拥有受理仲裁程序争议的专属管辖权。

---

① Civil Appeal No. 5850 (2019).

② “Arbitration shall be under Indian Arbitration and Conciliation Law 1996 and the Venue of Arbitration shall be Bhubaneswar.”

③ 马德拉斯现为印度最南部泰米尔纳德邦（Tamil Nadu）的首府钦奈（Chennai），该高等法院是印度仅剩的三个保持英属印度时期法院命名的高等法院，还有两个分别是孟买高等法院（Bombay High Court，“Mumbai High court”）和加尔各答高等法院（没有改成“Kolkata”，而是沿用旧的称呼“Calcutta”），这三个法院是英国人最早通过立法建立的法院，印度建国之后为了摆脱英国殖民印记修改了多地的地名，但上述三所法院仍基于其历史传统和司法独立性没有听从行政建议更改名称。

作为对本节的回顾，实务中在合同中选定仲裁地需要考虑哪些因素？一般而言，以下问题需要审慎考虑：

1. 该司法管辖区是否为《纽约公约》的成员，因为这关系到在该仲裁地作出的仲裁裁决是否可以在国际上得到广泛承认和执行的问题。

2. 仲裁地法院的司法干预程度以及提供司法协助或者救济的意愿和响应程度。

3. 仲裁地法院和立法中对于撤销仲裁裁决的相关规定和尺度。因为失败一方当事人寻求救济除了在被执行地要求不予承认及执行外，还可以在裁决作出地即仲裁地法院寻求撤销该裁决。

4. 仲裁地相关仲裁立法中关于一些具体问题是否有特殊要求。比如中国法中就要求仲裁员具有年限等资格条件，而其他一些司法管辖区就没有此类要求。又如关于时效、证据规则等特殊要求，一般而言，英美法系司法管辖区关于证据规则上的规定与大陆法系的司法管辖区的规定大相径庭，如交叉询问、特权制度（Privilege）等中国当事人不太熟悉，因此要做好筹划。

第四节　印度法项下非涉外争议是否可以提交外国仲裁

如果国内纠纷提交国际仲裁，必然导致外国法的适用，将进一步产生冲突法的问题。另外，在诉讼制度中，纯粹的国内纠纷不可能在外国法院审理，因此，出于对本国的司法权威的考虑，不少国家的司法实践中都限制非涉外争议提交外国仲裁。

那么印度法项下，非涉外争议是否可以提交外国仲裁？换句话说，在争议主体、客体和法律关系都没有“涉外因素”的情况下，当事人是否可以提交外国仲裁?[①]

从实践中来看，印度已经有不少企业采取了这样的做法，其中一些是纯粹的不包含任何外资因素的印度本土企业，另外一些则是外商直接投资者按照印度2013年《公司法》的规定注册成立的印度公司，结合印度1996年《仲裁法》第2条中的定义，此类公司虽然含有外资，但国籍仍是印度籍，因此主体不具有涉外因素。

因印度的仲裁法中没有对无涉外因素提交国外仲裁的问题作出明确规定，随着近年来越来越多的印度籍当事人将纠纷提交境外仲裁，对这一问题的争论也越发激烈。

当然，从实务中观察，如果印度籍当事人将无涉外因素的争议提交国外仲裁机构，比如新加坡国际仲裁中心，一般都会被受理。因为从法理上而言，仲裁机构受理案件的唯一标准在于仲裁协议的有效性，涉外因素的欠缺在大多数国家仲裁法都不构成仲裁协议无效的理由，新加坡法乃至印度法也是如此。但问题是，如果外国的仲裁庭对于两个印度当事人提交的纯粹印度国内争议事项作出裁决，未来该裁决在印度境内寻求执行时是否会受到印度法院的阻力?

对于这一问题，印度司法裁判上出现了有意思的相左裁决和“真空地带”，也就是说，关于争议双方都为印度主体的情况下是否可以在印度境外仲裁，目前印度最高法院没有作出判定，但现有的高等法院案例中，如北阿坎德邦高等法院在“KLA construction Pvt. Ltd. v Kajima India Pvt. Ltd (Arbi-

---

① 结合印度《仲裁与调解法》第2条第f款来看，其对什么是“国际商事仲裁”作出了定义：(f)“International commercial arbitration” means an arbitration relating to disputes arising out of legal relationships, whether contractual or not, considered as commercial under the law in force in India and where at least one of the parties is［“国际商事仲裁”指的是产生于依印度法被认为是商事（无论其为契约性与否）法律关系的争端有关的仲裁，且至少一方当事人是:］(i) An individual who is a national of, or habitually resident in, any country other than India; or（国籍或者习惯居住地为印度之外的任何国家的自然人；或者）(ii) A body corporate which is in corporate in any on n try other than India; or（在印度之外任何国家设立的法人团体；或者）(iii) A company or an association or a body of individuals whose central management and control is exercised in any country other than India; or（核心管理和控制权在印度境外任何国家行使的公司、社团或者自然人组织；或者）(iv). The Government of a foreign country;（外国政府;）……

tration Petition No. 21 of 2017)”中就认为“双方所履行的合同之本质，并无任何关于国际贸易或商事的要素。除了双方均为印度公司以及合同在印度履行外，工程同样也在印度进行。案涉纠纷系国内纠纷，应当通过本国仲裁解决，而非国际仲裁。但是德里高等法院在“GMR Energy Limited v. Doosan Power Systems India Private Limited ”和中央邦高等法院在“Sasan Power Limited v. North American Coal Corporation India Pvt. Ltd”的裁判中则持肯定意见，认为纯国内法事项可以去印度境外仲裁。

需要读者注意的是，此处出现“裁决相左”是因为印度现行的政治体制。印度作为联邦制的共和国，其政府体制为二元化，即分为中央和地方邦两个层级，但其法院体系却是一元的。印度法院判例的基本运行规则为：下级法院受到上级法院判例的约束。但在高等法院之间，一邦的高等法院不需要受到另一邦的高等法院的判例的约束，但另一邦的高等法院的判例具有“有说服力的价值（Persuasive Value）”。另外，印度最高法院不受其自身已经作出的判例的约束。因此，在印度最高法院就某一在印度各邦出现裁判偏差的问题给出明确裁定之前，可能会出现不同邦的案件呈现不同的审判结果的情形。当然，考虑到印度政府和司法机关近年来对仲裁越来越持有支持的态度，笔者认为未来此问题应该会得到最高法院或者法律修订的澄清，但这也给中资印度公司提了一个醒，因为按照印度法律规定，中资印度公司仍然是印度公司，如果合同对手方也是一个印度公司，且履行地和标的等都是在印度，此时需要好好筹划争议解决条款中的相关规定，避免未来在援引争议解决条款时产生麻烦。

此外，假设印度本国的两个当事人已经可以将纯粹的、不包含涉外因素的国内纠纷提交印度境外仲裁，那接下来的一个问题是，是否可以将实体法（Substantive Law）规定为外国法，如约定这一不包含涉外因素并且在印度履行的合同适用英国法或者中国法？

在“TDM Infrastructure Pvt Ltd v. UE Development India Ltd [（2008）14 SCC 271]”这一判决中，印度最高法院认为，两个印度主体约定实体法为外国法有悖印度的公共政策（Public Policy）。并且印度 1872 年《合同法》第

23 条[1]里面也规定了违反公共政策的合同非法（unlawful），因而无效（Void）。

在“Bharat Aluminum Co v Kaiser Aluminum Technical Services Inc [（2012）9 SCC 552]”一案中，印度最高法院认为，基于 1996 年《仲裁与调解法》第 28 条之规定，仲裁庭必须适用印度法。这是为了确保两个或两个以上印度当事人之间，不得通过仲裁逃避印度实体法律的适用，该规定优先于合同的约定适用。

所以目前至少可以明确的一点是，印度主体对于那些纯粹印度事项的争议提交仲裁时，在仲裁中选择外国法作为实体法有违印度的公共政策之嫌，在未来很可能导致裁决在执行阶段遇到阻力。

笔者在实务中经常发现，中国企业在与印度企业进行商业往来的时候，一般采取的是“鸵鸟政策（Ostrich Policy）”，也就是非常明显的逃避心理，就如同鸵鸟遇到危险就把头埋到自己脖子里，采取自欺欺人的方式换取心安。而这种心理在实践中的表现一是争端解决机制必须选择仲裁而非印度的法院，二是仲裁必须要在印度之外进行，三是仲裁的实体法和程序法都不得用印度法。这相当于是把具有印度元素的东西进行了全部剔除。

当然，站在中国企业的立场上不难理解。因为印度法院的效率实在太过低下，因而只能选择仲裁，不顾一切地逃离任何与印度法律沾边的内容。但这一“鸵鸟心态”和一味地剥离印度法元素所带来的后续问题是，仲裁裁决的执行是离不开印度的司法体系的，前期复杂的架构可能会导致后期仲裁裁决到印度进行执行时候的阻力。再者，如果到了执行时再去了解印度的一些具体法律制度，执行效果肯定大打折扣。

“破山中贼易，破心中贼难。”印度的司法体系和法律制度固然不是世界上最好的，但作为与印度打交道的中国企业，必须要一开始就要从心理上重

---

① “What consideration and objects are lawful, and what not. —The consideration or object of an agreement is lawful, unless—The consideration or object of an agreement is lawful, unless— it is forbidden by law; 14 or is of such a nature that, if permitted, it would defeat the provisions of any law; or is fraudulent; or involves or implies, injury to the person or property of another; or the Court regards it as immoral, or opposed to public policy. In each of these cases, the consideration or object of an agreement is said to be unlawful. Every agreement of which the object or consideration is unlawful is void.”

视如何利用印度现有的法律体系来维护自身权益，而不是一味地逃避印度的一切。毕竟“全球化（Globalization）”在实质意义上应该是“全球本地化（Global Localization）”。希望深耕印度市场，就必须对印度的相关司法制度和救济措施做好功课，不要在出现问题的时候因“交学费”而懊悔。

第五节　合同中或裁或诉条款的效力以及印度法上的实践

“或裁或诉”条款是指合同双方在争议解决条款中约定争议可以仲裁也可以向人民法院起诉。当然，实务中常见的另外一种撰写方式是仅赋予一方当事人以选择权，争议发生后由该当事人选择通过仲裁还是诉讼方式解决争议。因此，“或裁或诉”条款一般称为“Optional Clause”，即“选择性争议解决条款”。其中又以上述第二种方式为多，即仅赋予一方当事人有权选择是否提交仲裁，称为“One-sided Arbitration Clause”或是“Asymmetric Arbitration Clause”，即“单边选择性仲裁条款”，这种条款如果是当事双方同意的，印度法并不会认为其无效，因为让单方具有选择争议解决方式的权力并不会剥夺另外一方得到救济的机会。

但如果是第一种方式，比如在中国法项下，经常可以看到的一个争议解决条款示例：“凡因执行本协议所发生的一切争执，双方应友好协商解决，如果协商不能获得解决，则可选择仲裁，或者向合同签订所在地的人民法院通过诉讼解决。”

在适用中国仲裁法的前提下，对于国内仲裁，上述“或裁或诉”条款在实践中人民法院通常会根据《最高人民法院关于适用〈中华人民共和国仲裁法〉若干问题的解释》第7条的规定认定其为无效仲裁协议[①]：“当事人约定争议可以向仲裁机构申请仲裁也可以向人民法院起诉的，仲裁协议无效。

① 需要特别注意的是，虽然法律明文规定或裁或诉条款下的仲裁协议无效，但并非必然导致整个争议解决条款完全无效——其中关于诉讼管辖法院的约定只要符合法律规定仍然有效，双方可向约定有管辖权的法院提起诉讼。

但一方向仲裁机构申请仲裁，另一方未在仲裁法第二十条第二款规定期间内提出异议的除外。”

对于涉外案件，中国《涉外民事关系法律适用法》第18条赋予了当事人选择仲裁条款适用法的自由。并且规定如当事人没有选择时，则适用仲裁机构所在地法律或者仲裁地法律。而在有些法域“或裁或诉”条款并不当然无效。比如，新加坡法院在“Grains and Industrial Products Trading Pte. Ltd and another v State Bank of India and others [（2019）SGHC 292]”一案中认定，同时选择法院诉讼和仲裁的，法院管辖权条款应被视为对仲裁准据法的选择，当事人选择法院视为选择该法院监督仲裁的进行，因此仲裁协议仍然有效。

在印度的法律实践中，不少中国当事人都对典型的印度仲裁条款感到疑惑，比如下面这条：

The parties agree that, if any disputes or differences arise in relation to or in interpretation of this contract, such dispute or difference will be resolved in the following manner.

Either party may refer such dispute to arbitration by giving 30 days' written notice to the other party in accordance with the provisions of The Arbitration and Conciliation Act, 1996 or any statutory amendment, modification or re-enactment thereof for the time being in force (the "Act"). The place of arbitration shall be [•]. The language to be used in the arbitration proceedings shall be [•]. The arbitration proceedings shall be conducted by a sole arbitrator appointed jointly by the parties.

This Contract shall be construed under and governed by the laws and regulations of India. The Courts at [•] shall have exclusive jurisdiction to entertain all disputes arising out of and under this Contract.

从上面这个范本条款可以看出，印度的仲裁条款后会附上约定某法院具有管辖权的条款。其实约定某一法院并不表明当事人意图在诉讼与仲裁中二选一，而是因为印度的仲裁以临时仲裁为主，如约定当事人之间如果仲裁不成，抑或是仲裁无效可以另行向法院起诉。所以更多情况下这个额外的法院条款存在的意义是合同双方当对仲裁庭组成前临时救济、仲裁条款的效力存否、仲裁员选定、仲裁范围等有争议时，双方可以选择一个管辖法院对该仲裁有关的程序性问题进行定分止争，抚平争议，以顺利推进仲裁程序。

同时，印度 1996 年《仲裁与调解法》第 42 条也规定：

42 Jurisdiction. —Notwithstanding anything contained elsewhere in this Part or in any other law for the time being in force, where with respect to an arbitration agreement any application under this Part has been made in a Court, that Court alone shall have jurisdiction over the arbitral proceedings and all subsequent applications arising out of that agreement and the arbitral proceedings shall be made in that Court and in no other Court.

尽管本部分其他地方或者现行有效法律中有规定，若在涉及仲裁协议时已经向法院依照本部分提出了任何申请，该法院应当对仲裁程序和产生于该协议的全部后续申请独自拥有管辖权，应当在该法院而非其他法院进行。

由上述条款可见，这里的法院并非“同时约定仲裁和诉讼”意思上的法院，而是对仲裁程序具有监督（Supervisory）、协助（Assistance）功能的法院。因为印度历史上一直是以临时仲裁为主，对于以下事项，因没有仲裁机构的协助或者仲裁庭无法对涉及自身的行为作出判断的，一般去法院寻求程序救济：

1. 仲裁进行中的程序救济，比如就仲裁员的资格选任等达不成一致，造成僵局的情况下，要求法院协助；又如一方认为仲裁庭作出的临时禁令有误的，需要向法院申请取消该禁令。

2. 仲裁裁决作出后，向具有管辖权的法院提出异议（Challenge the Award）。

第六节　印度仲裁时律师事务所的选择及费用支付

与印度相关的仲裁案件有些不可避免地约定了仲裁的实体法是印度法，或者因仲裁地在印度，因此印度相关的程序性法律规定也将适用；另外仲裁裁决在印度的执行也离不开律师的协助，以上种种因素都使当事方很多情况下要依赖印度律师对印度法律的阐释。

因为语言、文化习惯及工作方式的具体差别，很多中国企业第一考虑还是希望找到具有印度法律资格的中国专业咨询顾问团队或者在印度的“中资”律师事务所，从而实现更好的沟通。但就法律市场而言，作为世界上最大的法律服务市场之一的印度，是不对外资开放的。也就是说，目前所谓的“中资印度律所”或者“驻印律师团队”都违反了印度法律。虽然法律规定了外资律所和外国律师不得在印度执业，但印度毕竟是一个经济高速增长的投资目的地，自20世纪90年代印度经济自由化以来，有不少外国的律师事务所尝试以各种办法进入印度市场来分一杯羹，其做法包括但不限于：

1. 开设外资律师事务所驻印度代表处；

2. 开设咨询公司提供所谓的“投资”咨询，即“挂羊头卖狗肉”；

3. 开设以印度人为名义所有人但业务财务等实际受到外国控制的律师事务所。

最开始尝试以上方法的，包括美国伟凯（White & Case）律师事务所、美国达维（Davis Polk & Wardwell）律师事务所、英国年利达（Linklaters）律师事务所、英国安理国际（Allen & Overy）律师事务所乃至一家中国律师事务所，但很遗憾，上述种种方法都被判定为非法，这些律师事务所也都作为被告，被禁止在印度直接开展业务。

以上这些欧美律所在法院判决后都停止了其直接踏足印度的尝试，但最近几年，又有一些中国的法律服务提供商伴随着中国“一带一路”和“走出去”的浪潮，在印度设点，以“中资印度律所”或者“外服”的名义向中资企业提供法律服务。因为其受众范围较窄，仅仅是中资印度企业，所以没有引起印度法律界的大规模反弹，但其行为早已经引起了印度律师公会（Bar Council of India）和印度律师事务所协会（Society of Indian Law Firms）的注意。

2020年4月17日印度政府发布对现行的2017年版《统合外商直接投资政策》进行修改的新闻稿，该新闻稿要求当投资者是来自与印度国境有接壤的国家时，其投资必须得到印度政府审批才能进行。该新政策事实上使得来自中国的投资全部陷入“政府审批”路径当中。随后，4月22日（印度时间）印度财政部通过印度国家官方公报发布了2020年《外汇管理法（非债权金融工具）修正实施细则》[*Foreign Exchange Management* (*Non - debt Instruments*) *Amendment Rules*, 2020]，针对中国的新外商投资政策即行生效。

印度商工部在其《修改外商投资政策以限制COVID - 19疫情期间的投机性收购行为》的问答中说明了政府的初衷是加强监管，打击那些在印度从事非法行为的外国投资者，以及避免外国资本在印度受到疫情影响下“抄底”印度的重要资产。

当然，很多外国投资者可能对印度封闭法律市场感到疑惑不解，以中国为例，中国目前有大量的外国律师事务所驻华代表处（Rep Office），其对促进中外法律的交流和实务上的精进起到了重大作用。事实上，外国律所在印度设立代表处的主要障碍有二：

一是印度在加入世界贸易组织（WTO）的协议中作出了相应的保留（Reservation），而这个保留与中国正好相反，即中国允许外国律所来中国开设代表机构，但禁止外国仲裁机构来中国设立代表机构（最近这一限制在上海自贸区有所松动）。印度则是允许外国仲裁机构在印度设立代表机构，但不允许外国律所在印度设立代表机构。

二是印度1961年《律师法》（*The Advocates Act*, 1961）和印度马德拉斯高等法院及后续的最高法院的判例规定外国律所无法在印度开设办公室甚至代表处，外国律师也无法在印度执业（Practice），即无法作为代理人在印度出庭参加诉讼，也无法就印度法律问题出具法律意见。虽然印度《律师法》中确实规定了如果外国认可印度公民可以在其国家进行法律执业（Practice），该国的公民也可以在印度执业。但该成文法仅仅就这一问题一笔带过，没有后续的具体实施规定，因此在后续高等法院和最高法院审理的时候，判定虽然英国、美国等普通法系的国家允许印度公民成为其国家的律师并执业，但该执业需要满足各种先决条件如法学院学位、资格考试、工作签证等，并非完全的互惠，因此不能构成外国律师可以在印度执业的理由。

当然，就目前而言，很多在印度的中国投资者可能听过外国律师可以基于“Fly In Fly Out”这一原则，该原则是2012年由马德拉斯高等法院通过裁定，认为外国律师临时性地到印度来，就客户所需的外国法律问题进行释法是可以的，同时也允许外国律师到印度处理涉外仲裁案件。这一原则被称为“Fly In Fly Out”，也就是“速进速出”原则。在2018年，印度最高法院对马德拉斯高等法院所确定的“速进速出”原则做了进一步的解释，澄清了许多问题。不过，对于该原则的很多细节还需要投资者注意，即是否存在“量变到质变”，因为在印度最高法院的判决中，外国律师过于频繁地到印度也能构成“执业”，从而导致违反印度法律。马德拉斯高等法院就判定，仅有不涉及法律意见的文字处理（Word Processing）、行政秘书协助（Secretarial Support）、发言转录服务（Transcription Services）、校对服务（Proof Reading Services）、差旅协助服务（Travel Desk Support）才被认为是非法律服务。其他的擦边球行为都将导致违反印度法律而受到惩罚。就仲裁而言，如果某一在印度开庭的案件需要外国律师就外国法进行阐释，则该外国律师是可以临时性地到印度参与庭审的，但其无法在印度执业，也无法就印度法出具正式的法律意见。

除了对外资律师事务所的限制，印度律师公会（Bar Council of India）也对印度境内的会计师事务所提出要求，禁止其从事法律业务，并向包括安永、毕马威、德勤和普华永道在内的四大会计师事务所发出质询函，要求其就招聘律师到其旗下工作一事进行澄清。因为会计和审计师事务所从事法律业务，也是印度《律师法》所禁止的。

目前，印度有超过200万人登记注册为律师，但是直到近几年前，印度一直都是没有统一的律师资格考试，印度先前的模式是只要是从法学院毕业获得法律学位就基本上自动成为律师，所以这200万人与其说都是律师，还不如说是印度具有法律学位的人士。因此，真正从事律师业务的人，可能只占到200万的一小部分，而具备相应的专业技能、眼界、沟通技巧并且向外国投资者提供法律服务的印度律师则更少。所以外资来印度选择法律服务提供商的时候，一般都会选择那些具有相当行业声望，并且从业时间超过数十年的律师事务所。这样的律所（Law Firm），印度有四五十家。而除了这类律所之外，如果外商投资者选择个人小律师，则可能会面临质量和执业标准的双重风险。

就印度本土的知名的律师事务所而言，有下面以字母顺序排序的印度排名前20的律师事务所（根据RSG的排名）：

· AZB & Partners

· Anand and Anand

· Bharucha & Partners

· Cyril Amarchand Mangaldas

· Desai & Diwanji

· Economic Laws Practice

· HSA advocates

· J. Sagar Associates

· Kochhar & Co

· Khaitan & Co

· Luthra & Luthra Law Offices

· Linklegal India Law Services

· Lakshmikumaran & Sridharan

· Nishith Desai Associates

· Phenix Legal

· Platium Partners

· Shardul Amarchand Mangaldas

· S&R Associates

· Trilegal

· Talwar Thakore & Associates

需要印度法律服务的中国投资者，可以从上述印度律所中任选一家来获取服务，这些都是在印度法律行业中具有相当声望的律师事务所，同时因为目前有近千家中资企业在印度开展业务，这些律所也在与中国投资者的合作中获取了相当多的业务经验，其中有些印度律师也可以提供中文服务。

站在外国投资者的角度，其肯定会认为印度政府这样对法律市场进行限制，是不合理的，因此外国政府与印度政府之间就法律市场开放的话题进行磋商已经不是新鲜事了。2017 年，时任英国财政大臣的乔治·奥斯本（George Osborne）在会见时任印度财长阿伦贾特里（Arun Jaitley）并进行第八次英印经济和金融对话（Eighth UK - India Economic and Financial Dialogue）时，就要求印度开放法律服务市场，允许外国律所和律师进入。但很遗憾，此事一直没能得到印度政府的最终同意。不少印度本土律师和律师事务所也认为，开放法律市场对于整合国内的律师业资源、提升行业水平和国际经验、提升律师收费水平等都是有帮助的，印度需要做的是迎接竞争而不是故步自封，将自己锁在一个假想的“安全屋”中。印度法律行业的众多从业人员认为，随着印度国内外要求开放法律市场的呼声越来越高，可能在未来的几年中，对于外国律师和律所的限制会有所松动。

毕竟未来尚未可知。就目前而言，所谓的在印度的外国律师事务所或者“驻印律师”是绝对违反印度法律的，在法律发生变动之前，最好不要做“先上车后补票”的事情，因为法律顾问对于投资者的权益保护发挥着重要的作用，如果项目还未开始就在选择外部顾问上违法，对于后续项目的顺利开展肯定会有较大的负面影响。

对于选择印度的律师事务所，实务中需要外国投资者注意的是，最好向印度驻华使领馆、印度国家商会驻华代表机构进行事先的咨询，或者向印度律师公会、印度律师事务所协会进行问询，确认服务提供商是具有合法的、不打任何“擦边球”的行为。值得注意的一点是，印度作为普通法国家，其推定买家即接受服务的一方自身有义务去鉴别卖方即服务提供方的资质、承诺等，如果一开始没有询问其在印度提供法律服务是否合法，而对方也不回答此问题，其单纯的沉默行为并不构成欺诈，这就使得中国企业面临着极大的风险，因为这个原则直接导致未来出现任何因接受非法的服务而导致的投资风险，都无法有效地向非法服务提供方主张损失，从而弥补自身所受到的损害。

回到最开始的问题，如果是在印度境内单纯需要就印度法进行阐释的仲裁案件，外国律师和律师事务所受到印度目前的法律限制，无法参与其中。但如果仅仅有印度方参与的、仲裁地在印度之外的国际仲裁，虽然这种情况下没有司法主权问题，只要有足够的能力应对这个案件的中国律师，都可以去代理仲裁案件，但这种工作对中国律师来说要求还是比较高的，尤其是目前很少有熟悉印度实体法以及可以熟练以英文工作的律师。总而言之，对于当事人而言，选择的外部律师团队靠不靠谱直接关系着案件的进展乃至输赢，因此，建议当事人在选择外部律师的时候擦亮眼睛，增强辨别的能力。

一旦选定了律师和律师事务所，那接下来的问题就是聘用印度律师进行仲裁是否可以采取风险代理，以及第三方资助在印度是否合法。

律师风险代理又称胜诉酬金（Contingent Fees）或附条件收费，是指当事人不必事先支付律师服务费用，待代理事务成功后，当事人从所得财物或利益中提取协议所规定的比例支付酬金，如果败诉则无须支付。到目前为止，世界上有许多国家逐步有条件承认和接受律师风险代理制度，并通过立法对该制度加以完善。风险代理能满足一些经济困难的当事人对法律服务的需求。换句话说，风险代理是在当事人预先无须支付律师服务费用，甚至连诉讼费用也由律师先行垫付的情况下，律师为当事人提供法律服务。并且，风险代理更能促进律师为获得高额酬金而努力工作，调动律师办案的积极性。2006 年 4 月 13 日，我国国家发展改革委和司法部发布了《律师服务收费管理办法》，统一规定了中国律师风险代理的范围及收费标准，这也标志着风险代理在中国是合法的。但是在印度，风险代理是为印度法律所不允许的。

印度律师公会（Bar Council of India）发布的《印度律师执业守则》第 20 条规定，印度律师不得约定基于诉讼结果或者分享标的额的风险代理模式（An advocate shall not stipulate for a fee contingent on the results of litigation or agree to share the proceeds thereof），违反该规定而约定风险代理的话将受到吊销律师执业许可的处罚。印度目前对风险代理持禁止态度主要出于以下理由：

1. 风险代理的约定实质上是“赌博性”合同（Wagering Contract），因而无效。

2. 在 1907 年 Ganga Ram 诉 Devi Das 一案中，法院判决风险代理有违公共政策（Public Policy）以及违反律师执业操守（Professional Ethics）而无效。印度作为承袭英国普通法法系衣钵的国家，以往的案例（Precedent）对于后续的类似案例都有约束力，从而导致到目前为止风险代理在印度都被认为是非法的。

3. 有影响司法公正、造成司法腐败之嫌。律师风险代理，只有赢或达到预期效果才能得到胜诉酬金。因此，站在律师立场来看，是只许胜，不许败的。然而案件赢输除取决于法律规定和争议的客观事实外，不容忽视的是案件裁量权在于法官，单凭律师的法律理论和办案经验技巧在目前形势下很难左右法官的意志和案件的判决结果。自然而然，精明的律师们势必将大部分精力和心思放在法官身上，有些律师通过拉拢法官，与法官结成经济利益共同体，这会扰乱正常的司法秩序，影响司法公正。同时，也造成了法律服务市场的恶性竞争，律师为胜诉不择手段，不惜成本和代价，最终后果是司法腐败，律师业务受损。

当然，现实中也有不少印度律师呼吁政府放开目前法律框架下对印度风险代理制度的禁止性规定。他们认为如果风险代理可以在印度施行，对于穷困的当事人来说应该是福音。因为在印度有许多人难以支付律师费用来维护自己的权利，或者想尽办法凑齐了律师费但是仍然输掉了官司。如果风险代理可以施行，则可以大大减轻这部分贫困当事人的压力。因此，印度政府以及律师公会对于其认为风险代理“不道德”的一方面，完全可以参考类似美国这种风险代理已经施行了较久并有着丰富经验的国家，进行具体的立法规制。

不过在目前的印度法律框架下，风险代理仍为印度所禁止，也就是说，在聘用律师的时候，不论是聘用其从事诉讼还是仲裁业务，都不得约定采取风险代理的方式进行。这一点需要引起中国企业和投资者的注意，有些中国企业在病急乱投医的情况下，如果以风险代理的方式与印度的律师约定了某项法律业务，最后的结果很可能是“赔了夫人又折兵”。在这种情况下，对于那些财务状况已经捉襟见肘的当事方，是否有其他途径来获取相应的资金？

近些年来，第三方资助（Third - party Funding）在诉讼和仲裁领域迅猛发展，并逐渐发展成为一个产业，该制度也被引入了印度。国际仲裁的成本通常而言耗费巨大，第三方资助促使更多资金紧缺的当事人能够通过诉讼或仲裁的方式将自己的合理诉求诉诸法律。

第三方资助的定义可以从其模式窥探其本质：第三方资金提供者将负责部分或全部的法律费用和支出，包括但不限于律师费、裁员报酬、仲裁机构管理费用以及专家证人费用等一切仲裁程序中可能发生的费用。如果被资助方赢得此案，则出资者获得裁决或和解所得的约定份额。相反，如果受资助方在案件中失败，资助者的投资就付诸东流。

需要注意的是，风险代理与第三方资助最大的区别在于第三方出资机构并非当事人的仲裁代理人，而风险代理是当事方与代理人即律师之间达成的费用安排。

实践当中，第三方资助可以给一方提供财务支持，受资助方还可以避免信息不对称带来的潜在损失和风险。这是因为第三方资助公司通常拥有比当事方更多的法律资源，在介入之前都会通过各种背景调查的方式来确定案情是否值得他们出手。此外，一些第三方融资公司也可以帮助客户以更具竞争力的价格找到合适的法律顾问。

目前国际上的趋势是越来越多的司法管辖区允许第三方资助。比如 2017 年 1 月，新加坡通过 2017 年《民法修正案》，废除了帮诉的侵权性，将允许第三方资助的程序扩展到国际仲裁程序、任何辅助性法庭程序、调解程序以及与国际仲裁裁决有关的任何强制执行程序。

具体到印度，1996 年《仲裁与调解法》中并没有对第三方资助的问题进行涉及。但在“Bar Council of India v. A. K. Balaji（AIR 2018 SC 1382）”一案中，印度最高法院认为，对于非律师就诉讼的资助并且就诉讼结果收取收益的行为没有法律限制［There appears to be no restriction on third parties (non - lawyers) funding the litigation and getting repaid after the outcome of the litigation]。

就印度具体的实践而言，有一些从事工程总承包（Engineering Procurement Construction，EPC）的公司已经开始在仲裁中采用第三方资助。例如，根据印度媒体 Livemint 的报道①，印度工程巨头印度斯坦建筑有限公司（Hindustan Construction Company Limited）成为第一个采用第三方资助来进行诉讼和仲裁的大型公司。

为何印度首个第三方资助案件会出现在工程总承包类的企业中？这与印度在 2016 年通过的新《破产法》有较大关系。新的破产法追求时效性，基于破产法提出的诉讼需要在 270 天之内完成，因此给债权的清偿提供了时间上的确定性，使得第三方融资提供方有了一个明确的预期。而从另外一方面看，由于新破产法流程简化导致债权人发起强制清算债务人的门槛降低，这也使得很多企业非常注重其流动性（Liquidity），对于很多债务指标已经接近危险线的企业而言，其在面临较大的诉讼或者仲裁时会偏向于考虑第三方融资，从而避免增加自身的财务成本，使得自身成为被其他债权人强制清算的目标。

第七节　获取印度方的相关信息的途径

商场如战场。有一句商界的名言是“选择交易对手就是选择交易风险”。虽然中国有句老话叫“富贵险中求”，但是作为一个理性的商业人，还是希望尽可能地将风险降到最低。我们在实务中发现，大量的中国企业与印度企业发生纠纷，除了很大程度上是因为项目履行中的问题之外，还有一个重要的因素就是对印度方背景和交易信息的缺乏。

所以本节主要讨论两个问题，第一就是争议发生前，如在与印度方主体进行签约时，如何确定其不是皮包公司且资信良好，从而在源头上控制风

① 参见印度媒体 Livemint 网站，https：//www. livemint. com/companies/news/hcc – raises – rs – 1 – 750 – crore – in – litigation – funding – deal – 1553651279600. html，2020 年 4 月 2 日访问。

险；第二就是在争议发生后，为申请临时措施（如冻结财产）乃至胜裁后的执行阶段为获取相关财产线索提供头绪，防止对方毁灭证据、转移财产等。

对于第一个问题而言，在达成交易之前这一阶段可以通过尽职调查（Due Diligence）来获取相关的信息，确定对方主体的合法性和合规性。此外，尽职调查发挥着发现风险、解决风险、修正价格、辅助谈判和决策等重要作用。

尽职调查的目的是对风险进行定性评价以及量化（Quantify）。通过对风险的定性，来确知该项目是否能上马；而风险定量，则可以解决交易中对价的增减问题。除了风险排除功能，尽职调查的结果还可以用于下一步与印度方之间的谈判，作为一个非常重要的谈判砝码来帮助中国投资者实现商业上的目的如减少成本和消弭项目推进的阻力。

考虑到印度方对中国投资者进行披露的时候不可避免地带有信息倾向性，以中国企业（买家）收购印度企业（卖家）的股份为例，印度企业往往会将对其有利的信息和资料披露给潜在的买家，而将不利的信息不披露或者少披露给买家。所谓的“王婆卖瓜，自卖自夸”即是如此。普通法下有一个法律原则叫作“Caveat Emptor”也就是买家需要当心，即作为收购方，法律上会推定买家是一个“Sophisticated Buyer（老到的买家）”，其自身有能力鉴别各种信息，同时判断风险并作出是否继续进行项目的决定。所以说，进行尽职调查并且获取相关的信息是非常关键的。

一般在与印度方一同进行项目（如合资、收购、一起组成联合体投标等）的时候，尽职调查、商业谈判、相关协议起草等几项必要工作在最理想状态下的顺序是先进行尽职调查，摸清状况之后再进行商业谈判同时进行相关协议的起草，但是考虑到现实的情况存在各种千差万别，所以经常会出现这几项工作同时或者交叉进行的状况，笔者在实践中还遇到过商业谈判完成、正在起草相关协议时刚开始进行尽职调查的案例。没有尽职调查的帮助，对手方公司的一些潜在的风险信息就无法获知，进行相关项目的风险性就会增大，并且没有尽职调查中发现的信息作为谈判支撑，可能在谈判中会付出更大的代价。

比如，笔者之前经手过一个项目，即中国一家国有企业计划与印度某公司在印度合资设厂。双方已经进行了长时间的磋商，就主要商业条款达成了共识，中国企业现金出资，占有51%的股份，印度公司以土地使用权以及部分现金出资，占有剩余的股份。双方已经确定了时间让双方的董事长在印度签署合资协议并对外公布，相应的安排如签证、档期、机票、媒体都已经做好，临时取消的成本太大。但此时，中国投资者并未对该印度企业进行公司尽职调查和土地尽职调查。对于本案，笔者的意见是，因为双方已经做好了相应的安排并且不太方便取消，但是没有进行尽职调查无法规避未来合资的一些风险。笔者最终给出的方案是，可以在合资协议中声明，将后期补做的公司尽职调查和土地尽职调查的结果作为合资协议生效的必要条件，即合资协议单纯签署但不生效，在尽职调查中发现的问题得到全部圆满解决之后再生效。通过这种安排，巧妙地将之前的冲突进行了化解。

一般来说，公司尽职调查报告主要包含以下方面①：

表：过去三年②中与公司相关事项的尽职调查

序号	所需信息/文件	附注
企业信息及重要文件		
1	公司组织结构图及业务简介	
2	营业执照，开始营业证明及相关文件	
3	公司章程大纲副本	
4	公司章程实施细则副本	
5	公司成立后名称或者营业目标的变更，以及佐证的公司决议和申报备案记录	
董事		
6	公司成立之后的董事列表及详细信息	
7	向公司注册局备案董事聘用信息及聘用文件	

① 请注意，本尽职调查清单范本中所列举的条目并非穷尽的，针对不同的项目存在增补和删减变化的可能，此处仅作为本书范例使用。

② 中国投资者可以根据项目实际情况来决定尽职调查资料的提供范围是过去三年、五年或者更长时间。

续表

序号	所需信息/文件	附注
8	董事信息披露表	
9	若董事存在辞任、暂停董事职务的情形，其辞任、暂停董事职务相关的申报资料	
10	聘用协议/服务协议	
	股权信息	
11	从公司成立之日起到尽职调查之日止的股东信息	
12	若股东是非居民股东，需要提供相应的印度储备银行（印度央行）备案和申报信息以及央行许可（若有）	
13	若存在股权转让，提供股权转让的相关文件	
14	自公司成立之日起发出的股权证书	
15	权证/债券持有人（若有）及其详细信息	
	会议纪要/决议	
16	董事会会议纪要，董事会下属委员会①会议纪要	
17	自公司成立以来的股东会会议纪要	
18	以邮寄选票（Postal Ballot）形式开会得出的决议的具体信息	
	公司注册局表格及法定登记簿	
19	公司保有的所有法定登记簿	
20	公司向公司注册局申报的表格及凭单	
	公司资本	
21	有关公司法定资本、已发行股本以及实收资本等的信息表	
22	公司股本发行及转让状况	
23	股份限制转让协议（若有）	

① 印度的公司治理结构是一元制的，没有监事会。董事会下设专门的委员会（Special Committee），通常是指由董事会设立的由公司董事组成的行使董事会部分权力或者为董事会行使权力提供帮助的董事会内部常设机构，如审计委员会（Audit Committee）、风险控制委员会（Risk Control Committee）、薪酬委员会（Compensation Committee）、提名委员会（Nominating Committee）和战略委员会（Strategy Committee）等。董事会专门委员会与董事会之间的运行模式是，专门委员会就某些专业化程度非常高的事项进行内部充分讨论，然后形成提案，最终召开董事会由全体董事在董事会上对这些提案进行表决。

续表

序号	所需信息/文件	附注
	公司的对外投资	
24	公司对外投资详情以及向有关当局备案、申报情况	
	员工	
25	公司目前员工总数及信息表（员工类别及人数）	
26	每类员工聘用协议的标准化条款	
27	关键的管理和技术人员名单及其服务条款和聘用协议①	
	知识产权	
28	公司已注册或者已申请或者在使用的商标相关信息	
29	公司已注册或者已申请或者在使用的设计相关信息	
30	公司使用的商号相关信息	
31	公司许可他人使用本公司的专利、商标、商号、版权、专有技术、机密信息、配方等的情况	
32	公司所有的或者正在使用的其他知识产权或者权利	
33	公司签订的特许权协议、代理协议、分销协议、研发协议等	
34	公司使用的、尚未申请专利或者专利尚未被核准的发明	
35	公司目前正在进行的与知识产权相关的诉讼或者异议程序，以及对前述程序已经达成和解的事项的信息	
	公司财产	
36	公司所有的、租用的、占用的不动产信息	
37	公司所有的或者占有的不动产的相关地契、租约或者许可文件等	
38	与公司所有的、占有的不动产相关的重要文件和信息，比如发展规划信息、地方有权机关通知、拆迁通知、业主纠纷等	

① 实践中一些中国企业认为对于劳动法、公司雇用情况的尽职调查意义不大，但是现实中往往出现的情况是，收购之后，虽然目标企业的所有权、控制权等发生了变化，但对于目标企业的员工来说，与其签订劳动合同的雇主没有变化，只是雇主的股东构成发生了变化。因此，雇主和雇员之间的劳动关系不会因为收购的发生而变化，在此情况下，为了避免产生劳资纠纷，在签订收购协议之前对目标企业的劳动关系进行摸排就显得尤为必要。另外，公司控制权易主之后，新的控股股东经常会进行公司管理层以及生产经营层的“大换血”，因此需要终止劳动关系、解雇一些员工。在这种情况下，需要严格遵守印度劳动法的相关指引。

续表

序号	所需信息/文件	附注
39	公司是否有违反规划、环境保护、污染控制、中央或者地方有关安全健康生产标准相关的法律法规的情形，若有，需要载明相关信息	
40	公司是否有转租、分租以及相关协议（若有）	
41	近期不动产价值评估（若有）	
	融资与借贷	
42	未偿银行贷款以及从其他金融机构获取的流动性资金的列表和信息、签订的贷款协议以及银行和其他金融机构的相关佐证材料	
43	公司发出的或者公司董事、股东发出的以公司资产作为标的的抵押、押记、担保事项的信息清单	
44	公司与其他企业之间签订的借贷或者担保协议的相关信息	
45	截至收到尽职调查清单之日，公司在银行及非银行机构的到期未偿借款信息	
46	公司对于其他企业（除公司子公司之外）的权益性资产信息，需要列出投资额度、投资性质、与被投资的企业之间的商业关系、具体交易事项等相关信息	
	保险	
47	重要保险单的详细列表以及副本，包括险种、保险标的金额、保险费等信息	
48	公司购买的关键人物保险①的保险单副本	
49	董事及高级管理人员责任保险②的幅度及赔偿范围信息	
50	员工赔偿范围及描述	
51	产品责任赔偿范围及描述	

① 关键人物保险（Key Man Insurance 或者 Key Person Insurance），一般指的是公司为那些对公司发展有着重大意义、重大技术或者知识产权的持有者所购买的保险，这类人对于公司的发展至关重要，这种保险对抗的风险就是因这些人的突然死亡、无行为能力等而造成的对公司的损失，一般都是定额的赔偿，而非补偿因这类人死亡或者无行为能力带来的预期或者可能的经济利益。

② 董事保险本质上属于责任保险（Liability Insurance）的一种，一般由公司购买并作为保单持有人（Policyholder），并且指定某一具体的董事作为“受益人（Beneficiary）”。董事责任保险一般涵盖如下范围：1. 针对董事的错误行为的法律诉讼所发生的法律程序性费用；2. 对于判定董事存在上述行为后要求董事个人承担的费用。需要读者格外注意的是，董事责任保险里保险人（即保险公司）保障的范围主要是由于董事违反勤勉义务的行为，但故意的虚假信息披露、信息披露中的误导性陈述、财务欺诈、违反法律等行为，都不在保险公司的赔付范围之内。

续表

序号	所需信息/文件	附注
	政府许可	
52	已经取得或者正在申请的相关政府证照、许可的信息或安排	
53	与中央或者地方邦相关政府机构的重要函件、申报等信息	
54	那些到期、被撤销、无法更新或者可能产生上述后果的证照、许可、政府同意等的列表和信息	
55	对于因上述证照、许可、政府同意、登记事项等的违反或者不合规事项而产生的与政府和相关有权部门之间的信函往来信息	
56	政府检查或者调查事项的详细信息	
57	未决或者潜在的中央、邦以及地方各个层面的诉讼、争端、仲裁事项，以及相关政府追责、投资者声索等相关信息的情况概要，具体包含： （i）争端表述； （ii）潜在损失或者赔偿金额； （iii）回函、律师函其影响争端的相关协议或者安排等的信息	
58	与诉讼或者和解相关的文件和资料	
59	因担保而产生的诉讼或者争端的信息	
60	政府、仲裁机构、法院等作出的法令、仲裁裁决、判决等的信息	
61	涉及公司子公司、公司董事等的未决诉讼、仲裁等可能影响潜在交易的信息	
62	针对公司股东的并且对意欲进行的交易会产生重大影响的未决或者潜在诉讼的信息	
63	公司在上述的诉讼、仲裁案件中的公众曝光程度信息	
	竞争对手	
64	是否有涉及印度反垄断法、反不正当交易法以及公司法中所禁止的垄断、限制交易等行为而受到政府相关机关调查的信息	
65	公司与一个或者多个竞争者之间的口头或者书面的协议、安排等的信息	
	账目及税务	
66	公司年报、公司会计账簿、审计报告等的副本信息	
67	公司资产负债表的副本	
68	公司所得税报表的副本	

续表

序号	所需信息/文件	附注
69	公司从相关税务机关取得的税务减免、豁免以及特殊安排等的信息	
70	公司从税务机关获得的税务激励、税收假日①等的信息	
71	公司与税务机关间的未决或者潜在的、影响到交易的相关法律事项	
72	公司现有的税务报告、未决声索等	
73	因递延税项而产生的可能税负信息	
74	可能影响未来税负的循环交易或者具有持续性的事项的信息	
合同/协议		
75	到目前为止公司签订的重大生效合同列表以及副本	
贸易相关事项		
76	到目前为止公司进行的重大贸易事项列表	
77	以公司名义签订或执行的订单、招投标	
78	公司在印度本土或者海外的主要客户一览表	
杂项		
79	与公司或者其下属企业相关的、考虑到意欲进行的交易确有必要进行披露的其他文件或者信息	
80	与现有股东相关的、可能影响预期交易的其他的重要文件与信息	

但是，进行完尽职调查之后，并不代表交易就可以高枕无忧，因为尽职调查存在以下限制，在海外交易的情况下这些限制在一定程度上会被放大：

1. 尽职调查范围的局限性。笔者在上文给出了一个尽职调查的清单，在现实的商业交易中，绝大多数情况下被调查方不可能将上述资料全部提供给调查方，因为任何一个卖家都不可能允许买家以“抄家”的形式进行尽职调查，更何况卖家也会担心买家只是以交易为借口，获取所有信息之后，可能造成信息泄露以及其他潜在风险②，因此即使其拥有上述全部的资料，卖家

① “Tax Holidays”即税收假日，指的是政府给企业提供的免税期。

② 在进行尽职调查之前当然会有相关的保密协议签订，买方也会以此督促卖方在尽可能大的范围内披露。但是一旦买家接收到敏感信息之后滥用，虽然买家可以援引保密协议中的一些赔偿条款或者争端解决条款来保护自己的利益，但是谁也不想以这种投入时间和金钱的“亡羊补牢”的方式来保护自己的权益。

也可能不会和盘托出。也存在卖家确实因为各种原因，有一些资料丧失，因此无法提供给买家的情况。对于这一个局限性，投资者可以采用的办法就是通过有限的信息，在自身团队以及外部顾问的帮助下，尽可能地还原交易的全貌。当然这就需要投资者有着非常过硬的商业洞察力。只要发现的风险不属于“Deal Breaker”这种可以一票否决整个投资项目的风险，其他的风险可以通过法律和财务等的安排进行保护。当然，不同的投资者对于风险的定义和接受程度存在相当大的差异，这就需要进行具体的个案分析。

2. 尽职调查时间的紧迫性。一般而言，交易的时间是限定的，时间拖得越长，“节外生枝”或者其他风险产生的可能性就越大。因此，是否可以高效率地做完尽职调查，获取最有价值的信息，对于投资者来说非常重要。

3. 信息披露一方的倾向性。对于尽职调查中负有信息披露义务的一方，有多种动机促使他们提供一些有倾向性的文件。因此需要引起投资者的注意。但对于很多资产类以及证照类的调查而言，其有就是有，没有就是没有，非黑即白。当然，这些信息是否真实有效，还需要律师、会计师等专业人士的把关。

此外，尽职调查做完之后，到交易交割一般都会存在时间差。这段时间内的风险动态变化，也是需要投资者密切关注的。毕竟，尽职调查反映的是某一个截止时点以及之前的风险动态。这也要求投资者需要计算好时间，比如通过一个详尽的时间安排表来实现各个部分的高效衔接，不要出现花大价钱做了尽职调查，但是中途耽搁的时间较长，导致夜长梦多。

很多国内的投资者都对天眼查、启信宝、企查查等查询企业信息的网站和App不陌生，中国政府也有官方的全国企业信用信息公示系统、中国法院裁判文书网、中国执行信息公开网等网站可以获取企业的相关法律信息。

在印度，印度公司事务部（Ministry of Corporate Affairs）是获取目标印度公司相关财务和法律信息的重要平台。其网址是“http：//www. mca. gov. in/”，注册账号后就可以下载企业股权、董事、年报、财务报表等相关信息（需要付费，但非常便宜，一般几百卢比）。

说到哪些信息可以从印度公司事务部获取，还是要首先了解一下印度公司事务部的背景信息和相关职能。印度公司事务部是负责统管印度全国公司事务、负责《公司法》及其配套法律的执行和监督的主管部门。其前身是成立于 20 世纪 50 年代的印度公司事务署（Department of Company Affairs）。该署自成立后，一直附属于印度法律部、财政部或商务部，直到 2004 年，在印度改革开放的大进程中，为了迎合越来越活跃的商事主体的需要，印度中央政府将公司事务署升格为部级独立部门，2007 年更名为现在的印度公司事务部。

作为印度公司的主要治理机关，其担负着如下职责：

1. 负责对 2013 年《公司法》及其他相关配套法律进行解释，在不降低公司管理标准的前提下，实现“商业经营宽松化”目标；

2. 完善 2013 年《公司法》和其他配套法律中的不合理内容；

3. 加速处理严重欺诈调查；

4. 促进中小型企业和初创企业发展；

5. 促进公平竞争；

6. 促进 2016 年《破产法》（*The Insolvency and Bankruptcy Code*，2016）的有效实施；

7. 大力发展电子政务，促进服务透明化，提高服务效率；

8. 向社会民众公布企业发展数据；

9. 促进印度《公司法》下的诸如国家公司法法庭、国家公司法上诉法庭、印度竞争委员会等在内的管理机构和其他治理机构的发展；

10. 鼓励和促进商业公司的合规和内部管理，承担企业责任。

为了实现以上目标，印度公司事务部享有较大的职权范围，除了《公司法》中规定的印度公司事务部所享有的权能，根据 1961 年《印度政府（职能划分）实施细则》[*The Govt. of India（Allocation of Business）Rules*，1961]，印度公司事务部主要负责以下事项：

1. 对 1956 年和 2013 年《公司法》的实施和运行进行监管；

2. 对 1951 年《公司对国有基金捐赠法》（*The Companies Donation of National Funds Act*，1951）的实施和运行进行监管；

3. 对1969年《垄断与限制贸易行为管理法》（*The Monopolies and Restrictive Trade Practices Act*，1969）的实施和运行进行监管；

4. 负责对会计师、成本会计、公司秘书等专业人员的监管；

5. 收集公司商事方面的统计数据；

6. 依据1932年《印度合伙企业法》（*The Indian Partnership Act*，1932）第七章的内容对合伙企业进行相关的监督和管辖；

7. 依据1860年印度《社会团体注册法》（*The Societies Registration Act*，1860）对社会团体的注册和运行进行监管；

8. 对严重的公司商事领域的欺诈事项进行调查；

9. 促进2016年《破产法》的有效实施。

而基于印度2013年《公司法》的合规性要求，不论任何类型的公司都必须要将其年度报表报送至公司事务部进行备案。《公司法》第92条中对于提交的报表所需要包含的内容进行了规定：

1. 公司注册地址、主要营业地、子公司信息和对外投资信息；

2. 公司股份和债券以及其他有价证券的发行情况及持股状况信息；

3. 公司负债情况；

4. 自上一财政年度结束之日起公司成员和债券持有人的变动情况；

5. 自上一财政年度结束之日起公司发起人、董事、关键管理人员的信息以及变动；

6. 股东会议、类别股东会议、董事会以及公司各委员会①的其他会议的出席情况；

7. 对公司董事和公司关键管理人员的报酬情况；

8. 公司受到的处罚和其董事、职员受到的政府惩戒以及公司作出的申辩等；

9. 公司合规、信息披露的执行情况；

10. 外国机构投资者持股情况（若有）；

---

① 印度公司董事会可以下设不同的委员会来处理不同的事项，比如设立薪酬委员会、投资战略管理委员会等。

11. 其他《公司法》要求的信息。

公司的年度报表需要由公司内部的公司秘书或者在公司没有聘用内部公司秘书的情况下，由执业的公司秘书签字后报给公司注册局。需要注意的是，即使该年度没有召开年度股东会（AGM），也得提交年度报表。不能以本年度没有召开股东会为借口，从而不需要遵守在召开 AGM 之后 60 天之内提交年度报表的这一合规性要求。另外，印度《公司法》对上市公司提出了更高的监管要求，因为上市公司的些许变化都直接影响社会持股者的利益，所以 2013 年《公司法》要求上市公司的前十大股东如果出现了变化，则公司需要在该变化发生之日起 15 天之内报送给公司注册局。

不知道读者有没有注意到笔者在上述内容中提到了不少时点，笔者的用意不仅是告知中国企业哪些信息可以从印度公司事务部的网站获取，而且希望中国投资者可以“掐准表”，来及时获取目标企业最新申报的信息，从而对于交易、争议的解决提供研判和帮助。

此外，笔者建议中国投资者对于印度公司法项下的公司账簿（Book of Accounts）有一定的了解。公司账簿起源于中世纪商人自设的私账，后来随着商主体的扩大以及商法的发展，有权机关开始立法要求商主体依法制定和留存法定的账簿（Statutory Records）。广义公司账簿是指公司在营业过程中设置的以及用文字形式记载的一切账务簿册，而狭义公司账簿是指立法要求公司根据商事会计原则设置和造具的，反映特定营业真实情况的簿册。作为商事经营活动中必备的经营要素，各国商事立法中均对其有所规定。中国现行的《公司法》中也对公司财务、会计进行了规定，此外也有《企业财务通则》《财务准则》等部门规章进行指引。一般而言，公司账簿包含会计账簿、财务会计报告等。

会计账簿指的是公司根据一定的标准，是将记录日常商事活动的会计凭证整理成册，反映公司财务和经营状况的簿册。会计账簿在会计凭证这一公司日常商事活动最为微观层面的记录的基础之上来制作，反映不同类型的会计科目在一段会计期间的变化及其规律，或综合反映公司在一定的会计期间财务或经营方面的会计信息。

财务会计报告也称为财务会计表册，是指依法制作的反映公司在一定的会计期间财务和经营的综合情况的会计资料，主要包括资产负债表、损益表、现金流量表、财务状况说明书以及利润分配表。财务会计报告由一揽子会计文件组成，其制作基础为会计凭证和会计账簿。其功能在于综合反映公司的财务和经营状况，为公司经营管理和决策提供指导。

公司账簿具有重要的意义，简述如下：

1. 对于投资者而言，公司账簿是其准确了解公司财务和经营状况的窗口。投资者是否要对公司进行投资，是经过审慎的法律和财务尽职调查（Legal and Financial Due Diligence）这一步骤的。而这一步骤中最关键的部分就是对目标公司的资料如公司账簿中所记载的关键信息进行对比和分析，从而考察该目标企业是否有投资的价值和实现盈利目标的可能性。因此，公司制作的商事账簿必须真实、准确、完整，不得有虚假记载、误导性陈述和重大遗漏，否则潜在的投资者将会作出错误的或不当的决策。

2. 对于和印度方企业有争议的中国投资者而言，该印度公司的账簿信息包含其是否可以供执行的财产，与某一时点相比其是否对外进行了财产转移等，因此属于必须要仔细研判的信息。

3. 公司账簿是公司合规主管机关对公司进行个别调查时所倚重的重要资料。印度的公司主管机关如公司注册局有权对公司的内部事项进行个案核查，因此，留存相应的记录并妥善保管对于配合公司主管机关的核查义务有着重要意义。实践中笔者曾见过一些中国投资者设立的印度公司并没有按照法律要求对公司账簿进行保管，也没有定期将重要资料进行复印、电子化备份或者发回中国总部进行备份，而后期因为公司内部人事变动等导致相关资料无法获取，为其他商业事项的推进造成了重大不利的影响。如果是中资企业的印度公司涉及了某一争议，则公司账簿信息是非常重要的证据资料，必须要妥善保管。

4. 股东可以依据公司账簿，对公司的经营状况和财务状况进行了解。通过公司账簿反映出的公司经营状况和财务状况，公司可以实时地调整经营策略，趋利避害，甚至更换公司经营管理层、董事等以谋求公司的健康发展。

同理，公司经营管理者可以依据公司账簿调整公司经营方案，实现公司经营目标。

5. 公司账簿对于公司债权人而言具有重要意义。债权人只有在对公司经营状况和财务状况了解后才可以判断公司的偿债能力。公司债权人对于公司账簿的关心，就是对于自身利益的关心，有利于在了解财务会计信息的基础上进行自我保护和监督。

就印度而言，2013 年《公司法》在第九章专章规定了公司账簿（Accounts）的相关内容。基于该章的要求，印度公司必须要保有包括公司年度财务报表（Annual Financial Statement）、会计账簿（Books of Accounts）以及公司相关的所有账簿，以备公司注册局查验，并且要保证这些账簿中的内容必须要真实（True and Fair）地反映公司的财务状况，否则包括董事、高管在内的相关责任人都要受到相应的处罚和追究。

2013 年《公司法》中有关账簿相关的法律要求和规定简述如下：

1. 账簿的保存。按照《公司法》要求，账簿应该被保存在其注册地址（Registered Office），但是董事会认为为了生产经营的方便，可以放在其他地址的，则可以通过相应的决议允许将账簿放置在其他地址。这一点对于很多初创企业来说比较重要。因为在印度，许多初创企业为了节省开支，在创业之初大量采用虚拟地址（Virtual Address）或者虚拟办公室（Virtual Office）来注册公司，之后在其认为比较便利的地方办公。商业实践中也经常出现公司虽然有注册地址，但是其日常经营、办公的“行政地址”与注册地址不一致的情况。这一宽松化的合规要求对于那些面临清算的公司来说也是一个较好的消息，因为这些公司为了节省开支，在清算开始时清算管理人（Liquidation Administrator）一般都会退掉较大的办公室而转入虚拟办公室。因此印度 2013 年《公司法》虽然对账簿的保存提出了强制性的要求，但是其也允许董事会根据商业实际拥有一定的自决权力，顺应印度的商业发展实际。

2. 电子形式的账簿。印度 2013 年《公司法》允许公司以电子或者电子介质的形式保有公司账簿，这一举措也被视为顺应电子化商业社会发展的实际而受到欢迎。

3. 账簿的查阅（Inspection）。公司的董事会可以在正常营业时间查阅公司账簿。除此之外，公司注册局和印度政府指定的官员也可以查阅公司的账簿。

4. 账簿的保存（Preservation）及保存年限。印度 2013 年《公司法》对此提出了强制性的要求，印度公司的账簿必须要保存 8 年。① 之所以这样规定有着印度特殊的国情考虑。执法能力较弱和效率低下是印度许多行政部门面临的主要问题之一。对于税务部门来说，其可能在短时间之内并不能发现一些企业的问题，因此回溯检查会计原始凭证有着实际的必要性。实践中对于规定年限"一刀切"地规定为 8 年，印度的实务界人士对此也有讨论。有的人认为不加以区分重要性地规定为 8 年，可能会徒增公司的合规成本；也有人认为在目前电子化的环境下，通过数据库的方式进行管理其实并不困难，并且会计账簿等原始凭证对于公司未来涉及诉讼时候的证据、与交易相对人的交易核查以及未来公司融资、上市等时候的自检以及与税务部门发生争议时候的证据佐证等都有着极为重要的意义。例如，我国《会计档案管理办法》第 14 条规定会计档案的保管期限分为永久、定期两类。定期保管期限一般分为 10 年和 30 年。这一安排显然考虑到了诉讼时效、证据充当、自查自检等需要。

5. 违法责任承担。印度 2013 年《公司法》中对于公司账簿的保存提出了具体的要求，对于违反法律要求的，要采取较为严厉的惩罚措施。其中第 128 条第 6 款就规定，对于公司管理董事、主管财务的董事以及负有保管公司账簿义务的职员，违反《公司法》对于账簿保存的规定的，将处以最低 5 万卢比、最高 50 万卢比的罚金或者最长 1 年期的监禁或者并处罚金与监禁。

按照 2013 年《公司法》的规定，公司除了需要妥善保存上述公司账簿，还需妥善保存以下法定文书（Statutory Books）：

---

① 对于刚成立的或者说成立时间未满 8 年的，则从其成立之日起都要持续保留。

1. 公司股东（成员）登记簿、债券持有人登记簿以及其他有价证券登记簿；

2. 公司董事和高级管理人员及其持股信息的登记簿；

3. 押记（Charge）① 登记簿；

4. 与利益冲突董事签订的协议的登记；

5. 公司对外投资的信息；

6. 公司会议纪要。

所以，以上信息对于仲裁当事方而言是一个提醒，因为上述文书属于必须要妥善保存的法定文书，如果仲裁的当事一方认为上述资料中包含对于争议相关的证据信息，可以向仲裁庭或者法院申请进行证据保全和披露。

当然，信息不对称是横亘在中国企业踏入印度市场并且挑选合作伙伴时的一大挑战。如何确定印度合作方的资信背景对于不熟悉印度市场的中国企业来说更是困难重重。尽职调查虽然可以在很大程度上还原一个公司的全貌，但是进行尽职调查非常依赖于被调查对象是否配合，如上文尽职调查清单所述，大部分的资料、信息和文件都掌握在被调查对象手里，如果中国企业与被调查对象之间进行的是收购或者合资项目，被调查企业一般都会同意将资料提供给中方进行尽职调查。但是如果中方企业不想惊动印度方企业或者说进行的项目是诸如贸易一类的事项，则很可能无法从该印度企业手里获取资料。这个时候，通过其他方式来对印度企业进行调查就显得非常重要。除了通过一般的互联网、新闻媒体检索以及印度公司事务部官方网站的信息，通过印度市场专业的信用评级机构的信息可以一定程度上弥补中国企业这一方面的信息收集短板。

信用评级（Credit Rating），又称资信评级，是一种社会中介服务为社会提供资信信息，或为单位自身提供决策参考，最初产生于20世纪初期的美国。信用评级有狭义和广义两种定义。狭义的信用评级是指独立的第三方信

① 中国法上并没有“押记”这一概念（我国香港地区除外），可以将押记理解为债权担保的一种方式。其类似于中国法上的抵押，但又不完全相同。印度法下“浮动押记（Floating Charge）”可对“Book Debt（账面债项）”等进行抵押，而在中国法下，应收账款属于权利质押。因此，两者的关系大致相同但又不完全对应。

用评级中介机构对债务人如期足额偿还债务本息的能力和意愿进行评价，并用简单的评级符号表示其违约风险和损失的严重程度。广义的信用评级则是对评级对象履行相关合同和经济承诺的能力和意愿的总体评价。

信用评级的根本目的在于揭示受评对象违约风险的大小，而不是其他类型的投资风险，如利率风险、通货膨胀风险、再投资风险及外汇风险等。另外，信用评级所评价的目标是经济主体按合同约定如期履行债务或其他义务的能力和意愿，而不是企业本身的价值或业绩。

就印度而言，CRISIL①（Credit Rating Information Services of India Limited）是印度本土拥有最为悠久历史的资信评级机构。其创办于 1987 年，总部位于马哈拉施特拉邦的印度商业中心孟买，目前已经被标准普尔公司（Standard & Poor's）收购，成为该公司旗下的成员企业并且是孟买证券交易所的上市企业。CRISIL 同时也对中小企业（SME）的资信背景进行评级，并且其目前的评级业务已经拓展到了教育资源评级、房地产评级等领域，并且在商业咨询和研究领域也有着不小的建树。

到目前为止，CRISIL 已经为超过 6 万家印度企业进行了评级，并且评级信息被诸多印度银行、非银行金融机构和其他企业采用，为这些企业在确定其供应商、分销商以及决定时是否给予贷款等提供了重要信息参考。

一般的印度企业为了顺利从银行和非银行金融机构获得贷款，乃至顺利推进与其他合作方的合作，都会对申请 CRISIL 评级抱以积极的态度，所以很多时候 CRISIL 对该企业的评级就足以从一定侧面反映出该企业的信用评价、偿债能力和远期展望，从而对企业的一些具体商业决策作出指导。

许多西方发达国家在进入印度市场确定潜在的合作伙伴的时候非常善于利用这些印度的专业信息服务提供商，从而为其在制定贸易、投资和合作方案的时候提供信息支撑。而大部分中国企业则不太善于利用这些专业的信息渠道发掘深层次信息，这一点是非常值得中国企业学习和借鉴的。

除了上述方式，印度驻华使领馆和印度驻华商会也会为中国企业对印度

① CRISIL 的官方网址为 https：//www. crisil. com/index. jsp。

贸易伙伴提供相应的基本信息。当然，受限于专业、精力等，政府使领馆和商会提供的信息都是非常基础的，比如说判断该印度企业是否真实存在。如果中国投资者想要与印度企业进行合资、收购等业务，最好通过专业的印度律师事务所和会计师事务所进行审慎的法务和财务的尽职调查，得出相关的判断。

第五章

仲裁协议

第一节　仲裁协议简介及仲裁协议的独立性

仲裁协议是国际商事仲裁的基石（the Foundation Stone of International Commercial Arbitration），是当事人将争议提交仲裁的合意（Consent）的证明，因此也是整个仲裁程序得以启动的基础。作为现代商事仲裁制度的基石，一项有效的仲裁协议既是当事人将争议交付仲裁的依据，也是仲裁机构对仲裁案件行使管辖权的依据，同时是法院对根据此仲裁协议作出的仲裁裁决承认及执行的必要前提。

仲裁协议既可以是事先就在合同中约定好的表示同意将未来可能发生的争议提交仲裁的协议，如在主合同中包含相应的仲裁条款，或者与主合同一起签订相应的仲裁协议，这也是实践中最为常见的方式。还有一种就是在争议发生之后，双方协商同意将争议提交（Submit）给仲裁解决，此类事后的协议被称为“提交仲裁的协议（Submission Agreement）”，实务中也可以见到。

需要注意的是，仲裁协议或者仲裁条款被普遍认为是一种特殊类型（Sui Generis）的协议。有学者认为“当签订一项包含仲裁条款的合同时，他们达成的不是一项而是两项合同”。与调整合同当事人在合同项下的权利与实现当事人商事权利义务关系的条款不同，仲裁条款规定的是合同争议的解决方式，是作为实现当事人商事权利的救济手段而存在，具有相对的独立性。

仲裁协议的这种性质在学理上称为仲裁条款的独立性（Independence），

也称作仲裁条款自治权（Doctrine of Arbitration Clause Autonomy）可分离性（Separability）或者可分割性（Severability）理论，其精髓在于仲裁条款与包含它的主合同是相分离的。在国际商事仲裁立法与实践上，承认仲裁条款的独立性，已成为国际仲裁的理论基石。《纽约公约》《联合国国际贸易法委员会国际商事仲裁示范法》均对仲裁条款独立性原则作出了规定。中国《仲裁法》第 19 条亦规定了“仲裁协议独立存在，合同的变更、解除、终止或者无效，不影响仲裁协议的效力”。[①]

英国 1996 年《仲裁法》第 7 条[②]也以明文形式规定了仲裁协议的独立性。但通览印度 1996 年《仲裁与调解法》全文，却没有针对仲裁协议独立性的相关规定。

虽然立法上没有规定，但这并不意味着司法实践中这一原则在印度得不到承认。印度法院已经通过多个判例支持了这一原则，即基于仲裁协议的独立性原则，虽然仲裁协议通常是和主契约订立在一起的，但是，仲裁协议的效力应该同主契约分开，互相独立地加以考察。因此，除当事人另有约定外，主契约订立的瑕疵不影响仲裁协议的效力。

仲裁协议的独立性产生的逻辑结果是，如果当事人授权仲裁员决定合同的效力，则仲裁员可以宣布合同自始无效，同时不损害其管辖权。换句话说，被诉方声称主合同的无效或不存在，并不导致仲裁员无权审理案件。

近年来印度最高法院在多个判例中都有涉及仲裁条款独立性的裁判。在最高法院审理的“Young Achievers v IMS and Chatterjee”这一案例中，最高法院认为基于仲裁协议的独立性，主合同的终止、无效等，都不会造成仲裁协议的无效。但最高法院在分析中认为，还要将后续合同（Later Agreement）纳入考量中去。在合同更替（Supersede or Novate）的情况下，原先的主合同

① 杜新丽：《国际商事仲裁理论与实践专题研究》，中国政法大学出版社 2009 年版，第 82 页。

② “除非当事人另有约定，不能因为一个协议的无效、不存在或已经失效，而将该协议一部分的仲裁条款视为无效、不存在或已经失效。该协议应被视为可分割的协议。（Unless otherwise agreed by the parties an arbitration agreement which forms or was intended to form part of another agreement whether or not in writing shall not be regarded as invalid，non – existent or ineffective because that other agreement is invalid，or did not come into existence or has become ineffective，and it shall for that purpose be treated as a distinct agreement.）”

被新的合同替代，如果新合同有仲裁条款的，则原先的仲裁协议将被新合同中的仲裁协议取代，但如果新合同不包含仲裁条款，则原来的仲裁协议并不失效。

实践中还有一种情况是，主文件并非具有约束力（Binding）的合同，而是不具有约束力的MOU（谅解备忘录），但该MOU中包含了仲裁条款，并且说明了仲裁条款对双方是具有约束力的。那么MOU后期因为项目进展不顺利，双方没有签订具有约束力的合同，并且发生争议时，是否可以引用该仲裁条款？

可以从“Ashapura Mine – Chem Ltd v. Gujarat Mineral Development Corporation①”一案中看出印度最高法院的态度。本案中，双方当事人为了在古吉拉特邦修建铝土工厂而签订了MOU，该MOU中包含如下仲裁条款：发生争议时，仲裁程序将在古吉拉特邦首府艾哈迈达巴德举行，适用印度法。后来在尚未签署有约束力的合同的情况下，因项目推进问题发生争议，一方依据MOU中的仲裁条款提起仲裁，但另一方认为该MOU没有约束力，在不存在有约束力的主合同的情况下，无法依据该仲裁条款提起仲裁，因此向古吉拉特邦高等法院提告。

古吉拉特邦高等法院认为，因为后续没有在该MOU基础上签订具有法律约束力的合同，所以该MOU事实上因“难产而亡（Stillborn）”。因提请仲裁方不服，后来，本案上诉到印度最高法院，此案件中主要有两个争议点：

1. 虽然该MOU声明了无约束力，但事实上是否是一个具有约束力的合同？

2. 如果MOU并非一个有约束力的合同，那其中包含的仲裁条款是否仍可以引用？

印度最高法院认为，不管该MOU是否最终落实（Fructify）成一个合同，但双方在MOU中达成了将争议提交仲裁的合意。因此，其可以构成一个单独的仲裁协议而独立存在。

---

① 2015（5）SCALE 379.

承接上文第一个争议点，MOU 这一文件是贯穿整个对印投资过程并且经常会遇到的文件。而对于合资来说，双方在磋商的初步阶段一般会签订 MOU 来对初步的构想、合作方式和范围等进行协商，除了里面一些标准条款如争端解决和保密条款等具有法律约束力，一般而言，MOU 的主要条款是不具有法律约束力的。但是需要中国投资者注意的是，之前实践中出现过一些案例，印度方起草的 MOU 中规定了非常详细的双方责任义务、时点以及计划安排等内容，后来双方起了争端，一方向印度法院抗辩称该 MOU 是不具有法律效力的。但是法院在研判 MOU 是否具有法律约束力时，并不仅仅基于“MOU”或者“投资备忘录”这一名称，而是会从其实质的角度，看一下其条款是否涉及了实质的法律安排或者双方是否达成了合意。因此，如果 MOU 当中涉及了太过详细的安排和计划，则可能会被法院判定为实质上（De Facto）的协议，从而具有了约束力。

这是否意味着中国企业在与印度企业签订 MOU 的过程中，一定要将该 MOU 做成不具有法律效力的文件呢？其实可以跳出来考虑一下这个问题，与印度方进行合作、合资谈判以及博弈是一个动态的过程，如果主要条款变成有约束力会使得中国企业获得好处，那么肯定还是要把 MOU 做成实质上有效力的法律文件为宜。比如笔者经手的另外一个案例，中国某企业积极开拓印度市场，已经派出业务人员多次前往印度与对手方磋商、进行现场考察等。考虑到中国企业已经付出了大量的前期成本，在这种情况下，还是将 MOU 做成实质上有法律效力的文件为宜，一旦印度方面反悔还有所求偿。当然，具体情况还要具体分析，不多赘述。

此外，实务中还有一个经常遇到的问题就是欺诈、伪造、腐败贿赂等不正当行为是否会导致仲裁协议无效？

这一问题其实与上述的仲裁条款的独立性原则密不可分，本质上是内容有瑕疵的仲裁协议效力如何处理的问题。仲裁庭取得仲裁管辖权离不开有效的仲裁协议，但实践中，多种情况下会导致仲裁协议出现瑕疵，尤其是在仲裁协议因欺诈、腐败贿赂等原因而订立时是否有效，以及司法处理上值得关注。

欺诈是指当事人一方故意编造虚假情况或隐瞒真实情况，使对方陷入错误而有违自己真实意思表示的行为。在实务中，不少争议发生时，当事一方会主张该合同的对手方是通过欺诈的手段而订立的合同，因此不能通过仲裁解决。

中国司法实践中，中国法院对仲裁条款独立性原则的理解是一个逐步深化的过程。[①] 自中国实行改革开放至《仲裁法》于 1995 年 9 月 1 日生效以前，中国法院基于“欺诈毁灭一切”的理念，对以欺诈方法订立的仲裁条款的有效性持否定态度，即因欺诈而自始无效的合同，其仲裁条款也无效。典型案例如 1988 年上海市高级人民法院对“中国技术进出口公司诉瑞士工业资源公司（Swiss Industrial Resources Company Inc）侵权损害赔偿上诉案”的判决中认定：“上诉人利用合同形式进行欺诈，已经超出了履行合同的范围，不仅破坏了合同，而且构成了侵权。双方当事人的纠纷，已非合同权利义务的争议，而是侵权损害赔偿纠纷。被上诉人有权向法院提起侵权之诉，而不受双方当事人订立的仲裁条款的约束。”显然，法院对此案的处理，是以主合同自始无效以及合同中的仲裁条款无效为前提的。也就是说，通过欺诈订立的合同自始无效，自始无效合同中的仲裁条款也应无效。

但在 1995 年 9 月 1 日后，中国法院遵循《仲裁法》之规定，对因欺诈而自始无效的合同中的仲裁条款的有效性持肯定态度。这一转变体现在著名的“江苏省物资集团轻工纺织总公司（以下简称轻纺公司）诉（香港）裕亿集团有限公司（以下简称裕亿公司）、（加拿大）太子发展有限公司（以下简称太子公司）侵权损害赔偿纠纷上诉案”中。原审法院江苏省高级人民法院认为：本案是因欺诈引起的侵权损害赔偿纠纷。虽然原告轻纺公司和被告裕亿公司、太子公司之间的买卖合同中订有仲裁条款，但由于被告是利用合同进行欺诈，已超出履行合同的范围，构成了侵权。双方当事人的纠纷已非合同权利义务的争议，而是侵权损害赔偿纠纷。轻纺公司有权向法院提起侵权上诉，而不受双方所订立的仲裁条款的约束。裕亿公司、太子公司所提管辖权异议，理由不能成立。据此，该院依照《民事诉讼法》第 243 条之规

① 刘想树：《仲裁条款的独立性问题》，载《现代法学》2002 年第 3 期，第 90—95 页。

定，于1997年9月10日裁定：驳回裕亿公司、太子公司对本案管辖权提出的异议。

第一审宣判后，被告裕亿公司、太子公司不服，向我国最高人民法院提起上诉。最高人民法院认为：本案争议的焦点在于仲裁机构是否有权对当事人之间的侵权纠纷作出裁决。我国《仲裁法》自1995年9月1日起施行，该法第2条规定："平等主体的公民、法人和其他组织之间发生的合同纠纷和其他财产权益纠纷，可以仲裁。"第3条规定："下列纠纷不能仲裁：（一）婚姻、收养、监护、扶养、继承纠纷；（二）依法应当由行政机关处理的行政争议。"原审法院认为轻纺公司提起侵权之诉，不受双方所订立的仲裁条款的约束，显然是与仲裁法和仲裁规则相悖的；况且原审法院在轻纺公司起诉称裕亿公司和太子公司利用合同进行欺诈的情况下，未经实体审理就以实体判决确认，并以裁定的方式认定二上诉人利用合同进行欺诈，违反了我国《民事诉讼法》第140条关于裁定适用范围的规定，在程序上也是错误的。综上，本案各方当事人均应受合同中订立的仲裁条款的约束，所发生的纠纷应通过仲裁解决，人民法院无管辖权。江苏省高级人民法院所作裁定适用法律错误，应予撤销。

从国际上来看，作为普通法系的英国，曾经在1950年《仲裁法》第24条第2款中规定了欺诈（Fraud）为不可仲裁事项，但1996年的英国《仲裁法》删除了该条文。而反观印度立法和司法实践，其并没有像英国法一样在仲裁法中规定欺诈等不可仲裁，而是通过多个判例，逐步实现了从因欺诈、腐败、伪造信息而订立合同的仲裁协议无效到有效的一个过程。在2015年通过《仲裁与调解法修正案》之前，印度最高法院的裁判态度是，如果仅仅是"简单的声称存在欺诈（Simple allegation of fraud）"[①]不影响仲裁协议效力，不能使仲裁协议无效（Vitiate），但如果一方作出了存在"严重欺诈的指控（Serious Allegations of Fraud）"[②]，则不得仲裁，必须要由法院来判断。但何谓"简单"何谓"严重"，明显是一个非常主观的问题，并且这一判断

① Rashid Raza Vs. Sadaf Akhtar.

② Civil Appeal No. 7005 of 2019.

过程势必引发法院对案件的介入，扩大司法介入，不利于支持仲裁。

2015 年印度通过了对 1996 年《仲裁与调解法》的修正案之后，印度的裁判态度发生了改变：即使是有欺诈，也要通过仲裁来解决。

而对于因腐败或者贿赂（Corruption or Bribery）而订立的合同，产生争议时，是否可以通过仲裁解决？尤其是在涉及政府官员腐败的情况下，可能引发刑事责任，这是否可以排除仲裁庭的管辖权？印度法上的处断与上述欺诈时的情况类似，即仲裁庭进行决定，而一方也可以基于纯粹的刑事事由，向刑事法院提告。这就产生了民事和刑事的并行程序问题（Concurrent Proceedings）。

允许并行程序这一安排进一步产生了一个令人疑惑的问题，因为仲裁庭无法裁量刑事问题，只能对涉案的民事部分进行判罚，而法院刑事程序也能对民事部分进行安排，法院的判罚与仲裁庭的判罚不一致该如何处理？

印度最高法院在"Swiss Timing Limited v. Organising Committee, Commonwealth Games 2010, Delhi"一案中认定，刑事程序和仲裁程序可能存在冲突意见的可能性并不是这两个程序同时进行的阻碍（the possibility of conflicting decisions is not a bar against simultaneously proceeding with arbitration and criminal proceedings）。

法院的推理是，如果法院最终认为不存在欺诈或者腐败等事由并且判定一方无罪（Acquittal），则同时也无法基于这一站不住脚的诉求使得主合同无效，这种情况下不让双方仲裁，会在客观上阻碍仲裁程序。在另外一种可能性下，即法院认定一方有罪，此时如果仲裁庭作出了相反的裁决，则受到侵犯的一方完全可以基于刑事的不利判决申请撤销该裁决，因为 1996 年《仲裁与调解法》第 34 条第 2A 款中规定了撤销仲裁裁决的理由之一是"明显违法（Patent Illegality）"①，所以法院认为在存在欺诈或者其他不当行为

① 34 (2A) An arbitral award arising out of arbitrations other than international commercial arbitrations, may also be set aside by the Court, if the Court finds that the award is vitiated by patent illegality appearing on the face of the award: Provided that an award shall not be set aside merely on the ground of an erroneous application of the law or by reappreciation of evidence.（本条款为 2015 年对仲裁法进行修正时的新增条款，中文翻译见本书后附法条原文及中文参考翻译。）

（Malpractice）甚至是那些可能上升至刑事处罚的行为时，利用仲裁协议无效或者不可仲裁作为阻却事由无法得到支持。

讨论完了欺诈、伪造、腐败贿赂等不正当行为是否导致仲裁协议无效的问题，实务中另外一个经常遇到的问题就是仲裁协议形式要件是否必须要签署？

印度1996年《仲裁与调解法》在第7条对于仲裁协议的形式进行了规定：

（1）In this Part，“arbitration agreement” means an agreement by the parties to submit to arbitration all or certain disputes which have arisen or which may arise between them in respect of a defined legal relationship，whether contractual or not.

在本部分中，“仲裁协议”是指当事人同意将他们之间一项确定的契约性或非契约性的法律关系中已经发生或可能发生的一切争议或某些争议交付仲裁的协议。

（2）An arbitration agreement may be in the form of an arbitration clause in a contract or in the form of a separate agreement.

仲裁协议可以采取合同中的仲裁条款形式或单独的协议形式。

（3）An arbitration agreement shall be in writing.

仲裁协议应为书面形式。

（4）An arbitration agreement is in writing if it is contained in：

如果仲裁协议记载于以下形式则为书面协议：

（a）A document signed by the parties；

当事方签署的文件；

（b）An exchange of letters，telex，telegrams or other means of telecommunication which provide a record of the agreement；or

载于往来的书信、电传、电报或提供协议记录的其他电讯手段中；或者

（c）An exchange of statements of claim and defence in which the existence of the agreement is alleged by one party and not denied by the other.

在申请书和答辩书的交换中当事一方声称有协议而其他当事方不否认。

（5）The reference in a contract to a document containing an arbitration clause constitutes an arbitration agreement if the contract is in writing and the reference is such as to make that arbitration clause part of the contract.

在合同中援引载有仲裁条款的一项文件即构成仲裁协议，但该合同须是书面的而且这种援引足以使该仲裁条款构成该合同的一部分。

上述第 7 条第 4 项 a 中提到“当事方签署的文件”，所以实务中有当事方以这一理由抗辩，称仲裁协议没有签署，所以不成立。但印度最高法院在“M/s Caravel Shipping Services Private Limited v M/s Premier Sea Foods Exim Private Limited”一案中判定，仲裁协议只要是书面（In Writing）即可，是否签署并不影响仲裁协议的有效性。其实在之前的“Jugal Kishore Rameshwardas v Mrs Goolbai Hormusji”这一判例中印度最高法院也已经作出裁决，认为仲裁协议只需要以书面形式记载且双方完成了换约，不需要签署。

虽然法院认定仲裁协议未签署并不影响其效力是体现了支持仲裁的姿态（Pro-arbitration Stance），但实务中当事方需要注意的是，法院在此类案例中的判决依据还依赖于双方已经对合同作出了实际履行，所以法院认为双方存在进行仲裁的合意（Consent），实务中当事方还是需要保证合同正式签署，避免在未来出现争议后对方以此作为抗辩理由，至少可以利用印度法院的撤销和异议程序来阻碍另一方得到及时的救济。

另外，说一个与仲裁协议形式要件相关的题外话。根据媒体报道，2020 年 4 月 26 日，当当创始人李国庆和俞渝夫妇之间的夺权之战再次升级，李国庆带着 4 人，直闯当当公司，“抢”走了 40 多枚公章，并宣布自己成为新的董事长。随后俞渝马上报警，并宣布公章挂失。消息一出，大众哗然，中国法律界人士纷纷撰写文章针对“抢公章”一事进行法律分析。该新闻一度成为群众茶余饭后的热点八卦，也引发了不少群众对法律知识的热情和兴趣。

按照中国《合同法》第 32 条规定，当事人采用合同书形式订立合同的，自双方当事人签字或者盖章时合同成立。也就是说，盖章与签名具有同等法律效力，可以产生合同成立的法律效果。公章可以表征公司意思，法定代表人的签字也可以代表公司意思，两者有一即可。但是由于中国人多多少少都存在“挂印封金”“封侯拜相”的想法，认为公司印章就是公司的“玉玺”，这一传统导致大家认为有公司的盖章更踏实。

不过，对于中资印度企业而言，是不是要思考一下在印度出现这种情况应该如何处置？印章被股东或者印度董事夺走了岂不是可以随便出去盖章？印章至上这样的思想被部分中国投资者带到了印度，认为签署合同，有章才是效力的保证，看到有章就放心，这种只认章不认签字，唯章是大的思想可能会让中国投资者遭遇法律风险。

就争议解决相关事项而言，在和对方签订主合同的时候，在印度法项下，要想合同有效，是认章还是认签字？

毋庸置疑，印度存在公章，现实商业生活中也经常用。就法律上的定义而言，印度的公章其实分为两类，一类是“Common Seal”（类似于正式章），另一类是“Stamp”（指的是橡皮、塑料或者其他材质做的图章）。

大家应该听说过英美法系存在过所谓的“签字蜡封”合同，即不需要对价，以特殊的签字盖章的形式就可以使合同生效。印度在 1956 年《公司法》和后来的 2013 年《公司法》中也延续了这一传统，规定了“Common Seal”，甚至在 2015 年印度对其现行的 2013 年《公司法》进行修订之前，印度 2013 年《公司法》上都规定股权证书上必须有“Common Seal”的盖章，还规定了公司授权某人参加其所参股的公司的股东会代理投票时，授权书应盖公司“Common Seal”等。

但是 2015 年印度对《公司法》进行修订之后，废除了很多华而不实以及不再符合当今电子化商业交易习惯的繁文缛节。比如不再强制要求公司配备和使用“Common Seal”，所以很多公司没有金属的“Common Seal”，而只有橡皮或者木制的“Stamp”。而现行的印度法律只对“Common Seal”作出了规定，没有涉及“Stamp”。

在印度，因为没有法定代表人的概念，且董事会作为对公司进行日常管理的权力中枢，更为看重的是签字人是否得到董事会决议的授权，而盖章只是一个加强效力的行为，如果没有被授权人的签名，单纯盖章的行为不足以让合同生效；或者如果签字的人没有得到公司董事会决议的授权，即使加盖了公司公章，当合同另一方是非善意第三人时，合同效力也会面临瑕疵。

简言之，先认签字人是否为被授权人，再认公章。这也是印度公司法上有很多条文是关于董事“越权行为（Ultra Vires）”规定的原因，因为在普通法项下，董事和公司的关系是一种信托关系，超越了公司对董事的授权，则肯定存在效力瑕疵，而有没有公章，仅仅是一个形式问题。关于越权行为和印度公司治理等内容，可以关注笔者的著作《印度公司法精要》。

基于上面的分析，读者朋友们应该意识到，和印度一方签署合同时，必须重点关注该签字人是否为被授权签字人。那么如何判断呢？

一是看表象特征。可以通过对方名片上的职位，判断对方是否为公司管理层，如果是“Managing Director”或者“Executive Director”，则说明是管理董事或者执行董事，有权管理公司日常事务，签署合同的授权基本不用怀疑。

二是查官方数据。对于重大合同，最好通过印度公司事务部（MCA）查询该公司的董事和公司章程，确保此人确实是执行董事，具有对外签署合同的授权，尽到己方的审慎义务。

三是要张嘴问。印度作为普通法国家，其推定买家即接受服务的一方自身有义务去鉴别卖方即服务提供方的资质、承诺等，如果一开始没有询问其是否有签字权，而对方也不回答此问题，其单纯的沉默行为并不构成欺诈，所以一定要厚着脸皮问！

四是看授权书。如果不放心对方只是董事或者经理头衔的人员，可以要求对方出具董事会决议，确保此人获得了公司的授权，可以代表公司签署合同。需要提醒的是，没有法律强制要求董事会决议必须盖公章，一般只需要此次董事会会议选举出来的主席签字即可，如果觉得一人签字不够稳妥，可以要求出席会议的董事都签字。

当然，受实践中交易传统的影响，除了关注签字人，加盖公司印章可以进一步确保公司意志，这也是一种商业惯例，因此应该要求对方加盖公司印章。先认人再认章，人章双鉴定才能稳妥保障合同的效力。

第二节　复裁条款（仲裁上诉条款）在印度法项下的效力

在商事仲裁制度中存在效率与公平两种价值取向和冲突。而“一裁终局”是仲裁的一大卖点和优势，也是仲裁制度效率性的一大体现。

不少国家的国内法都明文规定了“一裁终局”制度。比如我国《仲裁法》第9条规定：“仲裁实行一裁终局的制度。裁决作出后，当事人就同一纠纷再申请仲裁或者向人民法院起诉的，仲裁委员会或者人民法院不予受理……”法院对于撤销仲裁裁决申请的司法审查权主要限于管辖权、程序公正和公共政策等问题。

在实践中，随着交易规模日益扩大、交易方式日趋复杂，不少仲裁的参与方也希望可以就仲裁的实体问题寻求二次救济的机会。并且现实中确实存在因仲裁员对事实问题的认定和对法律适用的分析有误而导致当事人正当利益受损的情况，按照现行的“一裁终局”制度，这类损失无法得到救济，尤其是那些争议标的额较大，案情较为复杂，对技术和专业知识如能源、建工、海事等有较高要求的案件，其当事人对实体公正的价值追求可能远远高于对仲裁效率的追求。

也就是说，“一裁终局”或者仲裁裁决的“不可上诉性”既有优势也有不足，其避免了上诉审查环节，虽然极大地减少了诉讼成本和时间上的拖延，但这也意味着一个错误的仲裁裁决可能无法被更正，从而产生实体上的不正义。

国际上，现在不少法域都支持当事人约定复裁或者仲裁上诉条款（Appellate Arbitration Clause），从而在认为仲裁裁决实体有误时获得进一步的救济机会。

例如，1996年《英国仲裁法》第58条规定：“除非当事人另有约定，依据仲裁协议作出之裁决是终局的，对当事人以及通过当事人或以其名义提出请求者都具有约束力。本条之规定不影响任何人依据可资利用的仲裁上诉或复审程序或本编之规定对仲裁裁决提出异议的权利。(Unless otherwise agreed by the parties, an award made by the tribunal pursuant to an arbitration agreement is final and binding both on the parties and on any persons claiming through or under them. This does not affect the right of a person to challenge the award by any available arbitral process of appeal or review or in accordance with the provisions of this Part.)"

《香港仲裁条例》第73条规定:"(1)除非各方另有协议,否则仲裁庭依据仲裁协议作出的裁决,属最终裁决,对以下所有的人均具约束力——(a)各方;及(b)透过或借着任何一方提出申索的任何人。(2)第(1)款并不影响任何人作出以下作为的权利——(a)按第26或81条、附表2第4或5条,或本条例任何其他条文的规定,质疑裁决;或(b)在其他情况下,按任何可用的上诉或复核的仲裁程序,质疑裁决。"根据该条规定,在香港特别行政区,如果当事人明示选用实体上诉机制,仲裁裁决就不是终局的。

就中国内地的实践而言,2019年2月21日,深圳国际仲裁院实施最新一版的仲裁规则,其中最为引人注目的便是首次创新制定选择性复裁制度,并同步推出《深圳国际仲裁院选择性复裁程序指引》,从而使得深圳国际仲裁院规则体系下的仲裁裁决在符合有关规定的前提下将不再"一裁终局",当事人可根据约定获得一次可能"翻盘"的机会。

《深圳国际仲裁院仲裁规则》第68条规定了"选择性复裁程序"[①]:

(1)在仲裁地法律不禁止的前提下,当事人约定任何一方就仲裁庭依照本规则第八章作出的裁决可以向仲裁院提请复裁的,从其约定。适用本规则快速程序的案件,不适用本条规定的选择性复裁程序。

(2)选择性复裁程序按照《深圳国际仲裁院选择性复裁程序指引》的规定进行。

同时深圳国际仲裁院还给出了示范仲裁条例,指引当事人如希望适用复

① 参见深圳国际仲裁院网站,http://www.sccietac.org/index.php/Home/index/rule/id/791.html,2020年3月28日访问。

裁程序的，可在合同中约定：凡因本合同引起的或与本合同有关的任何争议，均应提交深圳国际仲裁院仲裁。任何一方有权就仲裁庭作出的裁决向该院提请复裁并由复裁庭作出终局裁决。仲裁地为__________（请填写不禁止复裁的国家或法域）。

那么印度法项下是否可以约定仲裁上诉条款？

2016 年 12 月 15 日，印度最高法院在“Centrotrade Minerals & Metal Inc. v. Hindustan Copper Ltd. [①]”一案中，认可了“双层仲裁条款”（Two-Tier Arbitration Clause）在印度 1996 年《仲裁与调解法案》下的合法性。该案的当事双方约定了如下仲裁条款：

“**14. Arbitration**—All disputes or differences whatsoever arising between the parties out of, or relating to, the construction, meaning and operation or effect of the contract or the breach thereof shall be settled by arbitration in India through the arbitration panel of the Indian Council of Arbitration in accordance with the Rules of Arbitration of the Indian Council of Arbitration.

If either party is in disagreement with the arbitration result in India, either party will have the right to appeal to a second arbitration in London, UK in accordance with the Rules of Conciliation and Arbitration of the International Chamber of Commerce in effect on the date hereof and the result of this second arbitration will be binding on both the parties. Judgment upon the award may be entered in any court in jurisdiction.”

在上述仲裁条款中，合同争议应当在印度由印度仲裁理事会（Indian Council of Arbitration，ICA）根据《印度仲裁理事会仲裁规则》组成的仲裁庭仲裁；如果任何一方当事人不同意印度仲裁理事会所作出的仲裁裁决，其有权针对一审裁决在英国伦敦按照《国际商会仲裁院调解与仲裁规则》提起上诉，上诉仲裁庭的裁决对双方当事人均有约束力；该合同依照印度法律订立和生效。

① Civil Appeal No. 2562 of 2006.

在本案中，印度仲裁理事会作出的仲裁裁决有利于 Hindustan Cooper Ltd，另一当事方 Centrotrade 按照合同中的上诉条款上诉至伦敦，伦敦的仲裁庭推翻了一审裁决，作出了对 Centrotrade 有利的裁决，导致 Hindustan Cooper Ltd 对于这个包含“上诉条款”的仲裁协议的效力产生了争议，上诉至印度最高法院。

印度最高法院认为，仲裁上诉条款不是法定权利（Statutory Right），但在双方通过意思自治进行约定的情况下就成为合法创设的权利（Legal Right），且印度 1996 年《仲裁与调解法》并不禁止仲裁协议当事人保留对一审仲裁裁决的上诉权利。此外，此“双层仲裁条款”并不违反印度的公共政策，因此约定有效。

虽然印度法项下不禁止仲裁上诉条款或者对一审仲裁裁决进行“复裁”，但投资者需要在就某一特定商业事项拟定争议解决条款时，基于双方的权利义务、违约可能性以及各方面的因素进行衡平考量，而不是贸然引入较为陌生的仲裁机制。

第三节　仲裁协议中排除某一方获取法定救济权利的约定

终局性（Finality）是衡量仲裁效率价值最有效的指标。当然，有人批评“一裁终局”，不得上诉，使得终局性与实体公平性之间产生了矛盾。这一永恒的矛盾，给了司法救济介入的理由。但问题是，当事双方是否可以预先在协议中约定，在仲裁结果出来之后，排除一方或者双方向法院申请救济的权利？

此类约定即所谓的国际商事仲裁中的“排除协议（Contract Out Agreement）”或者“排除条款（Contract Out Clause）”，是指仲裁协议的当事人在仲裁协议中约定，仲裁裁决作出后，任何一方当事人不得向任何国家法院申请撤销，即当事人在他们的仲裁协议中共同约定排除任何国家法院撤销仲裁裁决的权力。

目前，国家通过立法明确规定当事人可以通过排除协议排除法院司法监督的做法并不多见，采取这种立法方式的国家主要有瑞士、比利时、瑞典以及突尼斯。根据1987年《瑞士联邦国际私法法规》第192条第1款：如果双方当事人在瑞士既无住所也无惯常居所或营业所，则得通过仲裁协议中的明示声明或事后达成的书面协议，排除一切撤销仲裁裁决的程序；双方当事人也得仅仅依据第190条第2款所列的一种或数种理由而排除撤销仲裁裁决的程序。新修订的《比利时司法典》第1717条第4款也作了类似的规定。

但在印度法项下，此类约定无效。这是因为印度1872年《合同法》第28条①规定了限制法律程序的协议（包含突破法律底线比如缩短时效的协议）无效（Agreement in restraint of legal proceedings void），其实本质上当事方在协议中要求去仲裁而不去诉讼也是属于对法定程序的限制，但其作为本条的例外而存在。

如果此类约定在印度法项下无效，那进一步的问题是，包含这一无效安排的仲裁条款或者仲裁协议的效力如何？因为实践中有一些当事方可能不清楚印度法中的要求，或者依照旧的模板条款（Boilerplate Clause），直接加入了要求放弃法律救济的条款，是否也会受到影响而无效？答案是否定的。根据印度法院在“Shin Satellite Public Co. Ltd vs M/S Jain Studios Limited”一案中的判例，最高法院发现在本案中，双方合同的第23条规定了仲裁员的决定具有最高效力且双方放弃在任何法域对裁决进行异议的权利：

“**23. Arbitration**：Any dispute arising from the interpretation or from any matter relating to the performance of this Agreement or relating to any right or obli-

---

① （a）by which any party thereto is restricted absolutely from enforcing his rights under or in respect of any contract，by the usual legal proceedings in the ordinary tribunals，or which limits the time within which he may thus enforce his rights.

（b）which extinguishes the rights of any party thereto，or discharges any party thereto，from any liability，under or in respect of any contract on the expiry of a specified period so as to restrict any party from enforcing his rights，is void to the extent.

Exception 1. Saving of contract to refer to arbitration dispute that may arise. This section shall not render illegal a contract，by which two or more persons agree that any dispute which may arise between them in respect of any subject or class of subjects shall be referred to arbitration，and that only the amount awarded in such arbitration shall be recoverable in respect of the dispute so referred.

gation herein contained which cannot be resolved by the parties shall be referred to and finally resolved by arbitration under the rules of the United Nations Commission on International Trade Law (UNCITRAL). The arbitration shall be held in New Delhi and shall be in the English language. The arbitrator's determination shall be final and binding between the parties and the parties waive all rights of appeal or objection in any jurisdiction. The costs of the arbitration shall be shared by the parties equally."

虽然一方的律师依据印度1872年《合同法》第28条的规定认为这类约定无效，但最高法院在审理后认为该条款是“可分割的（Severable）”，不会因这一放弃司法救济条款的无效而导致整个仲裁条款的无效。但这也给投资者们提了一个醒，最好不要在协议中加入此条款，从而导致该条款成为“病态的（Pathological）”的条款，虽然终局上不会影响仲裁条款的效力和一方获取司法救济的权利，但可能会导致节外生枝。

第四节　仲裁协议中事先由单方承担仲裁费用的约定

仲裁费用，一般包括仲裁员的费用、案件受理费以及受理案件的仲裁机构收取的其他费用（如果是机构仲裁的情况下）以及当事人费用，主要包括律师费、证人相关费用、当事人指定的专家证人费用、翻译费用、调查取证费以及差旅费等。

仲裁费用虽然并不是当事人决定是否申请仲裁的决定因素，但肯定是影响当事人是否决定采取仲裁的方式来寻求救济的重要因素之一。比如实务中经常见到的一些当事人，本来经济上已经处于劣势，提起仲裁需要支付一笔仲裁费、律师费乃至申请保全或者禁令的费用，这对于一些流动性本来已经很紧张的当事人而言尤其显得雪上加霜。所以，关于仲裁的费用，乃至未来该费用是否可以主张由另外一方支付，是很多当事方在提起仲裁时就需要考虑的问题。

目前实务中比较流行的方式是仲裁费用原则上由败诉的当事人承担(Cost follow the event，输者付费)，当事人部分胜诉、部分败诉的，由仲裁庭根据当事人各方责任大小确定其各自应当承担的仲裁费用的比例。当事人自行和解或者经仲裁庭调解结案的，当事人可以协商确定各自承担的仲裁费用的比例。

国际商会（ICC）在2015年所做的《对国际仲裁中费用的意见》(*Decisions on Costs in International Arbitration*) 这一报告①中曾经分析过仲裁费用的构成，其调查表明83%的费用是当事方聘用律师、证人及专家而发生的费用，而仲裁员和仲裁机构管理费仅占17%。同时，该报告也表明绝大多数的案件费用分配上主要采取了以下两种模式：

1. 以仲裁结果论，输者付费；

2. 不管仲裁结果，双方各自负担各自的费用。

此外，实务中还能见到第三种费用分担约定，即在争议开始之前就预先约定不管输赢，由某一方承担所有费用。

前两种收费模式非常好理解，从第三方角度来看也是较为公平的。但第三种费用分担方式即预先约定某一方付费也并不罕见。实践中有缔约方在签订协议的时候，占据相对有利地位的一方就会要求事先在协议中约定未来如果发生争议，不管输赢，都需要由特定的一方承担所有仲裁相关费用。

按照学理，当事人基于自己的意思自治和对自己财产权的处分权利，当然有权在协议中约定如何分配仲裁过程中产生的费用，该约定可以载入仲裁协议或当事人之间的其他合同条款。除非案件适用的国内法律另有规定，仲裁庭一般依照该约定在当事人之间划分仲裁费用。

但需要注意的是，“除非案件适用的国内法律有另外规定”。比如，英国1996年《仲裁法》第60条规定，“约定一方承担全部或者部分仲裁费用的协议仅仅在争议发生后签署才有效（An agreement which has the effect that a party is to pay the whole or part of the costs of the arbitration in any event is only

① 参见国际商会仲裁院网站，https：//iccwbo. org/publication/decisions - on - costs - in - international - arbitration - icc - arbitration - and - adr - commission - report/。

valid if made after the dispute in question has arisen)”，这是因为英国法中认为此类费用分担（Apportionment of Costs）有违公共政策。

那么如果仲裁协议的适用法是印度法，是否可以事先约定由单独一方来承担未来发生争议时的所有费用？

答案是否定的。印度 1996 年《仲裁与调解法》采取的态度和英国法的立场一样，在第 31A 条第 5 款中，法律明确规定：“规定一方承担全部或者部分仲裁费用的协议仅仅在争议发生后签署才有效。(An agreement which has the effect that a party is to pay the whole or part of the costs of the arbitration in any event shall be only valid if such agreement is made after the dispute in question has arisen.)”

因此，预先对仲裁费用由一方承担的安排无效，只有在争议产生后，如果该方认可由其承担全部或者部分费用的协议才算有效（Valid）。

此外，2015 年印度对 1996 年《仲裁与调解法》进行修正之前，并没有法律明文规定上述第一种费用承担模式，即“输者付费”。但 2015 年《仲裁与调解法》新增了第 31A 条，该条规定，在印度为仲裁地的仲裁中，仲裁庭可以裁决由败诉方承担仲裁费用，且明文规定这是一条“普遍规则（General Rule)”。而考虑到现实中的特殊情形，仲裁庭在作出该项裁定时，可以考虑当事人在仲裁程序中的行为、对胜诉方仲裁请求的支持程度、当事人是否存在滥诉行为、当事人产生的法律费用和支出的合理性以及案件在法律和事实上的复杂性等若干因素。

第五节　其他与仲裁协议相关的问题

印度法项下还有两个有着本土特色的与仲裁协议相关的问题，第一个是印花税（Stamp Duty）是否会影响仲裁协议效力的问题；第二个是如果在仲裁协议中指向了已经失效的印度仲裁法（印度历史上存在多个仲裁法)，会不会影响仲裁协议的效力？

就第一个问题而言，印花税的设计者可谓独具匠心。他观察到人们在日常生活中使用契约、借贷凭证之类的单据很多，连绵不断，所以，一旦征税，税源将很大；而且，人们还有一个心理，认为凭证单据上由政府盖个印，就成为合法凭证，在诉讼时可以有法律保障，因而对缴纳印花税也乐于接受。正是这样，印花税被资产阶级经济学家誉为税负轻微、税源畅旺、手续简便、成本低廉的“良税”。英国的哥尔柏（Kolebe）说过：“税收这种技术，就是拔最多的鹅毛，听最少的鹅叫。”印花税就是这种具有“听最少鹅叫”特点的税种。

1624年第一次在荷兰出现印花税后，由于印花税“取微用宏”，简便易行，欧美各国竞相效法。丹麦在1660年、法国在1665年、美国在1671年、奥地利在1686年、英国在1694年先后开征了印花税。印花税在不长的时间内，就成为世界上普遍采用的一个税种，在国际上盛行。

在印度，印花税具有非常重要的意义。基本上所有的法律文件如合同、权利凭证等都需要缴纳印花税。根据印度宪法，中央和地方都有权征收印花税。印度宪法联邦职权第91项规定，“对汇票、支票、期票、提单、信用状、保险单、股票过户凭单、债券、委托书和收据征收的印花税和税率”属于联邦职权；地方各邦职权第63项规定，地方各邦有权对“联邦职权中有关印花税和税率的规定中未曾提及的那些证券单据的印花税和税率”作出规定，比如地方各邦有权对公司章程这一法律文件征收印花税。各邦的印花税税率也各不相同，可以参见以下简表：

邦	印花税
德里首都区	股本的0.15%，最多250万卢比
安得拉邦	股本的0.15%，最低1000卢比，最高50万卢比
马哈拉施特拉邦	对于每50万卢比的股本征收1000卢比，最多500万卢比

印度的印花税一般分为“Judicial Stamp Duty”和“Non-Judicial stamp Duty”。对于第一种，所谓的“司法”印花税是向法庭缴纳的，用于支付诉讼费的一种印花税，对于这类费用支付，印度有专门的《印度法庭费用法》（*The Indian Court Fees Act*）进行专章规定；而对于第二种“非司法”印花

税，则指的是一般日常经济生活当中所需要向法律文件和权利凭证上粘贴的印花税税票。

为何印花税在印度非常重要？原因有：一是依法缴纳印花税的文件可以在以后发生争端或者诉讼的时候直接作为证据呈送法院；二是在对一些重要的法律文件（如土地权属文件）缴纳印花税时，政府会进行扫描和存档，作为备份，如果丢失，可以向政府部门寻求存档。

而未能依法缴纳印花税的后果是：一是不得作为证据在法庭使用，如果想使用，则需要补缴印花税以及高额罚金；二是负有职权的政府官员可以直接没收未能依法缴纳印花税的法律文件。

何种法律文件需要缴纳印花税？根据印度印花税法的规定，符合条件的“Instrument（正式法律文件）”需要缴纳印花税，而“Instrument”的定义如法条所示：“instrument” includes—（a）every document，by which any right or liability is，or purports to be，created，transferred，limited，extended，extinguished or recorded；（b）a document，electronic or otherwise，created for a transaction in a stock exchange or depository by which any right or liability is，or purports to be，created，transferred，limited，extended，extinguished or recorded；and（c）any other document mentioned in Schedule I，but does not include such instruments as may be specified by the Government，by notification in the Official Gazette。

根据以上法条，公司对外签署的任何合同都属于“Instrument”，都需要粘贴印花税票。但实际生活中，一般在大额交易比如土地购买和权属转让以及大额动产如设备、车辆购买合同上才会粘贴印花税票，很多小额的合同（如劳动合同），因为价值较低或者发生法院诉讼争议而用作证据的情形也较少，因此即使法律要求粘贴相应的税票（一般税额非常低），交易人也没有粘贴，有权机关也没有相应的资源花更多的成本去确认是否粘贴了足额的印花税票。但对中资企业而言，如果合同金额较大，则建议购买印花税票粘贴，未来万一发生争议，则可以直接作为证据使用，无须补缴印花税以及罚款。

基于印度印花税法的体制，在合同签署和后续仲裁过程中将产生两个令企业担心的问题。第一，缴纳印花税是否会产生信息泄露的风险？一些中国企业有此担心是因为缴纳印花税需要到政府部门登记备案，从而产生了文件中重要商业信息的泄露。不过，一般只有与土地相关的合同才需要到政府机关备案，因为必须要向政府透露相关商业交易信息，避免偷税漏税。而对于一般合同的情况，直接自行购买税票粘贴即可，不需要向政府披露信息，也不用担心因缴纳印花税会导致企业的商务合同信息被泄露。

第二，没有缴纳印花税的合同对于后续的仲裁是否会产生不利影响？2011 年印度最高法院在“SMS Tea Estates（P）Ltd. v Chandmari Tea Co.（P）Ltd”一案的判决中认定，《印花税法》的制定是为了政府的财政收入，而并不是为在后续争议中为援引的一方创设技术上的抗辩（Technical Defense）。但如果仲裁援引的合同没有缴纳印花税，法官需要先“扣押”（Impound）合同，等双方按照印花税法的规定完成印花税法项下的合规之后才可以继续仲裁程序。不过，在 2015 年之后，受到印度立法取向变化的影响，法院干预仲裁的权能受到极大限制，因此在 2015 年之后，合同没有按照印花税法的规定按时、足额缴纳印花税的问题，将不再由法院判断，而是交由仲裁庭进行裁决。

考虑到中国投资者对于印度的一些制度非常陌生，印花税在中国是一个比较小众的税种，中国对于印花税的规定与印度的规定大相径庭，如果中方草率地与印度方签订合同，而又未能满足法律要求，未足额缴纳印花税或者进行登记备案，则在未来产生纠纷的时候就会非常被动，会出现被拖入泥潭的极大风险。值得注意的是，印花税必须要在文件签署之时（At the Time of Execution）就要足额缴纳，中国投资者一般对于印度宏观的法律环境都不甚了解，更何况对于细节性和技术性的法律规定。所以，在踏上投资印度的旅程之前，就必须要做好充分的准备，迎接来自各方面的挑战。

就第二个问题而言，印度曾于 1940 年颁布过一部《仲裁法》，受到当时的主客观环境限制，该法没有规定外国仲裁裁决在印度如何执行的问题。印度于 1996 年颁布了《仲裁与调解法》，取代了之前的 1940 年《仲裁法》。但实务中产生的问题是，如果当事人在协议中约定适用1940年的旧法，不过该旧法已经被新法取代而失效，此种问题如何处理？

2014年印度最高法院的一个判例解决了本问题。在本案中，甲乙双方在2005年签署了一份合伙协议（Partnership Agreement），在该协议中第15条规定：

"That in case of any dispute between the partners as regards interpretation of this Deed or any other matter connected with the partnership business, the same shall be referred to for arbitration in accordance with the provisions of Indian Arbitration Act, 1940, and the decision of the Arbitrator shall be final and binding on all the partners.（如果合伙人之间就本契约的解释或与合伙企业业务有关的任何事项发生任何争议，应根据1940年《印度仲裁法》的规定提交仲裁，仲裁员的决定应为最终决定，对所有合伙人均具有约束力。）"

2014年，双方发生争议，一方向法院提告，而另一方向法院异议说因存在仲裁条款，此案件应交由仲裁审理。初级法院认为仲裁协议无效，此判决被上诉至印度最高法院。

印度最高法院认为，印度在1996年通过新的《仲裁与调解法》的目的是支持仲裁作为一种替代性的争议解决机制（Alternative Dispute Resolution），如果仲裁协议满足1996年仲裁法所规定的要件，则法院必须要将争议交由仲裁解决，否则将使立法目的落空的同时也显得过于牵强（Farfetched）。而1996年《仲裁与调解法》第7条规定了仲裁协议的要件，本争议合同中的仲裁条款符合法律规定。

至于1940年《仲裁法》是否适用的问题，印度最高法院也进行了明确，因为1996年《仲裁与调解法》第85条中也规定了在废止（Repeal）1940年《仲裁法》之后，1996年《仲裁与调解法》适用于新法生效后的仲裁程序。

因此，法院采取了"旧事旧制度，新事新制度"的观点，如果仲裁程序开始之日在1996年《仲裁与调解法》通过之后，则1996年《仲裁与调解法》将适用。而本案明显是在1996年新法通过之后，因此，将适用新法。印度最高法院也认为双方可能出于疏忽，抑或是缺乏相关法律知识，但本质上双方存在将争议提交仲裁的合意，仲裁条款也满足要件，因此，不得以仲裁条款中规定了适用一个已无效的旧法为由判定仲裁协议无效。

笔者认为，本案双方在签订合同中，可能是采用了某个旧的范本文件，因为印度的《合伙企业法》是 1932 年通过的，在 1996 年《仲裁与调解法》出台之前，应该有大量的文件中的争议解决条款都是规定的 1940 年《仲裁法》的适用。但如果对法律的更新没有敏感度，还依赖此类文件作为范本，则很可能会在后续的合同执行中产生麻烦。对于中国企业而言，很多时候不清楚印度各个部门法中具有时效性的问题，这一点值得关注。

第六章

仲裁程序

第一节　仲裁程序的开始

一、仲裁程序的开始及是否可以添加前置条件

按照印度 1996 年《仲裁与调解法》第 21 条之规定，仲裁程序从被申请人收到申请人的仲裁通知之日开始。但实务中比较常见的问题是，是否可以给仲裁程序的启动添加前置条件？这些前置条件如要求先协商，协商不成的，才可以提起仲裁。而对于此类要求协商的前置程序而言，其通常有两种表现形式：一是有明确协商期限的前置协商程序，如“双方应友好协商解决，30 天内协商不成的，提交仲裁解决”；二是没有约定明确协商期限的前置协商程序，如“双方应友好协商解决，协商不成的，提交仲裁解决”。

在订立合同和撰写仲裁条款时，当事方往往抱着友好协商的初衷，希望促使双方在启动正式的争议解决程序前冷静下来，以避免在仲裁程序上花费不必要的时间和金钱。但现实的情况是，争议产生时，双方已经撕破脸皮，很难再通过友好协商的方式来解决，但此时仲裁的前置条件可能会成为一件烦心事乃至阻碍（Hindrance）。

首先需要讨论的是，此类前置条件是否有效？从尊重双方合意和意思自治的角度出发应该是有效的，按照合同必守的原则，友好协商是双方约定的合同义务。但问题是，如果像上述第二种方式，没有约定一个有效的协商期限，这种情况下如何处理？

产生担忧的主要原因是，未遵守仲裁前置条件是否会使申请人的申请在整个法律程序中易受到质疑？比如被申请人可以辩称尚未到提交仲裁的地步，在约定前置条件未得到满足的情况下，仲裁庭没有审理争议的管辖权。乃至在未来仲裁裁决作出后，被申请人可以辩称仲裁裁决是在无仲裁管辖权的情况下作出的，应属无效。

参照英国法上的观点，仲裁前置协商条款所规定的条件及步骤必须清晰且具有可操作性，否则视为没有该条款。比如在“Wah v Grant Thornton (2013) 1 Lloyds Rep.”一案中，法院认为：仲裁前置纠纷解决条款是否有效取决于两方面，即积极方面和消极方面，使得该条款具有清晰确定的法律意义。从积极的方面讲，该条文确定无误地规定了开始纠纷解决程序的要求，每一个参与方所应采取的具体步骤使得程序具有恰当性，从而使得法院能够判定纠纷的每一方的最低参与程度和在正常的情况下，什么时候以及以怎样的方式使该程序可以适当地终止。而从消极的方面讲，就是直到某些事件发生，不能开始仲裁程序。但是该事件必须被充分定义，它的发生是客观的并使得法院能够去判断什么时候及是否发生了该事件。因此，在英国法项下，一个简单的诸如“双方应该采取友好协商的方式解决纠纷”这样的争端解决条款可能会被认为没有法律约束力。

而考察中国法上法院的做法，如果没有明确约定协商期限，法院一般认为一方当事人提起仲裁即表明双方已经“协商不成”。最高人民法院在《最高人民法院关于润和发展有限公司申请不予执行仲裁裁决一案的审查报告的复函》(〔2008〕民四他字第1号）中认为：“当事人虽然在仲裁协议中约定发生纠纷应当协商解决，但其未明确约定协商的期限，约定的内容比较原则，对这一条款应当如何履行和界定在理解上会产生歧义，而结合当事人订立仲裁协议的目的来判断该协议的真实意思，当事人约定的‘友好协商’和‘协商不成’这两项条件，前一项属于程序上要求一个协商的形式，后一项可理解为必须有协商不成的结果，妈湾公司申请仲裁的行为，应视为已经出现了协商不成的结果，因此，在前一项条件难以界定履行标准，而后一项条件已经成立的情况下，仲裁庭有权依据该仲裁协议受理案件。你院请示报告中‘争议还未到提起仲裁的时间，仲裁机构不应受理’的第2点不予执行理由不能成立。”也就是说，从中国法上的角度出发，如果协议约定的前置条件不清楚，另外一方作出提起仲裁的申请就表示协商不成，仲裁庭可以取得管辖权。

具体到印度的相关实践，除了上述在仲裁前加一个要求友好协商作为必要的程序在实践中比较常见，法院也支持双方在争议解决条款之前加入协商程序。但实践中有判例表明，除了将协商作为必要的前置程序外，印度法的实践中还存在要求预付“保证金”（Deposit of Pre-condition）作为开启仲裁程序的保证金的先例。

在“M/s Icomm Tele Ltd. v. Punjab State Water Supply & Sewerage Board & another”这个案例中，业主为旁遮普邦的国有单位水处理委员会（Punjab State Water Supply and Sewerage Board），其在发包合同中规定，出于避免滥诉的考虑，特在合同争议解决条款（第25条第8款）中进行如下安排：“任何提起仲裁的一方，需要提交主张金额的10%作为保证金，若最终仲裁裁决有利于申请人时，保证金依照裁决与主张金额的比例退还仲裁提起方（Any party invoking arbitration shall, inter alia, furnish a ‘deposit – at – call’ for 10% of the amount claimed. In the event of the award being passed in the claimant's favor, this deposit would be refunded to the claimant in proportion to the amount awarded with respect to the amount claimed)”，且如果“保证金”仍有剩余的话，将支付给另外一方（the balance, if any, would be “forfeited and paid to the other party”)。后来工程承包商Icomm Tele公司与业主发生争议，承包商向业主发函要求豁免（Waive）缴纳保证金才能提交仲裁的条款，但是没有收到业主的回应，其只好向法院提告，要求取消这一保证金的前置义务，但昌迪加尔高等法院没有同意其请求，最终本案上诉至印度最高法院。

在印度最高法院对本案的审理中，业主辩称加入此条款的目的是避免“滥诉（Deter Frivolous Claims)”，故加入此类条款。但承包商主张该合同系格式合同（Contract of Adhesion）并且导致了不公平，不过该抗辩没有得到印度最高法院的支持，印度最高法院认为该合同没有歧视性或者武断性

(Discriminatory and Arbitrary)，因为其系商业合同，如果当时觉得合同条款不符合商业利益，没有人强制签订，当事方有走开的自由。

而对于要求保证金作为前置条件是否合法这一核心问题上，印度最高法院认为，虽然发包方主张该条款的主要目的是避免“滥诉”或者说恶意提起仲裁，但是否是“恶意”，结合案件实体就可以判断，也就是说并不是任何一个提起仲裁的请求都是恶意的或者意图滥用程序救济，而如果一方滥用仲裁的程序救济，仲裁员有权驳回该诉求，乃至给出罚金。

同时，印度最高法院认为，该条款中规定的高额的、与争议金额不成比例的（Disproportionate）预付保证金，会削弱仲裁的作用，与仲裁的目的即高效性、低成本性相悖，所以本案中印度最高法院判定这一条可以从合同中删除。

但随后的问题是，印度最高法院并没有认为加入预付保证金作为仲裁的前置程序这一安排本身违法，但是要求金额必须要合理。如何证明合理？就要个案判断，这就增加了不确定性，可能引发争议从而引起司法介入。因此，为了避免不必要的麻烦，本案可以起到一定的借鉴作用。

二、仲裁程序开始的时效和形式问题

仲裁中的时效（Limitation）问题，是很容易被当事方忽略的重要问题。仲裁时效与诉讼时效相似，指的是争议双方当事人如果没有在法律限定的时间内提起仲裁，则在时效届满后不能通过仲裁来对权益进行保护的制度。也就是说“时效利益”是非常重要的，但是这一问题却经常被当事方忽视。

我国《仲裁法》第 74 条规定：法律对仲裁时效有规定的，适用该规定。法律对仲裁时效没有规定的，适用诉讼时效的规定。这是因为我国在制定 1995 年的《仲裁法》之前中国法上有一些特别法对于仲裁的时效问题进行了单行规定，比如《经济合同法》第 43 条的规定，即经济合同争议申请仲裁的期限为 2 年，自当事人知道或者应当知道其权利被侵害之日起计算；《技术合同法》第 52 条的规定，技术合同争议的诉讼时效和申请仲裁的期限为 1 年，自当事人得知或者应当得知其合法权益受到侵害之日起计算；《涉外经济合同法》第 39 条的规定，即货物买卖合同争议申请仲裁的期限为 4 年，自当事人知道或者应当知道其权利受到侵犯之日起计算。当然，以上这几部单行的合同法律在 1999 年中国制定《合同法》之后已经失效，笔者在此提及仅仅是出于背景讨论的需要。

印度 1996 年《仲裁与调解法》则是整体上采用印度 1963 年《时效法》，该法是针对时效问题的一部统合性法律，其对仲裁时效问题的规定非常明确，提起仲裁的时效是从“诉因（Cause of Action）”产生之日起 3 年。但具体到“诉因”包括何种情形上，则比较复杂。其实诉因可以被翻译成“起诉理由”，由于诉因制度的发展和民事诉讼制度紧密联系在一起，所以在讨论仲裁时仍采取“诉因”这一带有诉讼色彩的称谓。诉因制度具有两个基本功能：一是用以确定审判（仲裁庭裁判）的对象，亦即诉因告知了法院（仲裁庭）的审判范围；二是借以告知被告（被申请人）行使防御权和防御范围。

如上所述，诉因的重要作用是其决定了仲裁庭的审理范围。当申请方在书状中描述的事实足以构成诉因的事实，该诉讼便成立，仲裁庭的审理活动也即围绕申请方的诉因展开。原告未提及的诉因，仲裁庭不得审理，即“不告不理”，否则会产生“仲裁庭超裁”的问题。

回到时效问题上来，其重要意义在于，如果没能及时在诉因产生后的 3 年内提起仲裁，也没有时效中断等事由，则很可能会受到时效阻碍（Time Barred）的抗辩。

在印度提起仲裁同样适用 1963 年《时效法》，提起仲裁的时效是从诉因（Cause of Action）出现之日起 3 年。但现实世界中的情形远比法律规定要复杂，还存在“时效中断”这一概念。时效中断指的是某些事由或者情况的出现使得法定时效期间中断，中断前的时效全部作废，中断事由停止后，时效重新起算。

比如，印度 1963 年《时效法》第 18 条规定了导致时效重新计算的情形：在时效届满前，负债的一方对债务的确认（Acknowledgment of Liability），导致时效重新计算（Fresh Period of Limitation）。而对债务的“确认”，并非指该方必须要承认其负有付款义务，其更多的是一个广义的概念，包含对尚未到债务还款期限、拒绝还款、要求抵销款项等可以证明债务存在的情形。

不过，值得中国读者注意的是，在印度法项下，债权人的主动催告如以发送信件或者数据电文方式主张权利、直接向对方当事人送交主张权利文书等，不可以导致时效的中断和重新计算，印度时效法上仅规定了债务人的确认可以导致时效的中断，却没有规定债权人可以通过催告的方式来中断时效并且使得时效重新计算，这一点与中国不同。

很多人认为这很不公平，如果当事方给对方发催告函或者律师函，但对方一直没有回复或者直接跑路怎么办？如果无法中断时效岂不是无法保障当事方的利益？这是因为本质上印度法律还是希望通过此规定来促使权利方不要“在自己权利上睡大觉”，如果对方不回复一方的发函对债务进行“确认”，则法律提供的救济就是及时起诉，即使对方缺席，也是可以起诉的，但如果按照中国的思维，认为给对方发送了催告函，不管对方是否有回复，都想当然地认为万事大吉，这种“理所应当”“甩手掌柜”的思维方式可能会在印度吃大亏。

实践中，如果发催告函或者律师函后对方不回复，但是又不想提起争议解决程序，怎么办呢？印度的法律实践有时对这一问题的处理方式是，当时效快要过期但义务人无法履行时，为了避免时效过期，也为了避免陷入诉讼或者仲裁的泥潭（很多时候权利人也不想撕破脸皮发起诉讼或者仲裁，因为很多业务毕竟不是“一锤子”买卖），权利人可以主动向义务人发送确信函，要求义务人作出对义务的确认，条件是权利人可以放弃立即对其提起诉讼，这也是一种提醒对方来作出对债务的确认从而避免时效过期，也不用立即耗时耗力发起诉讼或者仲裁的方式。

此外，时效也是可以延长的，比如 2020 年世界各国都受到了 COVID－19 新型冠状病毒肺炎疫情的重大影响，印度在 3 月下旬宣布了“封国令”，在此期间，不只是很多企事业单位停摆，法院也无法像之前一样正常进行相关的业务，这就导致很多向法院申请司法协助、法院指定仲裁员、申请法院禁令或者仲裁裁决执行的仲裁相关案件可能受到影响。

以德里高等法院公布的官方公告为例，其暂停了一般的审判业务，但对于非常紧急的案件，可以视讯方式开庭。另外，法院在公告中告知，印度发布的“封国令”是按照1963年《时效法》导致时效暂停计算的法定情节。以提起仲裁的时效为例，“封国令”这段时间不计入3年的时效。

此外，提起仲裁程序除了满足上述的诸如时效、前置程序等问题外，是否需要满足一定的格式？

印度1996年《仲裁与调解法》第21条规定：“除非双方另有规定，则就一特定事项的仲裁程序从被申请收到就该争议事项的仲裁请求之日起开始（Unless otherwise agreed by the parties, the arbitral proceedings in respect of a particular dispute commence on the date on which a request for that dispute to be referred to arbitration is received by the respondent.）。”

从字面意思上理解，开启仲裁程序方式有两种，第一种是按照法定要求发送仲裁请求通知；第二种则是当事双方可以另行约定启动仲裁程序的具体方式。因此在实践中就产生了争议，比如双方是否可以约定豁免发送书面通知的要求或者仅仅采取口头方式来代替书面通知。

但后续在印度司法判例中，如“Alupro Buildings Systems Pvt Ltd Vs. O-zone Overseas Pvt Ltd”一案中，德里高等法院判定发送书面通知来启动仲裁程序是一个法定义务，双方不可豁免。也就是说，虽然1996年《仲裁与调解法》中规定了双方可以就仲裁程序的触发机制进行意定性规定，但在司法裁判实务中，法院采取了非常严格的口径，因此笔者建议采取严格的书面形式，以避免不必要的争议。

这里笔者也想提醒一下中国读者，印度虽然是普通法国家，但按照目前印度现行的体制，成文法的效力居于第一层级，因为其是议会制定的法律，在印度“三权分立”的政治体制下，议会作为民意的代表，其立法是居于首要地位的。但如果机械适用成文法会对案件实体和程序造成不公，法官可以基于实际情况发挥自由裁量权，并通过判例的形式约束后来者。比如上面的例子，虽然印度1996年《仲裁与调解法》中规定了双方可以就仲裁程序的触发机制进行意定性规定，但法院通过判例的方式进行了“造法”，修正了该成文法的施行标准。

三、仲裁的语言

在诉讼中，当事人必须使用法院所在地的官方语言、文字，所以不存在语言选择的问题，比如中国《民事诉讼法》第262条规定：“人民法院审理涉外民事案件，应当使用中华人民共和国通用的语言、文字……”而基于意思自治的仲裁，则可以基于当事方的合意对仲裁的语言作出规定。

仲裁的语言是指仲裁程序使用的语言，一般包括进行通知、当事人提交的文书、证据、开庭审理及裁决书所使用的语言。这一问题很容易被忽略而在最后产生意想不到的麻烦。

一般而言，当事人在选定仲裁的语言的时候，可以考虑合同语言、管辖法律、裁决执行地、交易文本和沟通往来所使用的语言等，减少可能发生的翻译成本。此外，仲裁语言的选择与仲裁机构、仲裁员的选择，律师的选择和律师的表现，证人证言和交叉询问的效果也息息相关。

就印度而言，仲裁语言的选择具有特殊的实践意义。印度号称“语言和人种的博物馆”，近期发布的印度人口普查分析报告显示，印度各种语言或方言的种类超过19500种。其中，有121种语言被1万人或以上当作母语。这121种语言又被分为两部分，一部分是被印度《宪法》第八附则确立的22种被官方承认的“正规”语言；另一部分是未被该附则纳入的99种语言和“其他所有语言”，其中后者指被1万印度人以下使用或未经确认的语言。上述22种语言包括印地语、阿萨姆语、孟加拉语、泰米尔语、乌尔都语和埃纳德语等。其中，14种语言最早被列入印度《宪法》。此后，信德语在1967年，孔卡尼语、曼尼普尔语和尼泊尔语在1992年，以及迈蒂利语等4种语言在2004年先后“入宪”。

我们在实践中发现中资企业涉及印度案件中不少证据资料、原始登记资料（如土地权属文件、相关有权机关的登记、人员出勤记录等）都是用当地语言作出，并且南印度和北印度甚至不同的邦所采取的记录语言都不一样，更不用提有的证人只能说其当地邦的母语。因此，语言问题在合同中以及具体的仲裁条款中的约定非常值得中国企业关注。

印度1996年《仲裁与调解法》第22条①规定了仲裁语言相关的问题，根据该条，语言的选择为：（1）首先依照双方的合意；（2）如果没有事先约定，则仲裁庭有权进行决定；（3）在仲裁庭决定语言的情况下，除非有相反约定，否则仲裁庭还可以一并决定该选定的语言可以同时应用于书面答辩、开庭和裁决书的撰写；（4）仲裁庭有权要求对证据进行翻译。

中国企业一般不太可能和印度方约定仲裁语言以印地语（北印度语言）、马拉地语（孟买当地语言）、孔卡尼语（班加罗尔当地语言）等印度本土语言为准。实践中可能出现的情况有三种，需要引起读者的注意。

第一，如果选择英文作为仲裁语言，在仲裁员选择上就需要考虑相关仲裁员是否具备用英文处理案件的能力。

第二，没有约定仲裁语言。在未对语言进行约定的情况下，会大大增加仲裁程序的不确定性，并且对于中国企业来说，必然有大量的文件是中文。如果由仲裁庭来决定仲裁语言，且仲裁庭选择非中文的情况下，或者以仲裁协议采用的语言（如英文）为准，那么必然会产生昂贵的翻译费用和花费大量的时间。

第三，仲裁条款中约定的仲裁语言是“中文和英文”（一般印度方可能很难接受此类约定，但不排除有一些印度方在中方套用模板的情况下径直签字）。那么除非仲裁庭考虑到双方的成本和方便等因素，提议在开庭期间或允许一部分证据只使用其中一种语言，而且获得双方同意，否则中文和英文就都必须同时作为仲裁程序的语言。虽然现在多数仲裁员和律师都具备熟练使用中英双语的能力，但时间和费用成本是一个问题，大量的证据无论是中

---

① 22. Language. — (1) The parties are free to agree upon the language or languages to be used in the arbitral proceedings. (2) Failing any agreement referred to in sub-section (1), the arbitral tribunal shall determine the language or languages to be used in the arbitral proceedings. (3) The agreement or determination, unless otherwise specified, shall apply to any written statement by a party, any hearing and any arbitral award, decision or other communication by the arbitral tribunal. (4) The arbitral tribunal may order that any documentary evidence shall be accompanied by a translation into the language or languages agreed upon by the parties or determined by the arbitral tribunal.

文还是英文都需要提供另一语言的翻译文本，开庭过程中也需要翻译人员逐句翻译。

所以，在实践中一定要注意事先约定仲裁语言，且在有条件的情况下选择对己有利的单一语言，或者选择双方合作来往中使用率最高的语言，从而避免后续麻烦的产生。

第二节　仲裁庭的管辖权

一、仲裁庭自裁管辖权原则及在印度法项下的实践

在仲裁案件中，不论是出于策略考虑还是真实需求，当事人经常会对仲裁庭的管辖权提出异议。而仲裁庭是否对相关事项具有管辖权，这就需要对仲裁庭自裁管辖权原则进行讨论。

仲裁庭自裁管辖权原则（英文拼写“Competence - Competence”或者德文拼写“Kompetence - Kompetence”），是指仲裁庭有权判断自己的管辖权，并且不受法院相关诉讼程序的影响，开始或继续审理案件直至作出裁决，从而极大减少司法干预（Judicial Intervention）。这一原则已成为国际通行的仲裁惯例并为世界上大多数国家的立法与仲裁规则所承认与采纳。

全面完整的自裁管辖权原则应包含两重意义。其一，仲裁庭本身享有确认仲裁协议的效力以及其自身管辖权的固有权力，也即自裁管辖权的积极效力。其二，在仲裁庭就其管辖权问题作出裁决之前，法院对仲裁庭管辖权的审查权限应当受到限制，也即自裁管辖权的消极效力①。

各国和国际社会对自裁管辖权原则的承认方式主要有三种：

第一种方式是，须当事人明确约定，以美国为代表。在最近的 First Option 案中，法院认为，如果有“清楚无误”（Clear and Unmistakable）的证据

① 孙南申、胡荻：《国际商事仲裁的自裁管辖与司法审查之法律分析》，载《武大国际法评论》2017 年第 3 期。

表明当事人同意由仲裁员来决定其管辖权，可由仲裁员决定。

第二种方式是，法律明确赋予仲裁庭自裁管辖权，但是设置了一些限制和例外。最具有代表性的是英国 1996 年《仲裁法》，其第 30 条就规定仲裁庭有权决定自身的管辖权，除非当事人另有约定。即当事人可书面同意仲裁庭不享有决定自己管辖权的权力。

第三种方式也是现在最为普遍的方式，即直接在法律中规定，仲裁庭有权对于当事人提出的管辖权作出决定，法国、德国等国和《联合国国际贸易法委员会国际商事仲裁示范法》等国际规则都采取了这样的规定。以上几种方式的不同，体现了对自裁管辖权的认识和接受程度的差异，遵循了从当事人的明示肯定到当事人的明示否定再到法律对当事人意思的肯定推定的发展趋势[①]。

印度在现代仲裁立法上与英国有一定区别，其 1996 年《仲裁与调解法》在很大程度上基于《联合国国际贸易法委员会国际商事仲裁示范法》，因此，其关于仲裁庭自裁管辖权的规定上也采取了上述第三种模式，即直接在仲裁法律中对仲裁庭的自裁管辖权进行规定。在印度 1996 年《仲裁与调解法》中，第 16 条以明文的形式规定了仲裁庭的自裁管辖权：

Section16. Competence of arbitral tribunal to rule on its jurisdiction.

仲裁庭对其管辖权作出裁定的权力：

(1) The arbitral tribunal may rule on its own jurisdiction, including ruling on any objections with respect to the existence or validity of the arbitration agreement, and for that purpose, —

仲裁庭可以对其管辖权包括对仲裁协议的存在或效力的任何异议，作出裁定，并且为此目的：

(a) An arbitration clause which forms part of a contract shall be treated as an agreement independent of the other terms of the contract; and

构成合同一部分的仲裁条款应视为独立于合同其他条款的一项协议。

---

① 姜茹娇：《国际商事仲裁的自裁管辖权原则探析——兼议我国〈仲裁法〉的完善》，载《重庆师范大学学报（哲学社会科学版）》2012 年第 4 期。

(b) A decision by the arbitral tribunal that the contract is null and void shall not entail ipso jure the invalidity of the arbitration clause.

仲裁庭作出关于合同无效的决定，不应在法律上导致仲裁条款无效。

(2) A plea that the arbitral tribunal does not have jurisdiction shall be raised not later than the submission of the statement of defence; however, a party shall not be precluded from raising such a plea merely because that he has appointed, or participated in the appointment of, an arbitrator.

有关仲裁庭无权管辖的抗辩不得在提出答辩书之后提出。但是，当事一方不能仅以其已经委任或参与委任仲裁员的事实而被剥夺其提出此种抗辩的权利。

(3) A plea that the arbitral tribunal is exceeding the scope of its authority shall be raise as soon as the matter alleged to be beyond the scope of its authority is raised during the arbitral proceedings.

有关仲裁庭超越其权力范围的抗辩，应在仲裁程序中被指越权之情事出现后立即提出。

(4) The arbitral tribunal may, in either of the cases referred to in sub-section (2) or subsection (3), admit a later plea if it considers the delay justified.

在上述第 2 款和第 3 款两种情况下，仲裁庭如认为有正当理由，均可准许推迟提出抗辩。

(5) The arbitral tribunal shall decide on a plea referred to in sub-section (2) or sub-section (3) and, where the arbitral tribunal takes a decision rejecting the plea, continue with the arbitral proceedings and make an arbitral award.

仲裁庭应当决定上述第 2 款或者第 3 款中的抗辩，如果仲裁庭决定拒绝该抗辩，仲裁庭应继续仲裁程序并作出仲裁裁决。

(6) A party aggrieved by such an arbitral award may make an application for-getting aside such an arbitral award in accordance with section 34.

对仲裁裁决不服的当事人可以根据本法第 34 条申请撤销该仲裁裁决。

也就是说，基于法律的明文授权，与仲裁协议有无（Existence）和效力

（Validity）有关的审查是仲裁庭的责任，仲裁庭不能把这个责任推给法院，法院也不得无端介入。但在法院协助委任仲裁员时，可以对仲裁协议的存在与否及效力进行审查，因为这是法院可以委任仲裁员的前提条件①。

在2018年“Uttarakhand Purv Sainik Kalyan Nigam Ltd. Vs. Northern Coal Field Ltd②”一案中，争议点是与时效相关的问题（Limitation Issues）是否应该由仲裁庭决定？在这一判例中，申请方首先向被申请人发出律师函要求还钱，但被申请人一直没有回复。后来申请方提起仲裁，而被申请人向法院提告说提起仲裁的时效已过，并且被申请人的诉求得到高等法院的支持。因此申请人将此问题上诉至印度最高法院。印度最高法院认为，时效问题既是事实问题也是法律问题（Limitation is a mixed question of fact and law），在“ITW Signode India Ltd. v. Collector of Central Excise③”一案中，印度最高法院已经认为时效问题中包含管辖权问题。因此，印度最高法院在对本案最后的裁决中，不仅重申了仲裁庭享有自裁管辖权，而且进一步认定在仲裁庭对仲裁协议作出有效的判断后，仲裁庭对与管辖有关的所有事项都享有管辖权（The Supreme Court observed that once the arbitration agreement is not in dispute, all issue including jurisdictional issues are to be decided by the arbitrator）。

不过，在印度法项下，需要注意的是，仲裁庭就其对管辖权作出的裁决不具有终局性，法院可以在仲裁程序结束后，通过对仲裁裁决的撤销和执行程序来对裁决中管辖权的决定进行审查。印度法实践中也经常出现基于仲裁庭的管辖权问题向法院申请撤销仲裁裁决的情况，关于这部分内容的更多描述，请见本书第八章第三节中有关仲裁裁决撤销的理由相关部分的具体论述，不在此展开。

---

① 中国现行的仲裁法没有规定仲裁庭的自裁管辖权。但不少仲裁机构的仲裁规则以及在个案的仲裁实践中，都践行了仲裁庭自裁管辖权这一原则。比如北京仲裁委员会/北京国际仲裁中心现行仲裁规则第6条第4款规定：“本会或者本会授权的仲裁庭有权就仲裁案件的管辖权作出决定。仲裁庭的决定可以在仲裁程序进行中作出，也可以在裁决书中作出。”这也说明对于仲裁这一争议解决方式，只看仲裁法的规定将太过表面化，因此还要看具体的仲裁规则，乃至于还要结合仲裁的具体实践，这样才可以了解仲裁的真实状态。

② AIR 2018 SC 1549.

③ （2004）3 SCC 48.

二、是否可以将仲裁协议签字方以外的人加入仲裁程序

笔者相信读者对合同的“相对性（Privity of Contract）”原则应该都比较熟悉，其指的是合同项下的权利义务只能赋予当事人或加在当事人身上，合同只能对合同当事人产生约束力，而非合同当事人不能诉请强制执行合同。

也就是说，合同相对性是指合同主要在特定的合同当事人之间发生法律约束力，只有合同当事人一方能基于合同向对方提出请求或提起诉讼，而不能向与其无合同关系的第三人提出合同上的请求，也不能擅自为第三人设定合同上的义务，合同债权也主要受合同法的保护。合同的相对性，是合同规则和制度的奠基石，在债法或合同法中具有十分重要的地位。

仲裁协议也受到合同相对性原则的约束。也就是说，一般情况下只有仲裁协议的当事人才可以进入仲裁程序中，仲裁协议的效力无法扩张到没有在仲裁协议上签字的第三人。

不过，根据学者的研究，主要在以下几种情况下仲裁协议会产生效力扩张，将约束没有在仲裁协议上签字的第三方：

1. 集团公司原则（Group of Companies Doctrine）。集团公司原则首次在国际商会仲裁院审理的“Dow Chemical v. Isover - Saint - Gobain，1984 Rev Arb 137；110 JDI 899（1983）”案中被提出，虽然此案是印度境外的案例，但裁判理由得到了印度最高法院的引用，并且在后续的几个印度案例如“ChloroControls India（P）Ltd. v. Severn Trent Water Purification Inc.，（2013）1 SCC 641”案和“Ameet LalChand Shah v. Rishabh Enterprises，（2018）15 SCC 678”案中得到了适用。

在2019年的“Mahanagar Telephone Nigam Ltd vs Canara Bank& Ors.①”这一案件中，印度最高法院根据集团公司原则准予将第三方列为仲裁当事人。印度最高法院认为，根据合同相对性的原则，某一集团内的一个公司所签订的协议不能对同一集团的其他成员产生约束力，因为每个公司都是独立

① Civil Appeal No. 6202 - 6205 of 2019.

的法人实体，拥有独立的法律权利和义务。除非根据代理或代表原则行事，否则签订协议的母公司或子公司将是集团中受该协议约束的唯一实体。合同的相对性原则也适用于仲裁协议。

但是，基于集团公司原则，如果当事人的行为表明当事人有同时约束签署方和非签署方的明确意图，仲裁协议的非签署方也可能受仲裁协议的约束。如果母公司或控股公司，或公司集团的成员是仲裁协议的签署方，而作为非签署方的该集团内的其他实体参与了商事合同的谈判或履行，或作出声明表明其打算受合同约束，则该非签署方也将受到相关合同的约束。

简言之，如果未签字的公司集团成员参与了合同的缔结（Conclusion）、履行（Performance）或者终止（Termination），则仲裁协议的效力将扩张至未签字的第三方。

2. 揭开公司面纱（Lift of Corporate Veil）。公司作为法人（Juristic Person）或者说是拟制的人（Artificial Person），从成立之日起，在财产、行为能力以及义务承担方面与其股东相分离，具有独立的人格。也就是说，法人人格独立以及有限责任的存在，导致了公司和站在其后面的股东乃至高级管理人员之间出现了一层“面纱（Veil）”。因为公司以其全部资产独立地对债务和法律行为承担责任，而公司的股东除了以其出资额为限承担有限责任外，不承担额外的个人责任。而相对地，股东也不得以个人行为代替公司行为。因此，在面对公司时，不得随意揭开股东和公司之间的面纱或者否定公司的独立法人地位，直接让公司背后的股东承担责任。

有限责任制度，其产生和发展被认为是人类文明史上的一个重大创举。哥伦比亚大学前校长巴特勒（Butler）在 1911 年说道：“有限责任公司是现代社会最伟大的发现，即使是蒸汽机和电力的发明，也无法与之媲美，因为假设没有有限责任公司，蒸汽机和电的重要性就会相应地萎缩。”①

但公司有限责任制的美丽光环下也隐藏着对公司债权人保护力度的削弱这一弊端。公司股东极有可能为了自身利益而利用公司独立人格从事有损公

---

① Roger. E Meiners, James S. Mofsky and Robert D. Tollison, “Piercing the Veil of Limited Liability”, *Delaware Journal of Corporate Law*, Vol. 4 (1979), p. 351.

司债权人的行为。这样，不仅使债权人的利益得不到有效保护，而且在一定程度上也损害了社会的经济利益。“公司法人人格独立这一概念的发展演进是为了鼓励和促进贸易及商业，并不是为了鼓励公司实施违法行为或者欺骗民众（The concept of corporate entity was evolved to encourage and promote trade and commerce but not to commit illegalities or to defraud people）。”

因此，考虑到以上弊端，“揭开公司面纱”也就是所谓的法人人格否认制度（Disregard of Corporate Personality），最先在美国产生。揭开公司面纱的一般构成要件是：股东严重忽视公司形式，公司资本严重不足，公司独立实体地位事实上并不存在或不复存在，并且股东利用公司形式，逃避现存义务，将公司视为独立实体会导致欺诈或造成其他不公正的后果。

在母子公司之间，法院如果认定母子公司实际上是一个“单一经济实体（Single Economic Entity）”，就有可能揭开子公司的面纱，即使不存在欺诈或其他不法行为。为了逃避责任，企业所有者常常将企业化整为零，亦即将一个企业分解为几个独立的单元，分别成立若干不同的公司。如果姐妹公司实际上共同经营一项业务，在可以适用揭开公司面纱的情形出现时，法院就有可能将公司化零为整，亦即将这些不同的公司视为一个单个企业，并以其全部财产承担其中某个公司的债务。

就司法实践而言，外国的一些判例如“Interwoven Shipping Co. v. National Shipping and Trading Corp.”案、“Oriental Commercial& Shipping. Rossel NV”案等证明了仲裁协议的扩张效力。但是就印度法律项下的实践而言，笔者尚未发现法院依据揭开公司面纱理论，裁定未签字方受到协议约束的情况。

虽然集团公司原则与揭开公司面纱理论均是为仲裁协议效力扩张适用于未签字但却参与合同谈判、缔结、履行或者终止的公司提供理论的支持，且二者适用背景也大抵相同，即通常在母子公司与第三人签订仲裁协议的情形中适用，因而在一些案件中会发生对二者不加区别地混用，但公司集体理论与揭开公司面纱理论存在显著的差异。

首先，在适用效果上，揭开公司面纱理论的适用将导致被控制公司的独立法律人格被否认，是对公司人格的最根本的否定，使其丧失了独立存在的价值；集团公司原则的适用并不当然导致这些公司的独立法律人格被抹杀，不强调甚至也不试图否定一个公司的独立人格，而是在认同公司人格独立性的前提下来扩张仲裁条款的效力。

其次，在适用要件上，揭开公司面纱理论的适用要件是公司之间存在“足够控制”，使得一个公司成为另一个公司的“工具”或“化身”；而集团公司原则的适用要件则是多个公司对于同一笔交易具备“实质性参与”的要素。法院与仲裁庭需要考察的是公司之间对于同一笔交易的参与程度，并据此来决定仲裁条款的效力是否可以拓展，而对于这些公司之间存在的特定交易之外的关系，法院与仲裁庭一般并不进行考察。无疑，揭开公司面纱理论的适用效果较之集团公司原则更为严格。

除了上述的集团公司原则与揭开公司面纱理论，实践中还存在由于代理、法人的合并、分立与解散或者自然人当事方的死亡导致仲裁一方的当事人主体资格发生变化而产生仲裁效力的扩张，此处不再赘述。笔者在此对上述理论讨论的目的，除了介绍现有的几种学说，更多的是希望读者如果未来遇到相关实际案件，可以从上述讨论中为案件提供部分思路和突破口。

三、有仲裁协议但是一方向法院起诉时如何处理

在中国和印度企业签署的合同当中，往往会约定仲裁条款，但如果约定了仲裁条款印度方又向印度法院提起诉讼时如何处理？

在笔者经手的案件中，有一个具有代表性的案例是，中印两公司之间签订了供货协议，协议中约定了仲裁条款：“15. Arbitration：All disputes in connection with this contract or the execution thereof shall be settled by friendly negotiation between the two parties. If no settlement can be reached，the case in dispute shall be submitted to the Foreign Economic and Trade Arbitration Commission of the China Council for the Promotion of International Trade, Beijing[①] for arbitration in accordance with its provisional rules of procedure. The arbitration shall be final and binding upon both parties."后来因履约问题，印度一方在未与中方公司协商的情况下，直接向达曼和第乌（Daman & Diu）的地方法院起诉，因此我们只能代表中国企业向达曼和第乌的地方法院提起管辖权异议（Challenge to the Court's Jurisdiction），而这一异议得到了印度成文法和判例法的支持。

印度1996年《仲裁与调解法》第8条、第45条以及印度1908年《民事诉讼法》（*Code of Civil Procedure*, 1908）第151条规定了在存在有效仲裁条款的情况下，法院需要让争议方将争议事项提请仲裁。其中，《仲裁与调解法》第8条规定了"Power to refer parties to arbitration where there is an arbitration agreement"，即法院在双方有仲裁协议的情况下有要求当事方提请仲裁的权力。而要求提请仲裁的时机也非常重要，必须要在就实体问题进行陈述之前，为了表明印度法院支持仲裁和尊重仲裁协议的态度，在法院就管辖权问题给出裁决之前，可以开始仲裁程序，已经开始的仲裁程序也不需要暂停。

印度《仲裁与调解法》第45条对第8条作出了进一步的细化，也就是除非法院认为该仲裁协议无效、不起作用或不能履行（null and void, inoperative or incapable of being performed），否则必须要争议方提请仲裁。而印度1908年《民事诉讼法》第151条则是对法庭作出裁定（Order）的权力作了规定，使得法院拥有根据具体案件需要和实现个案正义的情况下依自由裁量权作出裁定（如要求争议方进行仲裁的裁定）的权力。

此外，印度最高法院的判例也支持了在有仲裁协议的情况下，一方提起诉讼，另一方要求仲裁的，法院需要将争议交由仲裁解决。如在"Shakti Bhog Foods Limited Vs. Kola Shipping Limited (2009) 2 SCC 134"一案中，印度最高法院判定如下："根据《仲裁与调解法》第45条的规定，很明显，应

---

① 需要注意的是，本案中双方的仲裁协议并不严谨，比如在仲裁机构的名称上，约定的是Foreign Economic and Trade Arbitration Commission of the China Council for the Promotion of International Trade, Beijing，即中国国际经济贸易仲裁委员会（China International Economic and Trade Arbitration Commission, CIETAC）的旧名，而该机构在20世纪80年代就已更为现名。此条中约定适用的仲裁规则是"provisional rules"，即临时规则，约定不明确。此外，也没有对仲裁语言、仲裁员人数、实体法等作出约定。

一方当事人的请求，法院应将当事人之间的争议提请仲裁，除非法院认为该协议无效、不起作用或不能履行（null and void, inoperative or incapable of being performed）。”

印度最高法院在“Hindustan Petroleum Corporation Limited Vs Pinkcity Midway Petroleums（2003）6 SCC 503”一案中，判定如下：“如果协议中有仲裁条款，法院有义务根据其仲裁协议指示当事人提请仲裁（it is obligatory for the court to refer the parties to arbitration），如果一方当事人在民事法院的协议中提出仲裁条款抗辩，则民事法院必须将争议提交给仲裁员（as contended by a party in an agreement between the parties before the civil court, there is a clause for arbitration, it is mandatory for the civil court to refer the dispute to an arbitrator）。”此判例中，最高法院认为，法院不仅需要在接到一方申请或者抗辩的时候将争议提交仲裁，而且也具有相应的义务，在发现存在有效仲裁条款的时候，依职权作出判断。

回到刚才所说的管辖权异议的提起，因为印度方已经在当地法院提起诉讼，因此实务中我们需要向当地法院递交异议申请，而进行这一程序就不得不提到必须具备的一个文件，即“Vakalatnama”。该文件类似于授权书①（Power of Attorney, POA），主要载明了事由、当事方、授权人及被授权人和授权事项等。以下附上一个 Vakalatnama 的范本供读者参考：

VAKALATNAMA

IN THE COURT OF THE HONOURABLE DISTRICT JUDGE,

COMMERCIAL COURT AT DIU

*Commercial Suit No. XX/*2020

India XXXXX XXXX Pvt. Ltd.: *Plaintiff*

VERSUS

China XXXX XXXXX Co. Ltd: Defendant

---

① Vakalatnama 系印地语转写成英文字母的一个单词，其和一般意义上的授权书是有区别的。可以视为是一个“特别授权”。

I ____ do hereby appoint & retain Advocate __________ (Office ________________) to be my / our advocates in the said Suit /Appeal / Petition / Case /Reference / Rcvision / Execution. I / we authorize the Advocate/s to do any or all of the following on my / our behalf:

a) to represent, act and appear for me / us;

b) to conduct and prosecute (or defend) the same and all proceedings that may be taken in respect of any application connected with the same or any decree of order passed therein;

c) to sign, file, verify, present, and receive all types of documents including plaints, statements, pleadings, appeals, cross objections, petitions, applications, revision, withdrawal, compromise or affidavits;

d) to withdraw or compromise or submit to arbitration any differences or disputes that may arise touching or in any manner relating to the said case;

e) to deposit, draw and receive money, cheque, cash and grant receipts thereof;

f) to do all other acts and things which may be necessary or expedient, in the opinion of the Advocates, to be done.

I/We do hereby agree to ratify and confirm all acts done by the Advocate or his substitute in the matter as my/our own acts, as if done by me/us to all intents and purposes.

Witness my/our hand this ____ day of ________ 2020

Accepted, ________________________

(   )

Advocate

Dated this ____ day of ________, 2020

不过，考虑到印度法律系统和实践的复杂性，我们建议当事人不要比照上述文件和内容自行“DIY”，最好能够请专业的法律顾问就某一具体问题进行分析。

第三节　特殊的仲裁程序

一、紧急仲裁制度与印度法上的实践

紧急仲裁制度（Emergency Arbitration）是近年来在国际商事仲裁实践中兴起的一项制度，指的是当事人在组成仲裁庭之前获得救济的制度。2012 年新加坡对《国际仲裁法》进行修改，从而成为全球首个在国内法中规定紧急仲裁员的决定具有强制执行性的国家。从紧急仲裁制度的名称就不难看出，该制度设计的初衷在于使当事人能够在紧急状态下尽早地获得临时救济。

当然，有人认为按照不少国家的仲裁法，在仲裁庭组成之前可以向法院申请临时救济，为何还要再设计一层“紧急仲裁”制度呢？比如我们在本书第六章中关于临时措施的讨论，已经明确了当事方可以依据印度 1996 年《仲裁与调解法》在仲裁庭组成之前向法院申请救济。

相比向法院寻求仲裁庭组成前的临时措施，当事人通过紧急仲裁员获得临时救济具有以下几个方面的优势①：

第一，符合当事人的意愿。目前，不少国家以特定方式所广泛采纳的《联合国国际贸易法委员会国际商事仲裁示范法》第 9 条规定，当事人可在仲裁庭组成前向法院提出申请，由法院采取临时保全措施。然而，当事人约定通过仲裁解决争议，本意在于排除法院的管辖。这种排除不仅包括排除法院对案件实体问题的管辖，还应包括排除法院对程序问题的管辖，紧急性临时救济就属于后者。而由法院决定是否对当事人提供紧急性临时救济有违当事人的意愿。所以，由紧急仲裁员提供临时救济能够满足当事人通过仲裁解

① 连俊雅：《国际商事仲裁中紧急仲裁员的决定的执行性问题研究》，载《商事仲裁》，法律出版社 2016 年版，第 75 页。

决争议的意愿，也符合当事人的预期。

第二，能够提供及时的救济。紧急仲裁员制度设立的目的就是满足当事人在仲裁庭组成前快速、及时获得救济，所以仲裁规则一般都对该程序设有严格的期限限制。例如，新加坡国际仲裁中心（SIAC）的紧急仲裁员平均在8天至10天内作出决定，最短可在2天内作出，因而能更及时地满足当事人的需求。

第三，提供多种紧急性临时救济。在当事人已签订仲裁协议的情况下，法院一般不愿过多干预仲裁机构权力的行使，因而会限制给予临时救济的案件。另外，在特定情况下，法院可能无法提供当事人所请求的某种救济。相比较而言，基于当事人的合意，紧急仲裁员在决定是否给予临时救济时有更大程度的自由裁量权，且其作出的紧急性临时救济措施类型宽泛，更能满足当事人的需求。

在国际商事仲裁实践中，紧急仲裁员的决定主要通过两种途径得到执行，即当事人自觉执行和法院协助执行。尽管紧急仲裁员的决定很难通过现有的《纽约公约》在外国得到执行，但是当事人一般会自愿执行该决定。一方面，紧急仲裁员的决定是当事人自愿选择的结果。另外，紧急仲裁员作为居中裁判者的身份本身就具有权威性，故意选择漠视或者公然反抗紧急仲裁员的决定无疑会损害当事人作为正当权利人的形象，并且很可能促使仲裁庭在最终裁决中作出对其不利的推定。另一方面，紧急仲裁员的决定的强制执行性在某些国家和地区已得到法律保障，不执行该决定将会给当事人带来法律上的不利后果。基于上述考虑，当事人通常会自动执行紧急仲裁员的决定。当然，紧急仲裁员的决定能否得到当事人的自愿执行归根结底仍要取决于当事人的善意合作，但这将给紧急仲裁员的决定的执行带来较大的不确定性，所以这种自愿性也不应被过度高估。

当事人拒绝执行紧急仲裁员的决定时，请求法院裁定执行成为当事人的另一重要选择途径。比如，中国香港地区和新加坡的仲裁法已赋予紧急仲裁员的决定具有强制执行力，所以向中国香港地区和新加坡的法院申请执行紧急仲裁员的决定时，不存在法律上的障碍。然而，大多数国家或地区尚未就紧急仲裁员的决定的执行力问题作出明确的法律规定，并且这些国家对仲裁裁决的终局性的要求增加了紧急仲裁员的决定执行的难度。值得注意的是，目前已有国家在其司法实践中直接或间接地执行了紧急仲裁员的决定。

有些机构的紧急仲裁制度规定更为激进。比如2018年版《香港国际仲裁中心仲裁规则》改变了其2013年版规则中关于“于提交仲裁通知的同时或之后，但在仲裁庭组成之前”的规定，将紧急仲裁员申请时间进一步提前至“于提交仲裁通知之前、同时或之后，但在仲裁庭组成之前”。紧急仲裁员程序启动时间的提前是对紧急仲裁员程序的完善，使当事人能够在紧急状态下在更早的时间获得更加及时、全面的临时救济，值得借鉴。

紧急仲裁制度下，仲裁员自由裁量权的行使并非任意的，一般申请方需要向紧急仲裁员证明该案符合以下三个条件：

1. 获胜可能性（Fumus boni iuris）。即根据案件情况，当事人的请求是否有较大可能得到仲裁机构支持。

2. 迟延会导致危险（Periculum in mora）。即当前案件中存在非常紧急的情形，以至于不采取紧急救济将会给申请人造成不可挽回的损失，且该损失明显大于采取该紧急救济时被申请人遭受的损失。

3. 不便性衡量（Balance of Inconvenience）。即发布临时救济措施造成的损害小于不发布临时救济措施造成的后果。

以上三条的主要目的是对于紧急救济有所限制，一方面体现在紧急救济所实施的范围应当受到严格控制，另一方面体现在紧急救济的强度应当与申请人承担的风险形成对应与对等的关系。紧急救济的目的在于防止当事人实施转移财产或其他损害对方权益的行为，因此，紧急救济的范围和强度应当与当事人逃避责任的风险、可能的损害后果具有对应性。

因此在实践中，紧急仲裁员一般都会对权力的行使采取较为克制和谨慎的态度，严格把握紧急救济的种类与范围，防止申请人滥用紧急救济影响被申请人的正常生产经营，造成不必要的损失。只有在申请人证明确实存在紧急情况必须采取临时措施时，紧急仲裁员才会予以支持，这样可以防止当事人滥用程序权利，也可以平衡双方的权利义务。

鉴于紧急仲裁以及紧急仲裁员制度在全球不少法域都已经出现并经常为当事人所利用，2014 年，在印度法律委员会（Law Commission of India）第 246 次报告中，立法专家曾建议在今后对 1996 年《仲裁与调解法》的修正中引入“紧急仲裁”制度，从而以成文法的形式承认该制度，进一步增强印度争议解决的时效性。法律委员会曾参考国际主流的仲裁机构之仲裁规则和主要法域的仲裁立法，对紧急仲裁制度作了如下修正，建议在 1996 年《仲裁与调解法》第 2 条中增加 d 款：“仲裁庭指的是单一仲裁员或者多个仲裁员组成的仲裁团，且在按照机构仲裁的规则进行的仲裁存在紧急仲裁员的情况下，包括此类紧急仲裁员（Arbitral tribunal means a sole arbitrator or a panel of arbitrators and, in the case of an arbitration conducted under the rules of an institution providing for appointment of an emergency arbitrator, includes such emergency arbitrator）。”

但令人遗憾的是，在 2015 年对 1996 年《仲裁与调解法》作出的正式修正中，并没有采纳这一条建议。最新的印度《仲裁与调解法》对于“仲裁庭”的定义仍然仅仅是“单一仲裁员或者由多个仲裁员组成的仲裁团（a sole arbitrator or a panel of arbitrators）”。

不过，虽然成文法中未能正式引入紧急仲裁制度，但在最近的印度法院的司法实践中，出现了令人欣喜的支持紧急仲裁制度的判例，虽然此类判例仍然较少，但这从另外一个角度说明了印度对于仲裁的支持态度（Pro - arbitration）。

比如，2014 年由孟买高等法院（Bombay High Court）在“HSBC PI Holdings (Mauritius) Ltd. v. Avitel Post Studioz Ltd & Ors.①”一案中作出临时保全措施，间接地执行了由新加坡国际仲裁中心作出的紧急仲裁员的决定。本案新加坡国际仲裁中心依照申请人的请求作出了冻结被申请人在印度的银行账户直至仲裁裁决作出的紧急决定，之后原告通过印度法院执行该紧急仲裁员的决定。但根据印度 1996 年《仲裁与调解法》关于执行外国仲裁裁决

① Arbitration Petition No. 1062/2012.

的规定，只有最终（Final）的仲裁裁决才可以得到印度法院的执行，所以外国紧急仲裁员的决定在印度难以得到执行。但孟买高等法院在审理后认为，原告并不是直接要求执行紧急仲裁员的决定，而是请求法院作出临时保全措施，以冻结被告在印度的银行账户。因此孟买高等法院根据1996年《仲裁与调解法》第9条关于法院作出临时措施的规定作出了临时保全措施，与新加坡国际仲裁中心紧急仲裁员的决定的内容基本相同，从而在印度国内立法没有紧急仲裁制度相关规定的情况下间接地执行了该紧急仲裁决定。

这一案件体现了紧急仲裁制度下的一个核心问题，即紧急仲裁员的决定的执行性。由于《纽约公约》对仲裁裁决的内涵未作具体界定，而由缔约国法院根据其国内法自由裁量，这使紧急仲裁员的决定的承认及执行问题缺乏统一的标准。目前，某些国家或地区通过修订其仲裁法，扩大“仲裁裁决”的内涵或者制定专门的法律条文，规定紧急仲裁员的决定具有强制执行力，如新加坡和中国香港地区。这种法律规定使紧急仲裁员制度所带来的有益之处能够在实践中得到实现。但是，大部分国家或地区尚未就紧急仲裁员的决定的可执行性作出明确的法律规定，且其法院往往认为紧急仲裁员的决定不具有终局性而拒绝予以执行。有学者指出，印度孟买高等法院在上述案件中的审判，在如何帮助当事人在不认可和执行紧急仲裁员的决定的国家获得相同的救济问题上具有重大战略意义，值得借鉴。当前，大多数国家的法律规定紧急仲裁员的决定不具有终局性，不能等同于仲裁庭的仲裁裁决，因而对紧急仲裁员的决定不予认可和执行。当事人在考虑到执行地国印度的《仲裁与调解法》只执行具有终局性的仲裁裁决，没有直接申请印度法院执行紧急仲裁员的决定，而是请求法院发布与紧急仲裁员决定内容类似的临时保全措施。法院考虑到当事人的请求也没有违背印度《仲裁与调解法》关于外国仲裁裁决执行的强制要求，最终作出了与紧急仲裁员的决定内容几乎相同的临时保全措施。

此外，印度本土的一些仲裁机构，也在其机构规则中加入了有关“紧急仲裁”的规定，比如德里国际仲裁中心（Delhi International Arbitration Center，DAC）、印度国际商事仲裁院（Court of Arbitration of the International

Chambers of Commerce)、印度仲裁理事会(International Commercial Arbitration)、孟买国际仲裁中心(Mumbai Center for International Arbitration)等都将紧急仲裁制度引入了其现行的仲裁规则。我们有理由相信，随着国际交往和仲裁制度与实践的进一步发展，未来紧急仲裁制度会在印度进一步得到应用和认可。

二、快速仲裁程序（简易程序）与印度法上的实践

传统上，与诉讼相比，仲裁的优势体现在仲裁的专业、高效以及裁决广泛的域外执行力上。然而，有些时候，人们发现仲裁并非想象的那么高效。实践中仲裁代理人越来越倾向于用尽仲裁程序允许的权利，通过广泛的证据开示、大量的临时救济请求、形式主义的证据规则，从而使得仲裁程序的运作与诉讼越来越相似，逐渐出现一种诉讼化趋势。

为此，提高仲裁效率势在必行，快速仲裁程序或者简易仲裁程序[①](Fast Track Arbitration Procedure or Expedited Arbitration Procedure)应运而生。顾名思义，快速仲裁程序即通过缩短仲裁过程中各个程序性步骤的时限和简化案件的审理模式，要求仲裁庭在相对较短期限内履行仲裁程序中所有必要事项的程序机制。在实践中因为快速程序可以提高程序的效率和降低使用仲裁的成本，受到了争议金额相对较低的案件的当事人的欢迎。

快速程序的最显著特征是对所有程序性步骤时限的大幅缩减和对案件审理事项的必要简化。为了避免因程序形式主义而导致时间的拖延或产生不必要的费用，快速程序的程序性步骤时限以及审理事项得到了极大的简化，主要体现在限制当事人所提诉求的数量、使用书面审理的方式、限制书面文件和证据的数量及其范围、缩短裁决的作出期限、简化裁决的说理内容等多个事项上。

国际上主流的仲裁机构都引入了快速仲裁程序。比如，新加坡国际仲裁中心(Singapore International Arbitration Centre，SIAC)仲裁规则、香港国际

① 有时也被翻译成“加速程序”，因此在本书中快速程序、简易程序、加速程序的指向一致。

仲裁中心（Hong Kong International Arbitration Centre，HKIAC）仲裁规则以及中国国际经济贸易仲裁委员会（CIETAC）仲裁规则、北京仲裁委员会/北京国际仲裁中心仲裁规则等含有对快速仲裁程序的规定。

快速程序的适用条件主要有两种模式：

（1）自动适用模式。即争议金额（包括请求、反请求和抵销的数额）达到特定的标准，那么原则上应当适用快速程序，除非当事人约定排除快速程序。例如 2019 年版的《北京仲裁委员会/北京国际仲裁中心仲裁规则》中第 54 条规定，除非当事人另有约定，凡案件争议金额不超过 500 万元，适用简易程序。

（2）协议选择模式。即要求当事人在缔结合同时或争议发生后协议适用快速程序，如果争议金额超过既定的标准，当事人也可以协议选择适用快速程序。

不少国家的仲裁立法中也对快速仲裁程序进行了规定。以印度为例，印度 1996 年《仲裁与调解法》在立法之初没有规定快速仲裁程序，但在印度仲裁实践中仲裁员往往由退休法官担任、当事人双方的律师为了证明其收费的合理性（Justification）而穷尽各种“法律技术”，从而导致印度的仲裁程序不可避免地像法院诉讼一样令人头大，更是因为这些仲裁的参与人的专业背景、受过的法律训练和积累的经验导致其倾向于采取法院诉讼的模式审理案件，甚至有一些纯粹是因为费用是基于小时费率（Hourly Rate）而导致“崽卖爷田不心疼”，双方律师和仲裁员都心存默契，将仲裁程序拉长，因此，在 2015 年印度对仲裁法进行修正时，不仅对于仲裁裁决的作出加以时间限制，以避免仲裁员和仲裁当事方久拖不决，也学习国际先进经验，在仲裁法中加入了第 29B 条，规定了快速程序。

印度仲裁法中的快速仲裁程序采取了上述的“协议选择模式”的立法取向，也就是当事人在选定仲裁员时或者之前，以书面约定的形式同意以快速程序来审理其争议事项，且以成文法的形式给出了快速仲裁程序的指引：

（a）仲裁庭应根据双方提交的书面诉状和提交的文件，在不举行任何口头听证的情况下裁决争议；

(b) 仲裁庭有权要求当事各方除提交诉状和文件外提供进一步的资料或澄清；

(c) 只有当各方当事人都提出请求或者仲裁庭认为有必要为澄清某些问题进行口头审理时，才可以举行口头审理；

(d) 如果举行口头审理，仲裁庭可以免除任何技术性程序（Technical Formalities)，并采取被认为适当的程序迅速处理案件。

在印度法项下的快速仲裁程序，从开始仲裁程序之日起6个月内必须作出仲裁裁决，力争其时效性。

但实务中一个比较重要的内容是快速程序与普通程序的转换相关的问题。因为快速程序在适用过程中可能因情形的复杂化或争议金额的增加而丧失适用的现实基础或条件。为解决此问题国际上许多机构的仲裁规则规定在特定情形下可由快速仲裁程序转换至普通程序。印度在引入快速仲裁程序时也进行了规定，如果未能按期作出的，则参照第29A条进行处理，可以进行延期，具体可以参考本书第八章第一节“仲裁裁决必须要在多久之内作出”这一小节的规定，此处笔者不再赘述。

三、友好仲裁程序

在国际商事仲裁的实践中，还有一种仲裁形式叫友好仲裁（“ex aequo et bono”或者“Amiable Compositeur”，前者为拉丁语，其中aequo有公平、衡平的含义，而bono更接近于善意、诚信之意；后者源于法国法律用语“A-miable Compositeur”，即友好调停者)，此类仲裁要求仲裁员依据公平与良心（according to equity and good conscience）裁决，即仲裁庭经争议当事人授权，在认为适用严格的法律规则会导致不公平结果的情况下，不按照严格的法律规则，而依据其认为公平善意的标准进行仲裁并作出对争议当事人有约束力的裁决。

友好仲裁的含义有两个相互联系的方面：其一，仲裁员或仲裁庭被赋予更大的自由裁量权（Discretion)。通常情况下，仲裁员并不被允许像审判中的法官那样拥有不适用法律规则的自由裁量权，但友好仲裁的出现打破了这一常规。其二，这种自由裁量权并非毫无限制的。首先，它建立在法律规则的适用无法保证实质公正的基础上，并且须有当事人的明确授权；其次，不适用法律规则并不意味着可以滥用职权任意裁决。仲裁员的职权被限定在公允善良原则的调整范围内。因此，从某种角度上说，法律原则代替了规则的适用，这在仲裁实践中同样是一种创新。

印度1996年《仲裁与调解法》第28条（2）① 以明文的形式规定了友好仲裁。友好仲裁适用的前提条件是当事人授权，这一点需要格外注意。不过，就印度本土目前的仲裁实践来看，友好仲裁在实务中的应用较少，至少从笔者的实务观察角度，走到仲裁这一步的双方基本上都处于剑拔弩张撕破脸皮的程度，都希望据理力争、靠法律和证据来支持己方的主张，很少会有双方当事人同意授权仲裁庭采取友好仲裁的方式处理其案件。

第四节　临时措施

一、临时措施简介

临时措施（Interim Measures）在仲裁程序中发挥着非常重要的作用，除了推动仲裁程序的顺利进行，还可以避免因为一方毁灭证据、转移财产（Alienation of Assets）、挥霍财产（Dissipating Assets）等导致未来的裁决得不到执行。比如争议货物是生鲜易腐产品，倘若当事人之间的争议不能及时解决则极易给当事人造成不可挽回的损失。此时可以向法院或者仲裁庭申请临时措施，要求当事人先行变卖产品并将所得进行提存，待争议解决后用以支付相关费用。或者对于关键证据，如财务账册等进行保全等。

首先需要澄清的一个问题是，保全、禁令、中间措施和临时措施意思一样吗？因为各国立法的差异，导致对临时措施有着不同的称谓。保全（Pres-

---

① Section 28: Rules applicable to substance of dispute... (2) The arbitral tribunal shall decide ex aequo et bono or as amiable compositeur only if the parties have expressly authorised it to do so.

ervation，如证据保全、财产保全、行为保全等）为大陆法系概念，中间措施或者临时措施（Interlocutory or Interim Measures）为英美法系概念，禁令（Injunction）[①] 是临时措施中的一种，实质都是为保障终局性仲裁裁决执行、维护当事人合法权益的预防性救济措施。

事实上，临时措施的种类是无法穷尽的（Non-exhaustive nature of list of provisional measures），因此联合国国际贸易法委员会于2006年举行的第39届大会上通过的关于《国际商事仲裁示范法》第17条的修订条文中将中间措施的范围划定为“临时保全措施是任何采取裁决书形式或另一种形式的暂时性措施”，依据此种措施，仲裁庭在作出最终裁决之前随时命令一方当事人：

1. 在判定争议之前维持或恢复原状；

2. 采取行动防止目前或即将对仲裁程序发生损害或影响，或不采取可能造成这种损害或影响的行动；

3. 提供一种保全资产以执行后继裁决的手段；

4. 保全对解决纠纷可能具有相关性和重要性的证据。

以上可以归类为三种类型，其一，证据保全（Preservation of evidence），如关键性证据的调取以及重要证据的不被毁损；其二，维持现状（Preserving the status quo）；其三，确保终局裁决有效执行的措施，如查封、扣押或冻结当事人的资产等。

那么接下来的一个问题是，谁有权发布临时措施？

临时措施发布决定权的归属是整个仲裁临时措施程序运作的前提，对于

---

① 禁令，一般是指法院作出的禁止加害人采取或继续采取侵权行为，防止受害者损失加大的禁止令，起源于衡平法。相比于普通法项下的金钱赔偿（Monetary Damages）更多作为“事后诸葛亮”而存在，禁令主要着眼于将来发生的损害比如说损失继续扩大等情形。在印度法律系统下，禁令出自1963年《特定救济法》（*the Specific Relief Act*）并受1908年《民事诉讼法典》的管辖。1963年《特定救济法》是为保护民事权利提供救济的法律，因此禁令限于用在保护民事权利上。印度法下的禁令分为两种，一种是临时禁令（Temporary Injunction），另一种是终局禁令（Permanent Injunction）。临时禁令是法院作出的临时性的、维持一段时间或维持到法院作出新的裁决为止的禁令，类似于“保全措施”而存在，不具有终局裁判的效力，一般规定直至案件开始审理或作出新的禁令为止。而终局禁令是法院最终裁决而作出的禁令，经常就是判决的主要内容。

这个问题，国际上大致存在三种模式：

1. 法院单独行使，比如中国；

2. 仲裁庭单独行使，比如美国[①]；

3. 法院与仲裁庭都可以行使，比如英国和《联合国国际贸易法委员会国际商事仲裁示范法》，且这一模式得到大多数国家的认可。

回到印度法项下的相关规定，印度1996年《仲裁与调解法》基于《联合国国际贸易法委员会国际商事仲裁示范法》，因此，其采取的是上述第三种“并行模式”，分别在第9条和第17条规定了法院和仲裁庭下发临时措施命令的权力。

需要注意的是，如果是在仲裁开始之前申请临时措施，此时因为仲裁庭尚不存在，因此只能向法院申请。而按照1996年《仲裁与调解法》规定，从获得（Granted）法院下发的临时禁令之日起90日之内必须要开始仲裁程序。

而一旦仲裁程序开始，临时措施只能向仲裁庭进行申请（当然，印度1996年《仲裁与调解法》中有规定，在极端的情况下，如果一方可以证明由仲裁庭下发临时措施将导致无效率等，法院仍可以下发临时措施[②]，但在司法实践中法院总是尽量避免这一情况的发生）。第17条特别规定仲裁庭所作出的临时措施，等同于法院作出的裁定，可以依照印度《民事诉讼法》的相关规定获得执行（An interim order passed by the tribunal is deemed to be an order of the court and is enforceable in accordance with the provisions of the CPC），从而赋予了其与法院作出裁定一样的效力。

不过，为了保护第三人利益，印度法项下存在一个特例，即涉及第三人权利处分的临时措施只能由法院下发（the interim relief sought affects third party rights such as an injunction against the encashment of bank guarantees, an

---

① 杜新丽：《国际商事仲裁理论与实践专题研究》，中国政法大学出版社2009年版，第152页。

② （3）Once the arbitral tribunal has been constituted, the Court shall not entertain an application under sub-section（1）, unless the Court finds that circumstances exist which may not render the remedy provided under section 17 efficacious.

application for interim reliefs would lie only before a court even if an arbitral tribunal is constituted)，在这里还列举了一个涉及第三人权利的例子如兑付银行保函。

印度仲裁制度项下法院和仲裁庭有关发出临时措施权力的比较一览表

发出方	成文法依据	发出时间	临时措施内容	是否可以针对第三方	仲裁地在印度之外的仲裁案件是否可以申请	其他要求
法院	1996年《仲裁与调解法》第9条	在当事方提出申请后，法院可以在以下时点作出关于临时措施的决定： 1. 组成仲裁庭之前； 2. 作出裁决之后但执行之前； 3.（特殊情况）仲裁过程中，出于效率考虑，法院可以发出	1. 为参与仲裁程序的未成年（Minor）人或者神志不清（Unsound）的人指定监护人； 2. 保护性措施（Protection）如保全财产、禁令、指定财产保管人、获取证据以及其他必要措施①	可以向第三方发出临时措施	根据1996年《仲裁与调解法》2015年修正案，新增的第2条第2款，除非另有约定，则在印度境外的仲裁可以申请法院发出临时措施	1996年《仲裁与调解法》第9条第2款规定向法院申请临时禁令并且取得法院批准的必须要在90天之内开始仲裁程序
仲裁庭	1996年《仲裁与调解法》第17条	在当事方提出申请后，仲裁庭可以在以下时点作出关于临时措施的决定： 1. 仲裁程序中； 2. 作出裁决之后但执行之前	同上	无法对第三方发出临时措施	可以申请	

① 除了法律中所述的这些权力，在实践中还有诸如要求一方披露财产［Tata Capital Financial Service v Deccan Chronicle Holdings Ltd Arbitration Petition No 1321 of 2012. See also Welspun Infratech v. Ashok Khurana 2014 (2) ARBLR 520 (Bom)］等，实践中印度法院还曾经就争议双方都同时参股了某一公司作出了双方要保障公司正常运转而不得故意对公司的经营横加阻碍的临时措施。

二、发出临时措施的相关标准

读完上文之后读者应该可以明白临时措施是对案件有着重大影响的“大杀器”，不过，现行的印度仲裁法中并没有就何时法院和仲裁庭应当下发临时措施给出具体的指引，而是完全交给了法院和仲裁庭，由其行使自由裁量权（Discretionary Powers），这一安排沿袭了《联合国国际贸易法委员会国际商事仲裁示范法》的做法。

印度学界和实务界有人曾建议仿照民事诉讼法中的标准，从而给出较为确切的裁判指南，但时至今日，印度1996年《仲裁与调解法》当中都没有引入相关标准。当然，我们可以从印度1908年《民事诉讼法典》的相关规定来略窥一二。印度1908年《民事诉讼法典》的“Order 39 Rule 1”规定了法院作出临时性禁令的情形：

1. 当诉讼纠纷中的财产正处在被诉讼中的一方灭失、损毁、分离，或者因错误执行裁决而被变卖时；

2. 被告威胁或打算移除或处置其财产，以此来欺骗（Defraud）债权人；

3. 被告威胁使原告丧失或以其他方式损害原告与本次诉讼有关的财产。

在“Agricultural Produce Market Committee Vs. Girdharbhai Ramjibhai Chhaniyara”一案中，印度最高法院认定“只有在权利确定并可以行使的情况下才能裁定给予临时禁令”。在标志性案件中“Gujarat Bottling Co. Ltd. Vs. Coca Cola Co. 和 Morgan Stanley Mutual Fund Vs. Kartick Das”，印度最高法院确立了使用临时禁令的几大原则：

1. 申请人必须有初步的（Prima Facie）证据支持和可说服的立场（Plausible Assertion），法院在这个阶段只会对事实、证据进行简单审查，不会对案件的法律方面进行详细的审查。

2. 法院还需审核申请人的行为（Conduct），看申请人是否是出于善意目的来申请临时禁令。

3. 法院需要权衡利弊（Balance of Convenience）——评估是否不作出禁令对申请人造成的损失会大于作出禁令后对被告造成的损失。还要评估申请人的损失是否是不可挽回的（Irreparable）、极其严重的，还是可以通过损害赔偿来补偿的，如果是可以通过损害赔偿方式得到补偿的，法院倾向于不给予禁令。

4. 法院有权要求申请人提供保证金或者保证赔偿损失的保证函。

不过，上述裁判考量在2015年和2019年对印度1996年《仲裁与调解法》的两次修正中，法律委员会都没有引入。

但在实务中，不少法院还是会参考1908年《民事诉讼法典》中关于临时措施的相关标准原则，但在适用上不会“严格适用（Strict Application）”。在孟买高等法院审理的“National Shipping Company of Saudi Arabia v. Sentrans Industries Ltd[①]”一案中，高等法院在判决中说，申请人无须满足《民事诉讼法》中所列出的条件，因此无法给出临时禁令。

最后还需要读者明确的一点是，必须要区分临时措施的决定权和执行权。决定权可以在仲裁庭手里，但执行很大程度上还要依赖于法院。虽然在国际商事仲裁实践中，仲裁庭的权威使得其所发布的临时措施得到多数当事人的自愿履行，仲裁庭本身一些因素亦可促使当事人自愿履行，如当事人需要给予仲裁庭正面的印象以期获得有利于己方的终局裁决，而拒绝执行临时措施有可能会使仲裁员作出不利于其的推论，且仲裁庭可以责令当事人对不执行临时措施造成的损失进行负责。不过，在印度法项下，多数情形中，当事人拒绝执行仲裁庭发布的临时措施，仍须借助于法院的强制执行。

三、印度法项下如何保障临时措施得到执行

实践中由于“老赖”的存在，很多当事人都会担心自己费尽千辛万苦但是对方还是“死猪不怕开水烫”，拒不执行临时措施。如果临时措施是法院作出的，那么不服从法院就临时措施作出的裁定，则将会触犯藐视法庭罪。印度在立法的时候为了保障仲裁庭的临时措施也可以得到执行，在1996年《仲裁与调解法》第27条第5款也规定了如果不遵循仲裁庭指令的，参照藐

① AIR 2004 Bom 136.

视法庭罪处理，所以在印度法的框架下，不遵守法院的指令或者仲裁庭的指令都可能会触犯藐视法庭罪。

印度 1971 年《藐视法庭法》（*The Contempt of Courts Act*，1971）赋予印度最高法院和各邦高等法院对藐视法庭的行为进行调查、审判和作出惩罚的管辖权。藐视法庭行为分为民事类藐视（Civil contempt）和刑事类藐视（Criminal Contempt）。民事类藐视是指故意不遵守法院的判决（Judgement）、裁决（Decree）、指令（Direction）、命令（Order）、令状（Writ）或法院的审判程序（例如开庭时不遵守法庭秩序），或者故意违反向法院作出的保证（Undertaking，例如向法院保证在某个时间点前偿还债务）。刑事类藐视是指污蔑、诽谤法院，干涉司法程序，妨害司法公正等行为。

印度各个高等法院以及印度最高法院可以依职权也可以经当事人申请后启动藐视法庭罪的调查、审判和认定。各邦高等法院是审理藐视法庭罪的主要法院，高等法院除了可以审理藐视本高院的行为，也可以审理藐视其辖区内下属法院的行为。

当高等法院认定某人触犯了藐视法庭罪时，此人可以被处以最高 6 个月的监禁和最高 2000 卢比的罚款，或两者并罚。当触犯此罪的是公司时，则由可归责的董事、经理、公司秘书、高管等来承担监禁的法律后果。

四、仲裁地在印度境外的仲裁程序是否可以申请印度法院的临时措施

实践中经常出现的情况是，一家印度本土公司在与外国企业签订相关协议的时候，双方从风险衡平和公平的角度出发，一般会约定在印度境外仲裁（如新加坡），即约定仲裁地在印度之外。但涉案一方的主要财产、重要证据等可能在印度本土。为了避免当事一方转移财产、消灭证据，临时措施的重要性不言而喻。但在 2015 年仲裁法修正案通过之前，印度 1996 年《仲裁与调解法》的第一部分（Part I，包含第 1 条至第 43 条，也包含临时措施相关内容）明确适用于印度国内仲裁，而不适用于仲裁地在印度之外的国际仲裁。而这个仅仅适用于印度国内仲裁的第一部分包含以下几章：

第一章　一般条款；

第二章　仲裁协议；

第三章　仲裁庭的组成；

第四章　仲裁庭的管辖权；

第五章　仲裁程序；

第六章　仲裁裁决的作出和仲裁程序的终止；

第七章　针对仲裁裁决的救济；

第八章　仲裁裁决的终局性及执行；

第九章　可上诉裁定；

第十章　杂项规定。

从以上内容不难看出，第一部分是与仲裁程序和救济最为相关的，临时措施（Interim Measures）也规定在本部分。而适用于国际仲裁的第二部分（Part II）则仅仅是分别以两章内容各自规定了《纽约公约》和《日内瓦公约》项下裁决的执行问题。因此，在 2015 年之前，印度法项下的临时措施无法为仲裁地在印度境外的仲裁程序提供救济。这对于不熟悉印度仲裁体制的当事人而言无疑是很大的劣势，花了大量的成本和时间在印度境外提起仲裁，由于仲裁地在境外的仲裁庭下发的临时措施无法在印度得到执行，这就使得印度当事人有足够的时间消灭证据、转移财产，最终使得外国当事人“赢了仲裁，输了结果”。

考虑到日益高涨的外国投资者的呼声，印度立法委员会在 2015 年对印度 1996 年《仲裁与调解法》进行的重大修正之一就是该法的第 9 条是否适用于仲裁地在印度境外的国际仲裁。

经过修正，印度 1996 年《仲裁与调解法》分别在第 9 条和第 17 条规定了法院和仲裁庭下发临时措施命令的权力。需要注意的是，如果是在仲裁开始之前申请临时措施，此时因为仲裁庭尚不存在，因此只能向法院申请。而按照 1996 年《仲裁与调解法》规定，从获得（Granted）法院下发的临时禁令之日起 90 日之内必须要开始仲裁程序。而一旦仲裁程序开始，临时措施只能向仲裁庭进行申请（当然，印度 1996 年《仲裁与调解法》中有规定，在极端的情况下，如果一方可以证明由仲裁庭下发临时措施将导致无效率等，法院仍可以下发临时措施，但在司法实践中法院总是尽量避免这一情况的发生）。

也就是说，仲裁地在印度境外的、尚未开始仲裁程序的案件可以从印度法院处获取临时措施救济，但临时措施获批之后必须要快速开始仲裁程序。而已经组成仲裁庭的，由仲裁庭下发的临时措施可以申请印度法院的协助在印度得以执行。但这两种临时措施申请的前提是，双方没有在仲裁协议中以明示或者暗示的方式排除1996年《仲裁与调解法》第9条的适用（The parties have not expressly or impliedly excluded the applicability of Section 9 of the 1996 Act）。这也给中国当事人提供了一个思路，一定要知晓印度目前关于临时措施的相关制度，并且结合自己的案件，看相关内容是否可以为我所用。

更多关于申请临时措施的时点、相关条件等，笔者已经在上文有详细描述，读者可以自行参考。

第五节　仲裁证据相关制度及印度法项下的实践

一、印度法项下仲裁证据制度简介

不少人都听过一句话叫“打官司就是打证据”。这句话通俗、简单粗暴地道出了证据在解决纠纷中的地位和作用，因为证据是认定案件事实的基本依据，直接关系到裁决结果和当事人权益，一切主张（Claim）的提出以及反驳对方的观点都要依靠证据，同时结合相关法律规定阐述己方的观点，因此证据规则和证据相关制度是商事仲裁程序的核心问题。

具体而言，证据制度是指在商事仲裁程序进行过程中，规范证据的种类、效力、收集、审查和评价等证明活动的一系列准则的总和。在仲裁过程中，明确的证据制度可以给当事人合理的预期，有利于当事人对仲裁裁决公平性的认同，更重要的原因还在于其关乎未来仲裁裁决的执行。尤其是争议双方当事人是来自不同法域，对于证据制度和证据文化有较大差异的情况下，如何事先在仲裁协议中就仲裁程序的证据相关制度进行安排就显得尤为重要。比如英美法系倾向于当事人主义，也就是当事人双方对抗性（Adversarial）的辩论，法官的作用或者仲裁员的作用只是消极中立的。而大陆法系倾向于职权主义，即法官在诉讼当中起积极的作用，甚至会采取纠问式的方法来引导庭审的进程。这两大法系的不同思维，直接导致了来自英美法系和大陆法系的仲裁员和律师，对于证据开示和证人质证程序的理解和运用的不同。实践中，经常出现当事人对仲裁庭采取的证据规则的公平性进行质疑、以证据没有经过质证等违反正当程序作为理由，在裁决作出后寻求仲裁地法院撤销该裁决或者向执行地法院申请拒绝执行该裁决。

但需要读者注意的是，诉讼中的证据规则是“硬法”，也就是国家制定的民事诉讼法或者证据法，并且此类法律需要强制适用于诉讼中关于证据的认定、采纳、证明力等相关问题。而仲裁如果机械地套用民事诉讼法或者证据法中的内容，则会很大程度上影响仲裁的灵活性，并且有加剧仲裁证据“诉讼化”的风险。

就国际公约和示范性立法层面而言，目前有关仲裁的国际公约以及各国仲裁立法都较少涉及证据事项，比如《联合国国际贸易法委员会国际商事仲裁示范法》第19条第2款指出，在当事人未约定仲裁证据规则的情况下，仲裁庭就仲裁证据的可采性、相关性、实质性和证明力享有决定权。就法院协助取证而言，该示范法第27条也只是作出原则性规定，即法院可以在其权限范围内按照其关于取证的规则执行仲裁庭或当事人的协助取证请求。

就国内立法层面而言，英国1996年《仲裁法》第34条第1款仅概括性地指出仲裁庭对于所有程序和证据事宜享有决定权；另外，许多仲裁机构的仲裁规则大多没有提供更为细化的证据安排，大多数都是突出仲裁庭就证人证言、仲裁庭任命专家以及文件披露（Document Production）享有裁量权。

就印度1996年《仲裁与调解法》而言，其第19条明确规定了仲裁庭不受1908年《印度民事诉讼法典》或者1872年《印度证据法》的约束，仲裁庭享有包括对任何证据的可采性、相关性、实质性和证明力的决定权。

而就各个仲裁机构的规则而言，商事仲裁没有统一证据规则，换言之，各个仲裁机构没有需要共同遵守的证据规则。

此外，国际上仲裁的立法和实践经验证明，过于细化的仲裁证据制度不仅会影响仲裁机构所崇尚的程序灵活性，也不利于仲裁规则的全球普适性。此外，就国际仲裁而言，各方当事人和仲裁代理人通常来自不同的法系，有些来自大陆法系则是熟悉普通法系的证据规则，仲裁庭的构成也较为多元。这就导致了仲裁当事人和仲裁庭有着不同的法律认知、法系文化、职业伦理，产生冲突在所难免。如果要求大陆法系背景的当事人适用普通法系项下的大规模文件披露、证人交叉询问、处理大量的言词类证据等，或者针对普通法系的当事人及代理人完全排除其所熟悉的交叉询问、文件披露等，这样的仲裁程序显然不符合各方的预期。

因此，虽然“硬法”无法规定，但这并不意味着仲裁庭可以随意行事，为了实现仲裁的灵活性和确定性之间的平衡、填补立法和仲裁规则的刻意留白，作为仲裁证据“软法（Soft Law）”的指导性规则应运而生。

目前国际上认可最广的仲裁领域的指导性证据规则是由国际律师协会（IBA）作出的《IBA 国际仲裁取证规则》（*IBA Rules on the Taking of Evidence in International Arbitration*），国际律师协会仲裁委员会由来自 90 多个国家的 2500 多名仲裁实务人士组成。其组织了包括不同法律文化背景的仲裁专家在内的工作组，针对国际仲裁中的证据问题先后制定了三个规则：1983 年《IBA 证据规则》，它仅规定了 7 个简短的条文，是一次弥合大陆法和普通法这两大法律文化冲突的初步尝试；1999 年《IBA 证据规则》，在前一规则的基础上进行了重大的修订，提供了更完备和更适合国际商事仲裁实践的证据规则；2010 年 5 月 29 日国际律师协会通过了新《IBA 证据规则》，对 1999 年《IBA 证据规则》进行了细微的调整，考虑到该规则也可适用于非国际商事仲裁，比如国际投资仲裁，该规则删除了原名称中“商事”一词，以适应发展变化的国际仲裁实践。①

---

① 崔起凡：《国际商事仲裁中的证据问题研究》，浙江工商大学出版社 2013 年版，第 17 页。

《IBA 证据规则》融合了两大法系的一些不同做法，包括适用范围、证据问题的意见征询、书证、事实证人、当事人指定的专家、仲裁庭指定的专家、现场勘验、证据听证、证据的可采性与评价共计 9 个条款，且主要有 3 种适用模式。[①] 第一种模式为当事人在仲裁协议中约定适用《IBA 证据规则》。如此一来，《IBA 证据规则》便会成为具有契约约束力的证据规则。第二种模式为仲裁庭在最初程序令（Procedure Order No. 1）中明确《IBA 证据规则》的适用，仲裁庭通常会在庭前程序管理会议（Case Management Conference）上对仲裁证据事宜加以明确。譬如在征询各方意见的基础之上，仲裁庭时常会将《IBA 证据规则》归类为非约束性参照指南（Non-binding guideline）。第三种模式则是仲裁庭依自由裁量权决定是否适用，以及在何种程度上适用《IBA 证据规则》。国际商事仲裁实践依第二种和第三种模式适用《IBA 证据规则》的情形较多。

二、印度证据规则的相关法律规定

如上所述，仲裁的证据规则与法院诉讼的证据规则有较大区别，在国内民事诉讼中，证据规则的适用具有强制性和确定性，而仲裁的证据规则更多的是类似于“软法”存在。

印度 1996 年《仲裁与调解法》中第 19 条明确规定：

（1）The arbitral tribunal shall not be bound by the Code of Civil Procedure, 1908（5 of 1908）or the Indian Evidence Act, 1872（I of 1872）.

仲裁庭不受 1908 年《印度民事诉讼法典》或者 1872 年《印度证据法》的约束。

（2）Subject to this Part, the parties are free to agree on the procedure to be followed by the arbitral tribunal in conducting its proceedings.

在不违背本部分规定的情况下，当事各方可以自由地就仲裁庭进行仲裁所应遵循的程序达成协议。

---

① 王徽：《论我国国际商事仲裁证据制度的症结及完善——以国际商事仲裁证据“软法”为切入点》，载《上海对外经贸大学学报》2018 年第 4 期，第 48—58 页。

(3) Failing any agreement referred to in sub-section (2), the arbitral tribunal may, subject to this Part, conduct the proceedings in the manner it considers appropriate.

未达成上述第2款中该种约定的，仲裁庭可以在不违背本部分规定的情况下，按照仲裁庭认为适当的方式进行仲裁。

(4) The power of the arbitral tribunal under sub-section (3) includes the power to determine the admissibility, relevance, materiality and weight of any evidence.

上述第3款授予仲裁庭的权力包括对任何证据的可采性、相关性、实质性和证明力的决定权。

尤其是上述第4小点，仲裁庭可以自由决定证据的可采性、相关性、实质性和证明力，但这并不代表仲裁庭就不受任何规则约束。在马德拉斯高等法院审理的“Soceite Aninmina Lucchesse Oil Vs. Gorakhram Gokalchand ①”一案中，法院认为仲裁庭需要遵循自然公正（Natural Justice）的原则来审理案件，并且实践中虽然仲裁庭不受民事诉讼法和证据法的约束，但可以参考这两部成文法中的相关条款。

另外，上述如《IBA证据规则》之类的“软法”是否会在印度仲裁中适用？实践中当事人一般不会事先在仲裁协议中约定采取哪一种具体的证据规则，因印度较为常见的仲裁模式为临时仲裁，仲裁庭会自由决定证据相关问题。而如果双方选定机构仲裁，比如选择新加坡国际仲裁中心或者印度本国的仲裁机构如印度仲裁理事会等，则一般需要按照该机构的仲裁规则中有关证据和证人相关问题的指引进行，不过仲裁机构一般不在自己的仲裁规则中规定具体的证据规则，只是作出原则性规定。但总体而言，《IBA证据规则》在印度的直接适用仍然较少，因印度的仲裁员很多都是前法院的法官，而做仲裁比较多的律师也经常从事法院诉讼业务，因此仲裁庭在很大程度上还是在参考印度《民事诉讼法》和《证据法》中的规定。

① AIR 1964 Mad 532.

三、如果关键证据在对方手里怎么办

受制于中国当事人所认为的“谁主张，谁举证”这一对于证据的简单理解，实践中很多中国当事人认为对己方不利的证据只要不主动交就没人能强迫提交。甚至将这种固化的思维应用到了国际仲裁中，比如在仲裁庭决定应当向对方开示（Discovery）证据的情况下拒不合作，认为仲裁庭和对方无权要求自己提供或者披露对自己不利的证据。

一言以蔽之，在中国法中“谁主张，谁举证”的通常做法在国际仲裁中却有很大不同。大量的国际仲裁案件经常遵循普通法的原则，也就是要求双方将所有的底牌放在台面上，任何一方都有义务出示对他们有利的证据和不利的证据，而这一目标的实现离不开“证据开示”制度。

证据开示（Discovery of Documents）是普通法系争议解决过程中常见的制度，其使得一方当事人有权获取对方当事人所持有的任何与争议事实认定相关且不受特免权（Privilege）[①] 所涵盖的文件。

具体而言，在实践中仲裁当事人除了向仲裁庭提交证据外，还必须与对方当事人进行证据交换，且证据交换必须涵盖向仲裁庭所提交的全部事实与法律要素，仲裁庭也有义务确保这一环节的落实，否则会损及仲裁裁决的程序正当性。

目前在国际仲裁实践中非常流行的雷德芬申请表（Redfern Schedule），因为其在证据开示中的便利性，也越来越多地得到印度本土仲裁实践的应用。该表采取对照表的形式，第一栏列出所请求文件的清单及描述，第二栏列出请求人要求披露该文件的正当理由，包括文件的相关性和重要性，第三

---

① 特免权指的是基于社会和公共利益的考量，在发现事实的过程中保护特定利益和关系、维护社会道德基础和伦理要求，为了避免破坏社会赖以运转的重要关系和社会基础价值，法律在追求真实的过程中，免予对一些证据的开示，从而为保护社会道德和伦理留下空间。特免权制度具有很多分类，依据保护的关系不同可以分为职业关系特免权、亲属特免权、不自证其罪特免权以及公共利益特免权等类型。然而，在国际商事仲裁领域，比较常见的是职业关系特免权，其中又以“律师——当事人特免权（Attorney - Client Privilege）”最为突出。律师当事人特免权的目的在于通过确保律师和当事人之间公开和诚实的讲话或通信内容不会在司法或仲裁程序中作为证据被出示，从而确保两者之间坦诚的交流。

栏列出被请求方拒绝该请求的理由（如文件不存在、与本案无关、拥有免披露特权等），最后一栏空白，供仲裁庭记录其决定。

一个典型的雷德芬申请表格如下所示：

序号	申请方	申请对方提交的证据名称与类型	申请提交的证据与本案关联性与重要性的说明	对提交申请的异议	对异议的回复	仲裁庭的决定
1	申请人					
2	申请人					
3	申请人					

提交人：
代理人：
时间：

就印度的仲裁实践而言，仲裁庭有权要求一方提交其所有（Possession）或者控制（Control）的证据资料，且仲裁庭的这一职能为强制性的权力（Powers of Compulsion），如果有证据表明一方持有该资料但拒不提供，仲裁庭可以得出不利于该方的判断（Draw an adverse inference）。

但仲裁庭强制要求证据开示的一个弱点是仲裁庭无法要求非仲裁协议当事方披露相关的内容，因此，仲裁庭还可以向法院申请协助要求开示相关证据。

印度 1996 年《仲裁与调解法》第 27 条就是关于“法院协助取证（Court assistance in taking evidence）”的专门规定。在该条中，不仅可以要求披露证据，还可以要求掌握相关事实证据的“人证”即证人（Witness）来到仲裁庭进行答辩。违反法院上述命令的，将按照“蔑视法庭罪”进行处理。对此，印度 1996 年《仲裁与调解法》第 27 条第 5 款的描述最为清楚：“未根据上述程序参加出庭、犯有其他过失、拒绝给出其证据或在仲裁程序期间蔑视仲裁程序的人，应当基于法院命令承担仲裁程序的不利、处罚和惩罚，如同在法院诉讼程序中对类似违法行为作出的惩处（Persons failing to attend in accordance with such process, or making any other default, or refusing to give their evidence, or guilty of any contempt to the arbitral tribunal during the conduct of arbitral proceedings, shall be subject to the like disadvantages, penalties and punishments by order of the court on the representation of the arbitral tribunal as they would incur for the like offences in suits tried before the court)。"

四、举证期限以及是否可以延期

无限制地举证被认为有违仲裁"高效、节约"的价值取向,所以实践中一般只允许有限度的证据披露。仲裁庭会对任何一方的证据披露请求和对方的异议规定明确的时间限制。

印度1996年《仲裁与调解法》第23条规定,仲裁请求和答辩(Statements of claim and defence,实体答辩)的期限首先可以由当事方自由约定,如果当事方没有约定的或者达不成一致意见的(实践中双方一旦发生争议,则很难就任何事项达成一致),则由仲裁庭决定。

该条第3款规定,除非当事方有另外约定,否则任意一方都可以在仲裁程序过程中的任何时间修正或者补充其仲裁请求和答辩,但如果仲裁庭认为此类修正或者增补会因延误而导致不合理(Inappropriate),可以拒绝此类申请。这条也就暗示了证据的提交可以在任何时候,但问题是如果太晚提交可能会造成仲裁裁决无法按照法定期限作出(印度1996年《仲裁与调解法》规定1年内必须作出仲裁裁决),则可能面临无法被承认的窘境。

此外,按照该条第4款之规定,实体答辩需要在从仲裁员接到委任之日起6个月之内审理完毕,所以一般情况下,相关的证据提交也需要在实体答辩期限内完成。

从司法实践中看,实体答辩结束后提交的证据是否可以采纳?先说一下对印度仲裁具有参考意义的印度诉讼问题上法院的处理方式,按照印度民事诉讼法以及德里高等法院在"Polyflor Limited Vs. A. N. Goenka and Ors"这一案件中的判断,法院认为延迟提交会对另外一方造成"不公正(Prejudice)",因为被告无法对原告延迟提交进行回应。因此,印度民事诉讼法规定法院有自由裁量权(Discretionary),可以判断是否接纳此类延迟提交的证据,但实践中法院非常少(Sparingly)允许延迟提交,除非存在强烈的正当原因（Overpowering and justifiable reason），比如一方隐匿证据或者该证据对于实体判决可以产生根本扭转的作用等。

而就仲裁而言，这是否意味着，如果另外一方可以就其延误提交的证据进行答辩和质证，且该证据的延迟提交拥有非常充分的理由或者对案件的实体问题审理产生非常大的扭转作用，仲裁庭就可以采纳该证据？根据印度法项下的法律原则和实践，仲裁员不得“偏听偏信”。德里高等法院在“Glencore International AG vs. Dalmia Cement（Bharat）Limited[①]”一案中，对这一问题进行了解释。法院认为，仲裁庭对于一方延迟提交证据（Late Production）拥有自由裁量权，但前提是另外一方不会因此而受到不公平的对待（Prejudiced），如果另外一方可以获取相对应的救济，比如对证据进行质证和答辩，则仲裁庭可以进行相应的裁量。

五、证据和文件管理（Document Management）

上面笔者提到了“打官司就是打证据”，可见证据是关乎争议解决的“无冕之王”，这就提醒当事人一定要养成证据意识，从而使得后期在争议发生时维权更有保障。

作为受英国法影响深远的印度法，证据的作用不遑多论，无论是在向政府申报、合作伙伴业务合作还是在后续的融资、投资抑或是在争议解决过程中所涉及的重要文件，如果没有及时、妥善、全部保存，都将在未来某一时点成为影响公司业务的一颗“定时炸弹”。

此外，在证据信息化的大趋势下，电子邮件、手机短信、网页、电子交易记录等以计算机及其网络为依托的电子数据在证明案件事实的过程中起着越来越重要的作用。

但实践中，经常出现的情形是，中资印度企业在印度的相关重要文件都没有正确保存。举一个简单的例子，绝大部分中资印度企业在印度的运行都依赖于几位关键人物（一般由中国人担任），如果这些人离职，交接程序一

① 2017（4）ARB LR 228.

般会在一两个月内快速完成。但大部分中资印度企业都没有意识到上一任管理者离职时，需要对非常多的文件进行交接，而有此意识的企业也不知道哪一类文件需要交接，也没有具体的文件清单（Checklist）。并且，很多中资印度企业因管理制度不规范，一些信息和重要的邮件来函都是通过私人邮箱经办的，未来该员工离职，在需要调取某重要资料的情况下，很难得到其配合。笔者在实务中就不止一次经手过此类案件，甚至出现过有的企业连土地权属证书原件（Land Title Certificate）都丢失的情形。

因此，笔者建议在实践中，中资印度企业以按月（或者基于生产运营实际）的频度将纸质版文件扫描备份并发送给中国总部，且将其他电子版文件（如邮件沟通记录、视频图像音频等记录）也要一起发送给中国总部审查备案。而对于那些和印度合作伙伴进行交易的中国企业，也需要定时做好相关文件的归档和整理工作。

另外，印度的商业习惯是非常重视书面证据，实践中经常发现中国的工程总包商（EPC Contractor）与印度业主以及业主聘用的工程师之间在沟通或者进行一些会议时，大家都在现场讲“英文”，都表示可以听明白对方的话，但后来出现问题时才发现其实大家理解的和当场说的不完全是一回事。所以，这就要求中国企业要做到不能只说，还要互换会议纪要，查缺补漏，在口头沟通完毕后第一时间通过邮件书面确认，甚至中英文文稿之间也要校对，做到中英文结合、口头和书面相结合，这样才能做到万一未来发生争议，即使相关负责人已经离职，仍可以在最大限度上还原案件事实。

笔者在实务中见到大量的企业因为证据和文件的管理问题在实践中吃了大亏，交了上千万元乃至上亿元的“学费”，因此真切地希望引起广大中资企业读者的警醒。

六、在印度进行工程项目的合同管理

实务中笔者发现工程总承包（Engineering Procurement Construction, EPC）领域是与印度方（印度业主或者联合体的印度方成员企业）产生纠纷的高发领域。因此，中国企业需要了解在印度进行工程项目的合同管理技巧。

一般而言，印度的企业参加招投标，在独自或者组成联合体参与的时候就会聘用外部的、富有项目工程经验的律师团队来辅助其参与招投标，比如在联合体投标的情况下投标主体之间的责任分担问题，避免未来面临业主索赔的时候联合体内部企业就因责任不清而乱成一团。另外，一般情况下业主仅仅与总包商签订合同，而总包商需要与诸多分包商签订协议。而基于合同的相对性，即使问题是由分包商引起，业主也仅仅会向总包商追责，因为业主和分包商之间没有合同关系。因此，总包商如何撰写与分包商之间的协议以及进行风险分配和利益保护就显得尤为重要。也就是说，好的合同是避免未来产生争议的第一大保障，中国企业不能简单套用在其他地区的合同（当然基于实践中和印度业主的谈判地位比较少见）或者是直接接受业主发过来的合同。有些企业会认为，对方是甲方，我作为乙方，对方的态度是“你不干还有别人抢着干”，所以如果对业主发过来的格式合同提出太多修正意见，可能会导致无法中标。实际上，如果能有充足的证据证明所希望业主进行修改的内容在其他同类项目中也存在，或者业主提供的合同中的某些条款不符合印度市场的实践，还是可以要求对方进行修正的。当然这个工作要基于对印度法律和市场实践的充分了解，因此一般只能委托外部的律师事务所和专门顾问来进行。

如何进行合同管理？按照逻辑顺序可以分为以下几个阶段：

1. 第一阶段

· 律所或者外部顾问协助审阅招投标文件，如建议邀请书（RFP）、报价邀请书（RFQ）等文件。

· 协助审阅与印度业主之间的工程总包（EPC）合同。

· 进行针对工程总包（EPC）合同的风险分析以及对合同条款和风险分担上的建议，如赔偿条款、争端解决、责任限度等。

· 针对风险管理策略进行解释，包括需要与业主之间进行协商和修改的重要条款等。

· 在中国企业与印度企业进行合作投标如组成联合体、合资公司的情况下，需要审核联合体协议或者合资协议中的风险点和问题。

2. 第二阶段

· 中国企业需要在印度设立项目办公室或者其他实体来推进项目，则律师团队会帮助中国企业完成以上目标。有些情况下，商业律师团队还会结合企业的商业目的对实体的架构进行相应的规划和建议。

· 律师团队随后会对中国企业与其选定的分包商之间的协议条款撰写及权利义务分担等进行安排。

· 在此阶段需要准备重要文件清单（Checklist），除了保存实体版，还要对重要的文件进行电子化保存。

3. 第三阶段

· 律师团队协助客户推进项目合同管理以及与业主之间的沟通。

· 对客户执行合同阶段时产生的各种法律问题进行分析和解决。

· 为了沟通方便以及提供及时的响应，被聘用的律师事务所一般会派驻一位或者多位律师于客户的项目办公室。

因为工程项目包含诸多侧面和变量，所以很多风险是无法预测并且是随着项目的施工和推进才浮现出来的，所以有一支过硬的辅助团队来进行风险控制非常重要，因为此类问题拖延一天，中国企业的盈利可能性就会受到持续地削弱。

第六节　滥用仲裁程序的处理

仲裁程序就其实质而言，是规定如何进行仲裁的程序，是调整仲裁庭、仲裁协议的当事人以及相关人员和机构之间关系应当遵循的程序。该程序始于仲裁申请的提起，以仲裁裁决的作出而告终。①

滥用程序权利（the Abuse of Procedural Right）是指仲裁程序的参与人，为了实现自己的目的，超越合理范围行使法律、当事人协议或《仲裁规则》

① 赵秀文：《国际商事仲裁法》（第三版），中国人民大学出版社2012年版，第127页。

所赋予的程序权利，阻碍仲裁案件审理的顺利推进，使仲裁程序过度拖延，引起仲裁费用的额外增加，导致仲裁程序其他参与人权利受到损害的行为。

实务中仲裁程序拖延和破坏是恶意利用仲裁程序的表现之一，其经常也被冠以“拖延战术（Dilatory Tactic）”的名称，具体指的是仲裁的当事人利用仲裁程序的缺陷，故意拖延或破坏仲裁程序，损害相对方或者案外人的合法权益，从而使己方获得利益或者阻碍对方获得利益的行为。对于大量企业而言，现金流和资金成本的压力都非常大，参与仲裁程序更是劳心费神。这就使得那些财力雄厚的当事人更加有恃无恐，其完全可以采取拖延战术逼迫另外一方同意较低的和解金额，从而在实质上形成了不正义（Injustice）。

也就是说，仲裁一方当事人恶意拖延和破坏仲裁程序的目的一般是拖延时间以致使对方承受不起久拖不裁的仲裁而和解，或者拖延时间以转移财产、逃避债务或是在将来的执行程序中制造法院撤销或不予承认及执行仲裁裁决的条件。①

在实务当中容易被一方以拖延为目的而进行滥用的主要策略包括：（1）提出仲裁管辖权抗辩；（2）提出仲裁员回避请求；（3）拒绝或拖延指定仲裁员；（4）申请延期举证等。之前，在印度的仲裁实践中，因为没有强行法的规定要求仲裁程序必须要在多长时间之内完成，因此导致仲裁的程序滥用问题十分突出。比如，能一次开完的会，仲裁员会放到好几天进行，因为实践中有些仲裁员收费是基于所谓的“Sitting Fee”，也就是开一次庭仲裁员要收多少钱。更荒唐的是当事双方的律师也乐于见到仲裁员作出这样的决定，因为很多律师在和客户的聘用合同中规定的是聆讯按次收费（Per Hearing）而不是按照总的时间。另外，对于一方当事人要求延期的申请，仲裁员也倾向于同意。

为此，2015 年的印度法律委员会在对 1996 年《仲裁与调解法》进行修正时特意引入了多项规制措施，除了对审理时效的强制要求，还在第 24 条仲裁审理程序中引入了第三分条（sub-section 3）：仲裁庭对于口头聆讯要尽

① 马金叶：《恶意利用仲裁程序及其规制》，西南政法大学 2010 年硕士学位论文。

可能地连续进行，除非有充分的事由，不得中途延期，对于没有正当理由要求延期的申请人可以作出惩罚性赔偿的决定（Provided further that the arbitral tribunal shall, as far as possible, hold oral hearings for the presentation of evidence or for oral argument on day－to－day basis, and not grant any adjournments unless sufficient cause is made out, and may impose costs including exemplary costs on the party seeking adjournment without any sufficient cause.）。

以上也在 2015 年《仲裁法》修正案新引入的第 31A 条中得到了体现，在这条中，将"败诉方付款"用于仲裁费用的负担。新增的第 31A 条规定，在印度为仲裁地的仲裁中，仲裁庭可以裁决由败诉方承担仲裁费用。仲裁庭在作出该项裁定时，可以考虑当事人在仲裁程序中的行为、对胜诉方仲裁请求的支持程度、当事人是否存在滥诉行为以及当事人在作出费用承担分配决定时是否基于善意等若干因素。

第七节　印度仲裁法上的送达

仲裁中的送达（Service），是指在仲裁过程中，仲裁庭或者仲裁委员会依照法定或者当事人约定的方式，将仲裁文书、通知和其他材料交付当事人和其他仲裁参与人的行为。

仲裁送达贯穿于仲裁案件的立案、庭审、裁决的始终，是连接仲裁程序各个阶段的纽带和桥梁。在商事仲裁中，送达是一项不可或缺的行为，如一根链条一样把商事仲裁的各个环节连接起来并使之成为一个连贯和谐的整体，缺少了它，整个商事仲裁程序就变得支离破碎，无法有效运作和进行。

合法有效的送达既是仲裁程序顺利推进的前提，也是仲裁裁决获得合法性的必要条件。送达能否顺利进行，直接关系到当事人的知情权和程序参与权能否真正得到实现。但在仲裁实践过程中，一些案件因仲裁送达不能而影响仲裁程序的顺利推进，更有甚者，一些案件仲裁裁决的合法性因送达行为瑕疵而受到了挑战。

《纽约公约》第5条第1款第（b）项[①]规定，“作为裁决执行对象的当事人，没有被给予指定仲裁员或者进行仲裁程序的适当通知，或者由于其他情况而不能对案件提出意见”，可以作为拒绝承认与执行外国仲裁裁决的理由。

因此，仲裁文书、通知和其他材料需要全面及时地送达给双方当事人，给予双方当事人合理适当的阐述意见的机会，除了是基于程序正义的要求，同时仲裁送达决定了当事人参与仲裁程序的时间，关系到当事人能否及时、充分地参加仲裁程序，直接影响到当事人及其他仲裁参与人仲裁权利的行使和保障。

与英国仲裁法以明确的法条[②]对仲裁文书的送达（Service of Notice）作出直接规定不同，印度1996年《仲裁与调解法》并没有对文书送达这一问题进行专门规定。

那就仲裁的送达这一问题而言，印度法上有何特殊规定？我们可以将仲裁送达分成仲裁作出裁决前的送达和作出裁决之后的送达进行讨论。仲裁裁决作出前的送达，主要是对开始仲裁程序和仲裁程序进行中所涉及的文书、资料的送达。

按照印度1996年《仲裁与调解法》第21条[③]之规定，“除非当事人另

① （b）The party against whom the award is invoked was not given proper notice of the appointment of the arbitrator or of the arbitration proceedings or was otherwise unable to present his case.

② 76（通知之送达及其他）（1）当事人可自由约定通知或其他文件送达的方式。此类通知或文件是依据仲裁协议或为仲裁程序之目的，要求或授权进行递交或送达的。（2）如无此约定，应适用以下规定。（3）通知或其他文件可以任何有效方式送达个人。（4）如果通知或其他文件写明地址并预付邮费，以邮递方式寄送至下列地址，应视为有效送达：a）收信人最后为人所知的主要居住地，或如其正在或已在从事贸易、职业或商业活动，则为其最后一个为人所知的主要营业地，或b）如收信人是法人组织，则为其登记注册地或主要办公地。（5）本条不适用于为诉讼目的之文件送达，此类送达由法院规则规定。（6）本编所指通知或其他文件包括任何形式的书面通信，所指递交或送达通知或其他文件也应作相应解释。77（法院有关送达文件的权力）（1）本条适用于以当事人约定的方式或无约定时根据第76条规定向某人送达文件不具合理可操作性时的情况。（2）除非当事人另有约定，法院可以其认为合适的方式作出命令：a）以法院指令的方式送达，或b）免除文件送达。（3）仲裁协议任一方当事人仅可在用尽解决此事项可资利用的仲裁程序后方可向法院申请作出命令。（4）针对本条项下法院决定的上诉应取得法院的准许。

③ Commencement of arbitral proceedings. —Unless otherwise agreed by the parties, the arbitral proceedings in respect of a particular dispute commence on the date on which a request for that dispute to be referred to arbitration is received by the respondent.

有约定，解决特定争议的仲裁程序，于被申请人收到将该争议提交仲裁的请求之日开始。”也就是说，从该法条的字面意思上讲，如双方没有特殊约定，按照1996年《仲裁与调解法》从事，则仲裁程序从要求仲裁的通知送达给被申请人时开始。

但实践中，如果双方约定了特殊的开始仲裁的程序，比如说不用给对方送达便径直开始仲裁程序，是否可以？

德里高等法院在“Alupro Buildings Systems Pvt Ltd Vs. Ozone Overseas Pvt Ltd”一案中认定，1996年《仲裁与调解法》第21条是法律对于仲裁程序的强制性（Mandatory）规定，后续也关乎时效和司法救济等重要问题，因此双方不能通过约定来排除送达的强制性规定，并且法院给出了五点理由：

1. 被申请人应当知道仲裁请求的是什么，并且可以作出有针对性的回应，且很多情况下被申请人可能全部或者部分接受申请人的请求，从而缩小双方的争议范围。

2. 仲裁通知为被申请人提供了一个机会，以确定该申请是否有时间限制、是否受到禁反言的限制，或是否根据当事方之间争端的事实是站不住脚的。

3. 仲裁通知确定了进行仲裁程序和指定仲裁员的程序。当事双方必须达成共识。根据第21条发出的通知有助于就仲裁员的委任达成共识。

4. 在允许一方当事人选择仲裁员的情况下，即使如此，作出这种任命的一方当事人也必须事先通知另一方当事人拟任命的人的姓名，因为其选定的仲裁员人选很可能因各种原因被“取消”担任仲裁员的资格。在收到此类通知后，通知的接收者可以指出这一缺陷，并且可以说服申请人指定一名合格人员。

5. 因为1996年《仲裁与调解法》第11条规定了法院介入协助选任仲裁员，而法院介入的触发是需要一个初始时间点，而这个时点与仲裁通知的送达密切相关。

而就仲裁裁决的送达而言，按照印度法院在“Benarsi Krishna v Karmayogi Shelters”这一判例中对1996年《仲裁与调解法》第34条第2款第3项[①]

① …（iii）the party making the application was not given proper notice of the appointment of an arbitrator or of the arbitral proceedings or was otherwise unable to present his case.

中的认定，仲裁的当事人（Party to Arbitration）不包含当事人的代理人（Agent），仅限于仲裁协议的“签署方”。因此，如果仲裁相关的文书送达至当事人的“代理人”并不能完成送达。

在“Benarsi Krishna v Karmayogi Shelters”一案中，独任仲裁员作出了支持申请人（Claimant）的仲裁裁决，2004年5月13日申请人将该裁决送达至被申请人的代理律师（Counsel）处，随后被申请人（Respondent）隔了近10个月，于2005年2月3日向法院申请撤销仲裁裁决，明显超出了申请撤销仲裁裁决的时效（对于撤销仲裁裁决时效要求，请见本书第八章相关内容）。

不过，法院在审理本案过程中认为，仲裁裁决没有有效送达（Service of the award had not been properly effected.），并且援引了印度最高法院在“Union of India v Tecco Trichy Engineers”一案中的判决。

但印度学界和实务界对此判决颇有微词，一个主流的观点是，当事人的律师显然不是仲裁协议的一方，因此也不是“当事人”，这个本来就没有异议，所以法院对于当事人仅限于仲裁协议签字方的认定是多余的，核心的问题是律师是否可以代表当事人接收仲裁文书的送达。因为在印度的司法实务中，拥有授权的代理律师都可以代表当事人对争议进行和解，相当于对权利进行直接处分，为何不能代表当事人接收仲裁文书？

当然，此问题还有待于印度法院释法或者在未来对1996年《仲裁与调解法》进行修正的时候进行考虑。但实务中的另外一个常见的问题是，在何种情况下，才算圆满地完成了仲裁送达？尤其是在当事人“狡兔三窟”而找不到其人或者躲避送达、拒绝签收的情况下，为了避免程序上的拖延，如何实现仲裁送达？

以中国的法律实践为例，大致有两种安排。比如武汉国际仲裁中心，其在仲裁规则中规定了公告送达（不适用于国际仲裁）。自2018年12月1日起施行的《武汉仲裁委员会仲裁送达的若干规定》第7条规定①：（1）受送达人下落不明或者用其他送达方式无法送达的，可以适用公告送达。（2）公

① 武汉仲裁委员会：《武汉仲裁》，法律出版社2018年版，第141页。

告送达应当由当事人向本会提出书面申请，并预缴公告费用。(3) 公告送达可以在受送达人住所地张贴公告，也可以在报纸、信息网络等媒体上刊登公告。自本会发出公告之日起，经过60日，视为送达。本会在受送达人住所地张贴公告的，应当采取拍照、录像等方式记录张贴过程。(4) 公告送达，应当在案卷中记明原因和经过。(5) 国际商事仲裁案件不适用公告送达。但公告送达明显有侵犯仲裁保密性的危险，并且显然公告送达是民事诉讼法上的一个操作，与仲裁的精神相悖，因此国际上的主流仲裁机构如新加坡国际仲裁中心、国际商会仲裁院等仲裁机构的规则中都没有规定公告送达，因此，有学者指出“有公告送达规定的仲裁机构再也不会是他们的选择”①。

而另外一种处理则以北京仲裁委员会/北京国际仲裁中心为代表，《北京仲裁委员会/北京国际仲裁中心仲裁规则》(2019年版) 第71条②规定：

(1) 有关仲裁的文书、通知、材料等可以当面送达或者以邮寄、专递、传真、电子邮件的方式或者本会或仲裁庭认为适当的其他方式送达当事人或者其代理人。

(2) 向当事人或者其代理人发送的仲裁文书、通知、材料等，如经当面送交受送达人或者邮寄至受送达人或者对方当事人提供的受送达人的营业地点、注册地、居住地、身份证载明地址、户籍地址、当事人约定的送达地址或者其他通讯地址，即视为已经送达。

(3) 经合理查询不能找到受送达人的营业地点、注册地、居住地、身份证载明地址、户籍地址、当事人约定的送达地址或者其他通讯地址而以邮寄、专递的方式或者能提供投递记录的其他任何方式投递给受送达人最后一个为人所知的营业地点、注册地、居住地、身份证载明地址、户籍地址、当事人约定的送达地址或者其他通讯地址，即视为已经送达。

因为印度1996年《仲裁与调解法》没有像英国《仲裁法》那样规定具体的送达制度，因此，实践中送达问题的处理上主要取决于当事人双方约定

---

① 杨玲：《仲裁法专题研究》，上海三联书店2013年版，第63页。

② 参见北京仲裁委员会/北京国际仲裁中心网站，http://www.bjac.org.cn/page/zc/guize_cn2019.html。

的仲裁规则。但印度的一大问题是，印度的仲裁历史可以追溯到英属印度时期的立法，但直到 1996 年颁布《仲裁与调解法》才开始从法律上承认机构仲裁，甚至现在临时仲裁仍是印度的主流。

以印度本土的一些仲裁机构的仲裁规则为例，比如历史较为悠久，成立于 20 世纪 60 年代的印度仲裁理事会（Indian Council of Arbitration），在其《国内商事仲裁与调解规则》（*Rules of domestic commercial arbitration and conciliation*）中，对于送达制度也是语焉不详，仅仅是说仲裁文书需要充分送达（Duly Served），但何为“充分”，如何保障“充分送达”，在其现行的仲裁规则中都没有明确规定。当然这也是因为境外的不少仲裁机构并不承担送达的责任，而是由当事方自行送达之后告知仲裁机构。

因此，在印度仲裁的实务处理上，除了注意上述判例中送达给代理人不算送达以及不能以双方约定的形式排除仲裁送达之外，最好在双方的协议中以明确条款的方式对送达进行规定，确定双方用于接收法律文件的地址，并且约定出现变化的，需要提前向对方告知，否则不利后果将由该违约方承担，从而避免因送达问题而产生后续的麻烦。

第七章

仲　裁　员

第一节　印度仲裁之仲裁员的选择

仲裁界有一句名言，叫作“Arbitration is only as good as its arbitrators”，即仲裁的好坏取决于仲裁员。如丹宁勋爵（Lord Denning）所说“正义不仅要实现，还要以看得见的方式实现（Justice must not only be done，but must be seen to be done）”，因此，不仅要实现裁决结果的公正，而且也要让仲裁过程看上去是公正的。结果是否公平公正，不同的人有不同答案，有时很难评判。然而，仲裁员是否独立，是否存在利益冲突，却是看得见，感受得到，能够合理判定的。

印度 1996 年《仲裁与调解法》授予了仲裁员对于仲裁程序的广泛权利，因此，在选择仲裁员时需要格外谨慎，仲裁员在法律项下的权能包括：

1. 关于仲裁协议的存在（Existence）和有效性（Validity）或对仲裁事项是否有管辖权进行裁量；

2. 下令采取临时措施（Interim Measures）；

3. 确定所提出证据的可采性（Admissibility）和证明效力（Weight of the evidence）；

4. 根据适用法律和合同条款就争议作出决断；

5. 任命专家；

6. 鼓励通过包括调解在内的其他机制解决问题；

7. 确定仲裁费用及其在当事双方之间的分配；

而回到仲裁员的选任标准（Criteria for arbitrators）上，我国《仲裁法》第13条规定，仲裁委员会应当从公道正派的人员中聘任仲裁员。仲裁员应当符合下列条件之一：（1）通过国家统一法律职业资格考试取得法律职业资格，从事仲裁工作满8年的；（2）从事律师工作满8年的；（3）曾任法官满8年的；（4）从事法律研究、教学工作并具有高级职称的；（5）具有法律知识、从事经济贸易等专业工作并具有高级职称或者具有同等专业水平的。

同时，我国《仲裁法》第67条规定，涉外仲裁委员会可以从具有法律、经济贸易、科学技术等专门知识的外籍人士中聘任仲裁员。也就是说，中国法项下，由法律规定了仲裁员的选聘品德条件、专业条件以及国籍条件，但这些条件对于各仲裁机构来说只是入门级条件。在仲裁员选聘的实际工作中，筛选的标准往往远高于此，为保证仲裁案件的质量，同时为了推广仲裁制度，中国的各个仲裁机构对于仲裁员的选任要求除了法律明确规定的标准之外，一般都会采取“优中选优，强中选强”的方式，对申请人的社会地位、影响力、专业背景、道德背景、法律功底和庭审驾驭能力等进行更加严格的筛选。

但就印度而言，其立法在确定仲裁员资格时的出发点与中国大不相同，没有像中国一样在法律中给出明确的年限、职称等要求。印度1996年《仲裁与调解法》没有要求仲裁员需要具有特殊的行业背景或者资质（Qualifications），此外，印度法项下对于仲裁员的国籍①也没有任何限制，除非当事方在合同中对于仲裁员的资格自行进行了积极的或者消极的限定，则法律的基本要求仅仅是仲裁员操守（Ethics）方面的，比如仲裁员必须恪守独立（Independent），必须公正（Impartial）对待当事双方。

如果当事人对仲裁员的独立性或公正性提出了合理的怀疑，或者如果当事人不具备当事人之间约定的资格，则可以对仲裁员的任命提出质疑。

此外，仲裁员必须声明他们在接受任命时是独立和公正的。2015年印度

① 需要注意的是，按照目前印度的法律，外国律师和律师事务所不得在印度执业，但是可以参与在印度举行的仲裁案件的庭审。另外，来印度的签证最好申请商务签证。实践中曾经出现过有专业人士到印度来参与仲裁案件，但持有的签证是旅游签证而引起不必要的麻烦的情形。

《仲裁与调解法修正案》中还专门列举了仲裁员不适格（Ineligible）的情形。实践中经常出现的一个情形是，在约定仲裁条款时，争议尚未发生，双方可能规定了仲裁员必须要具备某些积极条件，比如要求仲裁员必须满足懂印度法律、会说印地语、在印度生活工作3年以上且为中国人这些条件。但发生争议后，当事双方发现不存在这样的人或者找到这样的人的代价过高。则法律允许双方以豁免（Waiver）的方式放宽之前约定的条件，但是双方不得通过合同的方式排除（Contract Out）仲裁员独立、公正、平等对待各方的强行性法律要求。

另外，当事双方可以自由决定仲裁员的人数，但印度法律禁止组成仲裁庭的仲裁员人数是偶数（Even Number）。[①] 如果双方未能具体说明仲裁员人数，仲裁庭将由一名仲裁员组成。当双方未能就指定三人仲裁庭的程序达成一致时，各方将指定一名仲裁员，然后由双方指定的仲裁员指定首席仲裁员（Presiding Arbitrator）。当事人在规定期限内未指定仲裁员的，另一方可以向最高法院或者高等法院申请仲裁员的聘任。

当事人遇到仲裁案件，选择合适的仲裁员就是选择一个在仲裁庭替自己说话的代表（Representation）。当然，仲裁员并不是一个传声筒，也不会毫无底线地替这个当事人在仲裁庭上说话。以三个仲裁员组成的仲裁庭并且每方当事人各自选择一个仲裁员、这两位仲裁员再行推选一个首席仲裁员的情形为例，一方选任的仲裁员的作用是，对于当事人在实体和程序上有利之处进行着重强调，尤其是其他两个仲裁员没有注意到或者说未充分注意时。也就是说，在三个人组成的仲裁庭里，一方选择仲裁员就是选对另外两个仲裁员有影响力的人。因为在这种情况下，该仲裁员所陈述的意见其他两个仲裁员会尊重并认真考虑，当事人从而通过该仲裁员来说服（Convince）仲裁庭。当然这里并不要求一方当事人选定的仲裁员去歪曲事实并对仲裁庭施加不利影响。

实务中，中国企业和印度企业约定以仲裁来解决双方争议时，在仲裁员

---

① 但如果真的约定了偶数的仲裁员，并不会当然导致仲裁协议的无效。不过，为了避免不必要的麻烦，笔者还是建议当事方不要“标新立异”。

选任上经常会有一些纠结。首先，如果选择中国人，虽然与该中国人沟通起来比较方便，但案件如果是涉及印度实体或者程序法，则中国仲裁员往往会不知所措。其次，如果选择印度人，则会担心该印度仲裁员偏向印度方。印度的实际情况是，大量的仲裁员都是原先高等法院乃至最高法院的法官退休之后“发挥余热”，被聘为仲裁员参与到案件的审理中来。印度仲裁界也是一个非常小的圈子，经常被聘为仲裁员的人都是资深人士，他们绝大部分都像“鸟儿爱惜羽毛”一样爱惜自己在业内的声誉。

因此，中国企业在印度相关的仲裁案件中选择仲裁员时，不一定要选中国籍的仲裁员。第一，有印度经验的中国法律人士或者其他专业人士非常少。第二，相比仲裁员的国籍，需要选的仲裁员是在案件中能够替己方说话，并且最重要的是他说的话能够被仲裁庭的另外两个仲裁员所尊重、所接受。因此我们并不认为中国企业在印度参与仲裁时选择印度籍的仲裁员是一个突破底线的问题。

还有更重要的一个原因是，因为印度一直以来都是以临时仲裁为主，这就要求仲裁员一定要具有自主管理案件的经验和能力，即“控场能力”非常重要。而中国很多仲裁员虽然经验丰富，但参与的案件都是由仲裁机构管理，其不用操心事无巨细的行政工作，这些事项都由办案秘书进行，导致很多中国仲裁员没有自主管理案件的经验和能力。与机构仲裁不同，在临时仲裁中往往只有当事人和仲裁员，习惯于机构仲裁的中国仲裁员们能否胜任案件管理的工作是一个不难预见的重大考验。

此外，实务中中国企业经常犯的错误还包括，对于谁来当仲裁员都无所谓，尤其是在机构仲裁的情况下，往往就是在仲裁机构的仲裁员名单中随便选择一个仲裁员。还有就是非常片面地考虑问题，比如仅仅考虑此仲裁员是否是业界权威、是否和自己熟悉，但从来不考虑该仲裁员是否有时间、是否是争议所在领域的专家等。需要注意的是，对于争议解决，只看名气大是不行的，还得看是否熟悉此类争议以及是否有时间、精力跟得上的专业人士。以上这些问题，值得中国企业在进行仲裁时好好考虑。

第二节 委任仲裁员的方式

实践中仲裁庭的组成一般的方式是由当事人选择仲裁员，这是出于对当事方意思自治的尊重。比如在三个仲裁员的情况下，一般由一方选择一个仲裁员，再由这两个由当事方选择的仲裁员推举第三个仲裁员作为首席仲裁员（Presiding Arbitrator）。但考虑到实践中有些当事人没有按照约定及时选择仲裁员，尤其是在争议发生后有一方当事人完全不出庭或者完全不配合，意在使得仲裁程序无法开始或者无法进行下去，因此大多数的国家都在法律中规定如果一方当事人未进行委任，则另一方当事人可以申请法院进行委任。比如英国1996年《仲裁法》就规定，如委任协议未进行，则在当事人未另有规定的情况下，仲裁协议的任一方当事人（经通知另一方当事人后）申请法院对仲裁员的委任问题作出决定。

印度1996年《仲裁与调解法》中对于仲裁员的委任规定了以下三种方式：

第一，与上述的英国法类似，首先尊重双方当事人的意思自治，双方可以首先约定如何选择仲裁员。在未能达成一致或者说一方以拖延等方式导致仲裁庭无法组成的情况下，法院可以介入进行委任仲裁员。

第二，印度法上也支持双方选定第三方机构作为“委任机构（Appointing Authority）”来选择仲裁员，一般这类第三方机构大多数为仲裁机构，因为其拥有比较多的仲裁员储备资源，而且这类机构一般也独立于争议双方，比较容易取得当事方的信任。虽然机构仲裁在印度并不十分流行，但在仲裁机构的帮助下，其主要有三个方面的工作，一是提供仲裁员名册，由当事人选择仲裁庭的组成方式和选定仲裁员；二是指定仲裁员；三是决定仲裁员的回避。

第三，出现导致无法委任仲裁员的情况时由法院介入委任仲裁员。印度1996年《仲裁与调解法》第11条规定，对于仲裁地在印度的仲裁案件中仲裁员的选任，首先依照协议约定的方式对仲裁员进行选任。若无法按照约定选出（如在独任仲裁员的情况下双方无法就该独任仲裁员的人选达成一致的；或者在三人组成仲裁庭的模式下，如无双方约定，则印度仲裁法默认的模式是一方推举一个仲裁员，由该两名仲裁员决定第三位仲裁员，如果该两名仲裁员无法在30天之内推举出第三位仲裁员的，或者在有上述仲裁机构作为委任机构，但委任机构未能履行委任职责的），则需要找高等法院或者最高法院协助，就仲裁员的委任事项作出决定。而何时需要向高等法院、何时需要向最高法院寻求指定，可以参考下图。

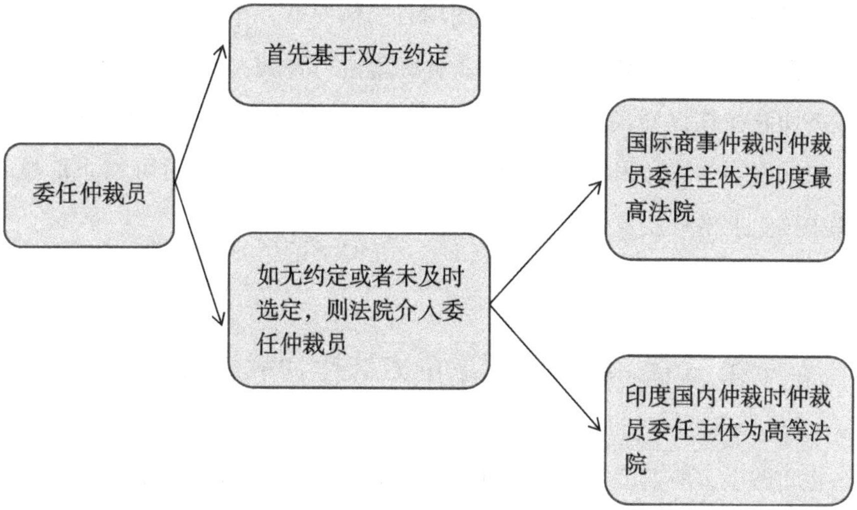

印度的委任仲裁员简图

第11条还要求法院可以视情况将委任的权力交由其指定的机构进行，如果是法院进行仲裁员指定的，法院不能审查争议事项的实体内容，只需要审查是否存在有效的仲裁条款或者仲裁协议。而法院的委任命令是终局的，即使当事人不满意法院选择的仲裁员，也不得对该委任命令进行上诉。当然，法院在指定仲裁员时必须考虑当事方事先对仲裁员资格作出的规定（若有），也要考虑仲裁员是否有利益冲突以及其胜任性等。

法院对于指定仲裁员这一事项必须要在60天之内作出决定，这一条也以明文的形式体现在第11条第13款中。

此外，实践中经常出现的问题是，如果当事人由于自身的原因未能在法定的时间内行使选定仲裁员的权利，是否可以延长该期限或者在后期以未享有该项权利为由提出撤销或不予执行申请?

根据印度法上的判例和原则，当事方由于自身的原因没有在法定的时间内选定仲裁员构成弃权（Waiver of Rights），其无法在后续的程序中主张此权利没有行使而要求提出后续的异议（Challenge）。需要中国读者注意的是，“法律不保护在自己权利上睡大觉的人”，虽然这句法谚大家都清楚，但在实践中很多情况下当事人却不能很好地践行，尤其是很多中国企业在参加或者承接印度国有企业、政府、大型集团项目的情况下，作为谈判中较为弱势的一方，其一般只能接受选择印度作为仲裁地进行仲裁，但中国的商务团队或者业务团队往往仅对商业条款比如交货日期、技术指标、收款方式比较关注，对印度实体法和程序法可能了解不多，这就导致在后续可能非常被动，需要中国企业格外注意。

第三节　印度法项下单方选择仲裁员的效力

在实践中，所谓的“单方选择条款（Unilateral Option Clause）”，即由合同的某一方当事人有权选定争议事项的仲裁员这类约定在印度很常见。尤其是印度国有企业作为发包方或者业主的工程类合同中经常见到此类条款。

印度的国有企业被称为“Public Sector Undertaking”，缩写为“PSU”。与中国将国有企业分为“中央管理企业”即一把手由中央组织部、国务院国资委或其他部委任命的央企以及由地方党委、国资委任命的地方国企相类似，印度存在两种层级的国有企业，一种是直属于联邦政府（Union Government of India）、由印度重工业和国有企业部（Ministry of Heavy Industries and Public Enterprises）负责的央企（Central Public Sector Enterprises，CPSEs），另一种是隶属于地方邦（State Government of India）的地方国企（State Level Public Enterprises，SLPEs）[1]。印度目前大约有 300 个中央级的国有企业

① 李钦、马碧玉:《印度公司法精要》，法律出版社 2019 年版，第 268 页。

（Central Public Sector Undertaking），航空、钢铁、电力、市政运输等是印度国企扎堆的“重灾区”，而此类领域的争议解决方式一般都是约定仲裁，这也导致了“单方选择条款”会经常见之于印度国企作为发包方或者业主时候的合同。而大多数情况下，这类条款都规定一方有权制定独任仲裁员（Sole Arbitrator）。

当然，有的企业在制定此类条款时的初衷是善意的，认为这样可以减少时间的延误，避免双方就仲裁员人选问题上花费太多时间。但确实也存在有些企业利用自己的优势地位（比如所谓的“甲方”），通过此类仅仅给予单方选择仲裁员权力的条款来获取一定的优势，而且笔者相信后者其实是更多数的情况。

目前国际上对于此类条款的效力，存在支持和否定两种主要观点和实践。在某些法域，此类条款经常被法院认定为违反道德、公平等原因而得不到支持，比如法国最高上诉法院（Cour de cassation）就曾认定此类条款违反法国法因而无效，但英国法上却认为有效。

印度 1996 年《仲裁与调解法》中并没有规定单纯由一方来选择仲裁员是否可行。但《仲裁与调解法》第 11 条第 2 款规定了双方当事人可以自由约定委任仲裁员的程序。实践中，印度法院对于这一问题的取向较为模糊，历史实践中大量的企业尤其是印度的国有企业都会在争议解决条款中放入授予其自己拥有单方委任仲裁员权力的条款，并且认为这是基于双方的自由意志，当然可以对这一问题进行事先约定。

最初有多个法院案例可以表明在印度法项下的法律实践中，当事双方可以在合同中约定仅有一方行使委任仲裁员的权利，但前提是该仲裁员需要满足担任仲裁员的积极条件，不包含消极情形，即不存在 1996 年《仲裁与调解法》第 12 条第 5 款中规定的具有利益冲突或者特殊关系的情形。

由于立法上的变化，主要是因为 2015 年印度对 1996 年《仲裁与调解法》进行修正后，引入了附件五和附件七（the Fifth and Seventh Schedule），对仲裁员利益冲突的情形进行了界定，而董事、高管、经理等担任仲裁员明显是具有利益冲突的情形。孟买高等法院认为：“如果仲裁庭本身的组成是有合理怀疑的话，则你不可能获得一个公正且没有合理怀疑的仲裁结果（you cannot have an impartial arbitration free from all justifiable doubt if the manner in which the arbitral tribunal is constituted itself is beset by justifiable doubt）。”

之后多个仲裁争议案件因此类单边委任条款上诉至印度最高法院，法院在诸多判决中也表现出了对单边委任仲裁员条款的不支持态度，值得引起读者的注意。为了避免后续的争议，最好在事先就这一问题作出妥善安排。

此外，2017 年印度最高法院在“TRFLtd. v. Energo Engineering Projects Ltd.”一案中，法院认定一方董事直接担任仲裁员，存在显著的利益冲突，因而被法院认为无效。在后续 2019 年“Perkins Eastman Architects DPC and Another v. HSCC（INDIA）LTD”一案中，争议解决条款规定一方的董事不仅被确定为仲裁员，还被赋予了如果其不适格，则其可以委任其他人作为仲裁员的单边权利。对于这一安排，最高法院审理后确定的原则是，如果一个人不满足担任仲裁员的条件，则其也无法选任其他人作为仲裁员。

考虑到实践中大量的印度企业，尤其是印度企业作为发包方等具有优势地位的甲方时，其仍然可能会放入单边选择仲裁员的条款，因为这是印度一些国有企业或者行业的惯例，很多企业的内部格式合同更新也没有非常及时且迅速，如果中国企业作为乙方签订包含具有上述单边选择仲裁员的仲裁条款，则最好明确分析下利弊。假设中国企业输了，虽然可以以该不平等的条款作为理由申请法院救济，但问题是，这一程序可能会牵扯额外的诉讼，时间上和精力上会造成较大的拖延，最好的办法还是结合印度最新立法和最新的法院审判实践来合理对风险作出预判。

第四节　仲裁员行为准则

一个合格的仲裁员应当具备两方面的条件，硬件是其必须要具有相关领域的专业知识，并且这种知识能够运用到实践中用以解决特定争议；软件则是其拥有良好的品行与道德操守。二者相比后者实际上更为关键，因为其将直接决定或制约仲裁员的发挥。

但实践中，道德操守问题经常以“道德风险”的形式体现出来，简言之，道德风险并不等同于道德败坏。作为一个经济学概念，其指的是，当签约一方不完全承担风险后果时所采取的自身效用最大化的自私行为。也就是说，如果没有强大的行为准则约束，即使私德良好的仲裁员在面临诱惑或者一些道德抉择（如某一当事方是其至亲或者好友或者争议涉及本人潜在的财产利益）时也可能作出违反公平的裁决。

为了解决这一问题，各国都在其国内仲裁立法中对仲裁员的选任标准、道德操守要求、利益冲突避免和违法责任进行了不同程度的规定。此外，国际上大量机构也已经制定了相关的仲裁员相关行为准则，比如英国皇家御准仲裁员学会制定的《仲裁员道德行为规范》、美国仲裁协会与美国律师协会制定的《商事争议中仲裁员的行为道德规范》、国际律师协会制定的《国际仲裁员行为准则》，目的都是为仲裁员提供规范指引。

综上，国家立法和各个机构规则对仲裁员行为规范的内容规定因具体情况不同而有所差别，但总体而言要求仲裁员具备以下条件：

1. 公正、独立地进行仲裁程序并公正地作出仲裁裁决。

2. 主动披露及回避义务。

3. 勤勉义务。

4. 与当事人的接触中应当避免不公正或可能造成偏袒印象的情形。

5. 保密义务。

6. 收取合理酬金并向当事人明示费用的依据。

就上述六点而言，印度仲裁实务中问题比较多的是以下几点：

1. 仲裁员的披露和回避义务

披露和回避义务是为了保证仲裁员不会产生利益冲突，从法理上讲“任何人都不应当成为自己案件的法官”。但问题是披露的范围应如何界定？如果要求仲裁员进行披露的范围过宽，不仅增加仲裁员负担，而且在实践中最容易导致的问题是可能使当事人难以找到合适的仲裁人选，因此，披露范围应控制在适当程度。

印度1996年《仲裁与调解法》第12条中给出了质疑仲裁员的理由(Grounds for Challenge),要求仲裁员事先披露与当事方的直接或者间接关系(不论是商业上、专业上还是财务上)等可以导致影响其独立性(Independence)和公正性(Impartiality)的情形,并且该披露义务是持续性的。但问题是该法条中仅仅作出了原则性规定,对于时间限度、披露的广度和深度都没有作出具体规定,实务中大量的是否属于法律所认为的可以影响仲裁员独立性和公正性的情形一旦出现就非常容易导致扯皮(如7年之前仲裁员曾经担任过当事一方关联企业的律师,此种情况是否需要披露),从而影响仲裁程序的顺利进行。

因此,印度在2015年对1996年《仲裁与调解法》进行修正时,加入了附件五(the Fifth Schedule)和附件七(the Seventh Schedule)①,对仲裁员与当事方律师的关系、仲裁员与争议的关系及直接或者间接的利益冲突、之前与当事方是否有过服务、披露追溯年限、仲裁员与另一方仲裁员的关系、其他情形等进行了非常详细的界定。也就是说,印度法上通过引入可以量化的条文作为仲裁法附件,并且赋予该附件与仲裁法具有同等效力的方式,强化了仲裁员披露和利益冲突情形的鉴别,无疑是一大进步。

读者可以参考本书后附的印度1996年《仲裁与调解法》中英文原文中的相关附件,来判断仲裁员的主体适格性、是否有可以导致对其产生合理怀疑的情形以及其是否具有需要披露的情形。

2. 仲裁员的勤勉义务

仲裁当事人如果能够成功地指定合适的仲裁员,将可能提高其在案件中的胜诉率。实践中不仅当事人会抱着此想法,不少律师也持赞同意见,这是因为当事人选定仲裁员之后希望其可以"倾听"其诉求,结合证据和法律作出公正的裁判。

但实务中当事人怨言比较大的一个问题是,当事人对一些仲裁员的不满

① 附件七是对附件五的进一步补充。

多因其未能付出相应的时间和精力、未能勤勉尽责及时结案所引起。仲裁员应本着诚信行事，在不能确信自己有相应时间、精力、能力的前提下，不接受选定或指定，且一旦接受选定或指定，就应付出相应时间、精力，尽职尽责、毫不迟延地审结案件。实践中有不少仲裁员身兼数职，无法做到保质保量地完成作为仲裁员的义务，对此不少仲裁机构的仲裁规则中都有相关的规定，对于仲裁员怠于履行职权的，比如北京仲裁委员会/北京国际仲裁中心《仲裁员守则》第10条规定“仲裁员应认真勤勉地履行自己的全部职责，在规定的期限内尽可能迅速审结案件”，第13条规定“仲裁员违反本守则，本会将根据情节不予续聘直至解聘”。北京仲裁委员会/北京国际仲裁中心《仲裁员办案规范》中也有非常详细的规定：“仲裁员在接受选定或指定时，应保证有足够时间按照《北京仲裁委员会关于提高仲裁效率的若干规定》的要求参加开庭、评议、调查、制作裁决等审理工作；仲裁员不能确定是否有相应时间办理案件的，应及时向仲裁委员会说明，由仲裁委员会决定是否通知当事人重新选定仲裁员或由仲裁委员会主任重新指定仲裁员。仲裁员在组庭后连续20天不能参加案件审理的，或者在审理期限内连续60天不能参加案件审理的，应当按照《北京仲裁委员会关于提高仲裁效率的若干规定》的要求及时告知本会，视情况决定是否接受选定或指定，或者退出案件的审理。”

就印度本土的实践而言，因临时仲裁是其主流，机构仲裁长期缺位，并且当事人一般不会在事先就约定仲裁员的相关标准，而交由仲裁员自由裁量，这就相当于让仲裁员自由决定自己披露的范围、标准、时间限度以及自己的勤勉标准等。此外，印度的仲裁出现严重的诉讼化倾向，正是因为很多仲裁员的收费是采取按照每次出席费（Sitting Fee）的方式收费，也就是开一次庭计算一次费用，这就导致能一次开完的会，仲裁员会放到好几天审理，更荒唐的是当事双方的律师也乐于见到仲裁员作出这样的决定，因为很多律师在和客户的聘用合同中规定的是聆讯按次收费（Per Hearing）而不是按照总的时间。另外，对于一方当事人要求延期的申请，仲裁员也倾向于同意。所以，仲裁员“磨洋工”不仅得不到惩罚，还能变相地多收钱。

为此，2015年的印度法律委员会在对1996年《仲裁与调解法》进行修正时特意引入了多项规制措施，除了对审理时效的强制要求外，还增加了第12条第1（b）款，要求仲裁员在接受委任之前就需要披露其是否有在未来的12个月中有影响其投入足够时间（Devote Sufficient Time）和完成整个仲裁程序（Complete the Entire Arbitration）的情形。

此外，还在第24条仲裁审理程序中引入了第三分条（sub-section 3）："仲裁庭对于口头聆讯要尽可能地连续进行，除非有充分的事由，不得中途延期，对于没有正当理由要求延期的申请人可以作出惩罚性赔偿的决定（Provided further that the arbitral tribunal shall, as far as possible, hold oral hearings for the presentation of evidence or for oral argument on day – to – day basis, and not grant any adjournments unless sufficient cause is made out, and may impose costs including exemplary costs on the party seeking adjournment without any sufficient cause.）。"

这一修正受到了用户的广泛好评，因为当事方可以直接引用明确性非常高的成文法对于仲裁员的操守、勤勉义务等进行界定，而量化后的成文法也是对仲裁员的督促，这无疑是一大进步。

第五节　仲裁员的收费

收取合理的仲裁费用是仲裁员的一项权利，但仲裁员应合理考虑案件的全部因素，并向当事人披露并解释费用的根据，这是一项诚信义务。在机构仲裁的情况下，仲裁机构一般都会有着非常明确的指引，比如根据案件标的大小或者根据仲裁员的工作小时等。但如笔者反复提到的，印度长期以来机构仲裁是缺位的，而临时仲裁因为太过"灵活"而导致仲裁员拥有很大权力，尤其是印度的仲裁员很多都是退休法官，在缺乏明确成文指标的情况下，对于仲裁员依据"自由裁量权"和"印度惯例"作出的决定，当事方一般不会太敢于对仲裁员的意见提出异议，这就导致了仲裁员可以就自己收多少钱的问题上自行决断。比如有些仲裁员会收取一笔"取消费"（Cancellation Fee）或“保障费”（Commitment Fee），当事方只有支付了这些费用后该仲裁员才会接受委任，因为其认为这是预订了其未来开庭的时间，万一因当事方的变化导致其该天被空出来而导致的机会成本损失，有些当事方虽然觉得此种费用不太合理，但也无可奈何。

2015 年印度对仲裁法进行修正后，增加了第 31A 条，该条中虽然仍赋予仲裁庭对于“费用”的判断的自由裁量权，且该“费用”包含仲裁员的收费、专家证人等费用，但这次修正还增加了第 11 条第 14 款，引入了“示范仲裁员费用表（Model Fee）”①，该示范收费表完全按照争议标的金额来计算，并且规定如果是独任仲裁员的，可以额外收取 25% 的费用。

争议金额	示范费用
50 万卢比以内	4.5 万卢比
超过 50 万卢但不到 200 万卢比	4.5 万卢比 + 超过 50 万卢比部分的 3.5%
超过 200 万卢比但不到 1000 万卢比	9.75 万卢比 + 超过 200 万卢比部分的 3%
超过 1000 万卢比但不到 1 亿卢比	33.75 万卢比 + 超过 1000 万卢比部分的 1%
超过 1 亿卢比但不到 2 亿卢比	123.75 万卢比 + 超过 1 亿卢比部分的 0.75%
超过 2 亿卢比	198.75 万卢比 + 超过 2 亿部分的 0.5%，但上限为 300 万卢比

需要注意的有两点：第一，该示范仲裁员费用表并非直接适用，在 1996 年《仲裁与调解法》第 11 条第 14 款中规定，高等法院有权依据该示范表制定具体的费用标准，这是因为印度是一个联邦制的国家，各邦经济发展水平不同，因此，实践中有些地方的高等法院，如哈里亚纳邦与旁遮普邦的高等法院②就完全套用了该示范表，而德里高等法院、拉贾斯坦高等法院制定的费率则低于该示范费用表。第二，上述费用是整个“仲裁庭”的费用，而不是单一仲裁员的费用。

另外，该示范表规定的费用标准是“强制性”的还是单纯的“示范

① 该示范表是以“附件四（the Fourth Schedule）”的形式附在法案最后。

② 旁遮普邦（Panjab）和哈里亚纳邦（Haryana）两个邦共用一个高等法院即位于昌迪加尔的高等法院。

性”，因为其名称中给人的印象是不具有约束力的示范性条款。但在“Kumar & Kumar Associates vs The Union of India & Ors.①”这一案例中，巴特那高等法院认为，双方没有对仲裁费用的分担达成一致，则必须要遵守（Abide by）仲裁法中所给出的附件四所载的“示范费用”，即该“示范费用表”具有强制适用的效力。

这一明确性的附件对于仲裁争议的顺利解决无疑具有很大的帮助。因为在印度的实践中，很多仲裁被申请人往往缺席（Default）仲裁的庭审，此时申请人会首先支付所有的费用，最后把这部分费用加到裁决书的总金额中找被申请人去强制执行。在之前没有该示范收费表的情况下，被执行人有时会以仲裁员费用畸高或者申请人同意如此高的仲裁员费用有讨好之嫌等借口来阻挠仲裁裁决的执行，而引入这一明确性的收费尺度，无疑对于增加仲裁裁决执行的确定性是有帮助的。

① Civil Writ Jurisdiction Case No. 2308 of 2014.

第八章

仲裁裁决

第一节　裁决的作出

一、仲裁裁决作出时间

“仲裁诉讼化”之前在印度广受诟病。这里的“诉讼化”不仅仅是因为印度仲裁实践中仲裁员往往由退休法官担任、当事人双方的律师为了证明其收费的合理性（Justification）而穷尽各种“法律技术”从而导致印度的仲裁程序不可避免地像法院诉讼一样令人头大，更是因为这些仲裁的参与人的专业背景、受过的法律训练和积累的经验导致其倾向于采取法院诉讼的模式审理案件，甚至有一些纯粹是因为费用是基于小时费率（Hourly rate）导致双方律师和仲裁员将仲裁程序拉长，从而收取更多费用，当事人要么被蒙在鼓里，要么暗自泣血。因此，在很长的一段时间内，虽然 1996 年《仲裁与调解法》在实践中为定分止争发挥了不少作用，但有些裁决拖了近 30 年才得以作出，使得仲裁作为一种公认的相较于法院程序较为快速的替代性解决机制的优越性只存在于理论上而不存在于印度的法律实践中，实在令人汗颜。

这也导致很长一段时间内世界银行（World Bank）在针对印度这一经济体的营商环境排名中经常将其“合同履行”和“债务催收”以及“争议解决”等指标打分不及格。随着国际产业转移和印度经济的崛起，外商投资者乃至印度本国投资者对于印度争议解决体系的低效之不满声音越来越大。因此，在印度对 1996 年《仲裁与调解法》进行修正的时候，针对这一问题分别在2015年和2019年进行了两次修正。

首先是2015年对于作出仲裁裁决时效性的第一次修正。本次修正为了纠正印度“仲裁诉讼化”这一顽疾，有些“矫枉过正”。为了保证作出仲裁裁决的时效性，在此次修正案中以成文法的形式引入了第29A条，要求仲裁裁决必须在12个月之内作出（从仲裁员接到其任命而组成仲裁庭之日起算），当事人一致同意可以延期6个月，但当事人决定的期限延长只能一次，再行延长只能向法院申请，且需要提交足够充分的理由（Sufficient Cause）。

为了实现这一“一刀切”的保证时效条款，在第29A条中还同时亮出了“胡萝卜”和“大棒”：

1. 如果可以在6个月之内作出仲裁裁决的，则仲裁员可以获得额外的费用（需当事人同意）；

2. 如果没能在12个月之内或者在延期的情况下18个月之内给出裁决，则仲裁员的职权（Mandate）即行终止，除非法院准许再次延期，而如果法院批准了延期，同时也可以替换部分或者全部仲裁员；

3. 如果延期是由于仲裁员的原因造成的，法院可以扣除其部分费用，如果是某一当事方故意拖延的，则法院可以判罚一定的金额。

此次修正的初衷虽然在于克服顽疾，但问题是，不加区分案件的实际情况，尤其是没有区分印度国内仲裁和国际仲裁的情形，强制要求必须要12个月之内完成，虽然这一期限可以延期一次（基于当事方同意），并且还可以再请求法院延期，但这不可避免地扩大了司法介入的理由，从而在一定程度上引发了争议。因此，2019年的《仲裁与调解法》修正案中进行了第二次修正。

2019年对作出仲裁裁决时效性的修正，吸取了2015年修正案“一刀切”的方式来强调裁决作出时效在实务中所带来的不良影响。首先，以成文法的形式确定了12个月之内必须作出仲裁裁决的要求并不适用于“国际仲裁”；其次，将12个月的计算时点从之前的“从组成仲裁庭之日起12个月”变成了从“完成答辩（Completion of pleadings）”之日起12个月，且对于“答辩期”也给出了限定，必须要在6个月之内完成。

对于国际仲裁案件，2019 年修正案仅仅是建议性地要求仲裁庭也按照 12 个月的期限来加速审理（Provided that the award in the matter of international commercial arbitration may be made as expeditiously as possible and endeavor may be made to dispose of the matter within a period of twelve months from the date of completion of pleadings），力图弱化“一刀切”地追求案件审结效率而忽略了大量的国际仲裁案件案情都比较复杂，并且程序和实体问题都较多的实际情况。

此外，对于 2015 年修正案中针对仲裁员的“大棒”即未能在规定时间内给出仲裁裁决的情况下扣除仲裁员费用的规定，2019 年修正案给予了仲裁员们申辩的机会，从而平息了很多仲裁员的怨言。

这次修正体现了印度立法机构对实践中痛点和当事方、代理人等利益相关方（Stakeholder）的诉求的考虑，毕竟“欲速则不达”。

二、仲裁裁决是否需要仲裁庭一致意见方可作出

在仲裁庭有多个仲裁员组成的情况下，仲裁裁决书的作出是否需要仲裁员一致同意（Unanimous Agreement of the Tribunal）？世界上绝大多数的立法都没有要求达到如此高的标准，比如我国《仲裁法》第 53 条规定，裁决应当按照多数仲裁员的意见作出，少数仲裁员的不同意见可以记入笔录。仲裁庭不能形成多数意见时，裁决应当按照首席仲裁员的意见作出。

印度 1996 年《仲裁与调解法》第 31 条也采取了类似规定，只要仲裁庭达成多数意见即可，如果有仲裁员持不同意见（Dissenting Opinion），也可以写在仲裁裁决中。

不过，实践中还有一个极端的情形是，三个仲裁员都各持己见的情形怎么办？也就是说，三个仲裁员无法达成一致（Consensus），甚至也无法满足至少两个仲裁员达成一致并形成多数意见的情形。在上述中国法的情况下，仲裁法直接规定了当仲裁庭不能形成多数意见时，裁决应当按照首席仲裁员的意见作出，但印度 1996 年《仲裁与调解法》对这一问题没有规定。

出现这种情况时印度法如何处理？虽然 1996 年《仲裁与调解法》没有

对这一极端情况进行考虑，但印度的一些仲裁规则，比如印度仲裁理事会（Indian Council of Arbitration）的《国内仲裁和调解规则》[①] 第61条就规定："如果仲裁员多于一人，则多数裁决有效且视为仲裁庭的意见。达不成多数的，仲裁庭的首席仲裁员应单独作出裁决（Whenever there is more than one arbitrator, the award of the majority shall prevail and be taken as the decision of arbitral tribunal. Failing a majority, the Presiding Arbitrator of the arbitral tribunal alone shall make the award）。"

此外，许多仲裁机构的规则也有类似规定，比如《国际商会仲裁院仲裁规则》第32条就规定：

"Article 32：Making of the Award

1）When the arbitral tribunal is composed of more than one arbitrator, an award is made by a majority decision. If there is no majority, the award shall be made by the president of the arbitral tribunal alone."

在实践中，即使是采取临时仲裁的形式，如果双方没有对具体使用的仲裁规则作出约定，仲裁员或者仲裁庭也会对此问题作出决定，而仲裁规则中一般都会包含相关的解决措施。

三、仲裁裁决书是否要进行说理

法官在判决书中所阐述的判案理由是法官的裁判活动是否合理、合法的集中体现，也是司法正义在裁判结果上的表现。正如法谚有云："不仅要实现正义，而且要让人们看到正义是如何实现的。"仲裁员作为"准司法官"，也需要践行上述初衷。

英国法学家、《西方社会的法律价值》一书的作者彼德·斯坦提出："法律的诉讼性质要求必须有一方胜诉另一方败诉，义务是否被履行，契约是否被违反，财产是有还是无，被告是否犯了指控的犯罪行为，都必须有一个明确的答案。"如果判决中不谈理由，即使该答案是正确的，也难使人相

① 参见印度仲裁理事会网站，http：//www.icaindia.co.in/domestic.pdf。

信其合理性和公正性，甚至认为它是武断的、专横的。

一般而言，英美法系的民事判决书都会就事实部分（Facts）进行详细描述，并且通过援引判例，字里行间都渗透着说理（Reasoning），这也导致判决书的篇幅过长。

如果仲裁书未进行充分说理，是否可以成为日后某一当事方去法院要求撤销仲裁裁决的理由？以美国为例，在“D. H Blair & Co., 462 F. 3d and Tully Constr. Co., 2015 U. S. Dist. LEXIS 25690”这一判例中，法院认为，一般情况下，仲裁员无须在其作出的裁决中解释理由；如若仲裁当事人未对裁决的特殊格式提出要求，仲裁员可以作出一份仅说明认定结果的裁决（Generally, an arbitrator's rationale for an award need not be explained. If the parties have not requested a specific form of award, the arbitrator may issue an award that does nothing more than announce the result）。

但是，在上述案件的仲裁程序中，当事双方都明确要求仲裁员作出一份“说理充分”的仲裁裁决。关于何为说理充分的裁决，在“Leeward Const. Co., Ltd. v. Am. Univ. of Antigua – College of Medicine, 826F. 3d 634, 640 2d Cir. 2016”一案中，美国第二巡回法院明确提出，“说理充分”裁决的标准要高于一两条未解释理由的结论，但又不要求仲裁庭对当事各方提出的每个问题有关的事实法律作出充分认定。也就是说，说理充分的裁决要求仲裁庭就其面对核心问题的基本认定理由进行阐述，但不必深究各方提出的每一个论点。

一言以蔽之，美国法院的基本观点①如下：一般情况下，如若仲裁当事人未就仲裁裁决的特殊形式提出要求，仲裁庭作出的仲裁裁决并非一定要求解释其认定理由；但是，一旦当事人在仲裁程序中明确要求仲裁庭作出“说理充分的裁决”（Reasoned Reward），仲裁庭作出的裁决就应当对当事双方争议的核心问题阐明其认定理由，而非简单得出其结论（如本案情形），即便如此，法院也更倾向于将裁决发回重审而非直接撤销。由此可见，一般而

① 参见北京理工大学国际争端预防和解决研究院网站，http://iidps.bit.edu.cn/gatsw/153869.htm，2020 年 2 月 16 日访问。

言，当事双方的事先约定或者是否在仲裁程序中提出明确请求，说理不充分也最多成为当事人提出异议的理由，至于能否达到撤销裁决的标准，还需看是否满足法定撤销仲裁裁决的情形。

而具体到印度的实践，印度的做法却与美国的处断方式不同。根据印度1996年《仲裁与调解法》第31条第3款①，印度仲裁法的“预设规则”(Default Rule)是，仲裁裁决书必须要说理，除非当事双方作出相反的规定。也就是说，如果在仲裁条款的预设以及后续的仲裁程序中，没有事先约定仲裁裁决书不说理，则仲裁庭必须要在裁决书中进行说理。

那接下来的一个问题是，说理要到何种程度？换句话说，说理的“充分性（Adequacy）”是否有一个尺度？是三言两语即可，还是需要展开旁征博引长篇大论？理由是否需要站得住脚？因为实践中有些仲裁员为了凑字数，抛开逻辑性，单纯堆砌语言。

一般而言，裁决理由应当针对双方当事人所提出的请求和理由予以答复，即哪些应予以支持、哪些应予以驳回，而这些支持和驳回的意见必须建立在充分说理的基础上。但实践中经常出现的问题是，许多裁决书因缺乏必要的逻辑分析的推理，因此证据与事实的认定不能统一；认定的事实与援引的法条缺乏联系；事实、法律和裁判结果之间发生脱节，从而使人们难以十分相信裁判的公正性和合理性，从而导致了“不安定的裁决”，使得另一方借机提起撤销裁决或者异议裁决之诉。

为了解决以上疑惑，印度最高法院在“Dyna Technologies Pvt. Ltd. vs. Crompton Greaves Ltd”一案中，撤销了“莫名其妙（Unintelligible）”“令人费解的（Confusing）”的仲裁裁决。并且在本案中，确立了一个规则，如果裁判理由模糊，则等同于没有说理（If the award passed by the tribunal is based on the ground of unintelligible and ambiguous factors, then the same would be equivalent to no reason award）。同时印度最高法院对此类莫名其妙的判决和说

① 31 (3) The arbitral award shall state the reasons upon which it is based, unless— (a) the parties have agreed that no reasons are to be given, or (b) the award is an arbitral award on agreed terms under section 30.

理不充分的判决作出了区分，认为两者并不能等同。

而何为“莫名其妙（Unintelligible）”“令人费解的（Confusing）”的仲裁裁决？可以从该案例中略窥一二。在该案中，仲裁书中仅仅是把双方的争议点复述了一遍（merely restated the contentions of both parties），并以漫不经心（Cavalier）的方式作出了裁决。

印度最高法院认为，判决理由应当针对双方当事人所提出的请求和理由予以答复，即哪些应予以支持、哪些应予以驳回，而这些支持和驳回的意见必须建立在说理的基础上。印度最高法院为裁决书列出了三条实质化标准：

1. 合理（Proper）；

2. 易懂（Intelligible）；

3. 充分（Adequate）。

印度最高法院认为，因个案存在差异，所以裁决书说理是否充分取决于案件的复杂程度（Complexity of the issue），而没有必要“一刀切”。对于没有充分说理的裁决，可以依照1996年《仲裁与调解法》第34条第4款之规定进行补正，而不是采取将未充分说理的裁决也一并撤销的方式。

综上所述，在印度，一个没有任何说理的裁决（Reasonless arbitral award）仅仅在双方同意的前提下才可以被执行，因为仲裁法预设的规则是必须要进行说理，除非当事方有相反约定。如果说理不充分，可能会基于1996年《仲裁与调解法》第34条第4款之规定进行补正，但如果仲裁书是“瞎写”，即采取上述的莫名其妙的理由，则可能成为被撤销的原因之一，需要引起注意。

四、仲裁裁决的补正

仲裁裁决书是仲裁机构依照仲裁程序，在查清事实的基础上，根据法律规定，对当事人提交仲裁的争议案件作出处理决定所制作的文书。仲裁裁决书是仲裁庭处理争议案件的最终书面结果，是当事人享有实体权利、承担义务的书面依据。

仲裁裁决书不只是记录了仲裁权的运用，更重要的是表明权力运用是否公正。仲裁文书的制作质量是仲裁员综合素质和专业水平的晴雨表和试金石，高质量的裁决书也是一本提高社会仲裁法律意识的教科书，不仅有让当事人自觉履行的功效，而且使更多的社会公众知晓仲裁、选择仲裁。

也就是说，仲裁裁决书需要从内容上到形式上都进行严格要求，但实际情况中不可避免地存在因各种因素导致的裁决书中文字错误、计算错误或者遗漏某些事项的情况。当然，因程序错误、实体法律适用错误等问题并不在本节讨论之列，请参考本书第八章第三节中所记载的救济措施。

针对仲裁裁决书文书错误或者遗漏这一问题，不少国家的仲裁立法中都有相关规定。以我国《仲裁法》为例，第56条明文规定："对裁决书中的文字、计算错误或者仲裁庭已经裁决但在裁决书中遗漏的事项，仲裁庭应当补正；当事人自收到裁决书之日起三十日内，可以请求仲裁庭补正。"我国《最高人民法院关于人民法院办理仲裁裁决执行案件若干问题的规定》第4条进一步规定："对仲裁裁决主文或者仲裁调解书中的文字、计算错误以及仲裁庭已经认定但在裁决主文中遗漏的事项，可以补正或说明的，人民法院应当书面告知仲裁庭补正或说明，或者向仲裁机构调阅仲裁案卷查明……"

很多仲裁机构的仲裁规则中也有更详细的规定，比如《中国国际经济贸易仲裁委员会仲裁规则》第53条规定："（一）仲裁庭可以在发出裁决书后的合理时间内自行以书面形式对裁决书中的书写、打印、计算上的错误或其他类似性质的错误作出更正。（二）任何一方当事人均可以在收到裁决书后30天内就裁决书中的书写、打印、计算上的错误或其他类似性质的错误，书面申请仲裁庭作出更正；如确有错误，仲裁庭应在收到书面申请后30天内作出书面更正。（三）上述书面更正构成裁决书的组成部分，应适用本规则第四十九条第（四）至（九）款的规定。"同时，第54条对补充裁决进行了规定："（一）如果裁决书中有遗漏事项，仲裁庭可以在发出裁决书后的合理时间内自行作出补充裁决。（二）任何一方当事人可以在收到裁决书后30天内以书面形式请求仲裁庭就裁决书中遗漏的事项作出补充裁决；如确有漏裁事项，仲裁庭应在收到上述书面申请后30天内作出补充裁决。（三）该补充裁决构成裁决书的一部分，应适用本规则第四十九条第（四）至（九）

款的规定。”

此外，很多国内的仲裁机构也制定了《裁决书制作规范》，并对仲裁员进行事前的培训，以最大限度地降低仲裁裁决书中的错误。

而反观印度1996年《仲裁与调解法》，其也以明文规定的形式对于仲裁裁决中的文字性、数量性错误或者遗漏事项的补正进行了规定。印度1996年《仲裁与调解法》第33条规定，当事方在收到仲裁裁决后的30天内，可以请求仲裁庭对计算错误（Computation Errors）、文字错误（Clerical or Typographical Errors）或者类似性质的错误进行修正，但前提是需要同时通知另外一方。对于上述30天的请求更正期限，如果当事双方协商一致的，可以规定其他期限。此外，仲裁庭也可以基于自身的主动权，在30天内对于其发现的上述错误进行更正。而对于一方提出的申请（Claim）却被仲裁庭遗漏的情况，印度法上允许当事方在收到仲裁裁决书之日起30日内要求仲裁庭作出补充裁决（Additional Award），但前提仍是需要知会另一方。对于当事方要求的补充裁决的这一要求，仲裁庭可以基于自己的职权来判断是否给出相应的裁决，而如果决定给出补充裁决，则需要在60日之内作出。

相对于中国仲裁法上对于裁决补正和补充裁决的时间要求，印度法上的要求更为宽松一些，除了当事人可以协商时间，不一定非要按照30天这一个时限，法律也允许仲裁庭对于时限进行延长，比如仲裁庭可以不受上述60天内作出补正裁决的限制。

第二节　裁决的执行

一、仲裁裁决在印度的执行相关问题

一个法域的司法公信力与其对于仲裁裁决的执行效率和态度上可见一斑。虽然在一定程度上仲裁天然地具有灵活、快捷、经济等优势，但如果在执行的环节卡了壳，造成“执行难”，这也会在很大程度上摧毁当事人选择

仲裁的信心。此外，很多中国当事人并不清楚印度仲裁裁决的执行程序和具体要求，比如找哪一级法院执行，执行时效是多久，需要提供何种资料，如何确保顺利执行等，都是实务中投资者极为关心但知之甚少的问题。

实务中，印度以仲裁地为仲裁裁决国籍的分类依据，因此，仲裁地在印度的仲裁裁决即印度的"国内裁决（Domestic Award）"，且"国内裁决"还包含两种情况，即纯印度国内纠纷而导致的裁决和包含涉外因素的"国际商事仲裁裁决"。而仲裁地在印度以外国家的仲裁裁决即"外国仲裁裁决（Foreign Award）"。这一概念容易引起误解，以下这个图标更能清晰地展示仲裁裁决的分类：

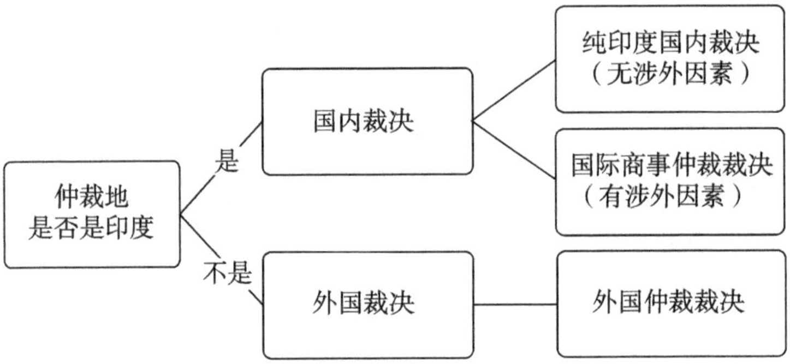

考虑到国内裁决下的细分两项在印度的执行程序并无区别，因此本节分为印度国内裁决在印度的执行和外国仲裁裁决在印度的执行这两种情况进行分别讨论。

在1996年印度制定新的《仲裁与调解法》之前，印度有三部法律与仲裁裁决的执行相关。执行印度国内裁决需要遵照印度1940年《仲裁法》，且该1940年法案完全不涉及外国仲裁裁决的执行，而执行外国裁决则分别按照1937年的《仲裁（协定和公约）法》[*Arbitration*（*Protocol & Convention*）*Act*，1937] 和1961年的《外国裁决（承认和执行）法案》[*the Foreign Awards*（*Recognition & Enforcement*）*Act*，1961] 进行分别处理。印度这样立法的原因是1937年的法案处理基于《日内瓦公约》的仲裁裁决，而1961年的法案处理基于《纽约公约》的仲裁裁决。

显然，这样碎片化（Fragmented）的立法是不合理且无效率的，并且让很多当事人一头雾水，极易在执行环节引发争议。随着印度在20世纪90年代初的改革开放，越来越多的国际和国内形势倒逼印度需要对商事争议解决作出重大修正，因此印度在1996年制定了新的《仲裁与调解法》，该法废除了上述三个与仲裁相关的法案，以统一的面貌示人，是一个非常大的进步。

正如笔者在第一章第二节所述，印度1996年《仲裁与调解法》在体例上分为两部分，第一部分（Part I）适用于“国内裁决”，而第二部分（Part II）适用于“外国仲裁裁决”，既包括《日内瓦公约》项下的外国裁决，也包括《纽约公约》项下的外国裁决。

二、印度仲裁裁决执行的先决程序及其废止

2015年之前，印度仲裁法和实践上有一个饱受诟病的制度叫作“自动中止”，指的是裁决作出后，在执行过程中，如果被执行人依照印度1996年《仲裁与调解法》第34条的内容向法院申请异议（Challenge），则当事人申请撤销仲裁裁决的申请被受理后，该裁决的执行程序在法院判决之前就自动中止。

印度最高法院在“National Aluminum Company Ltd.（NALCO）v. Pressteel & Fabrications（P）Ltd. and Anr.①”一案中的判决无疑是加剧了“自动中止”制度在法律实践中的泛滥。在该案中，最高法院认为一旦有人基于1996年《仲裁与调解法》第24条提出异议申请，则该裁决立即“无法执行（Inexecutable）”，直到异议程序被法院驳回（Dismissed）。

这一制度设计造成了极大的问题，经常被一方用来作为拖延战术。实践中，大量的企业最为关注的问题是现金流，如果款项不能及时被回收，很可能出现现金流断裂而被活活拖死，这将导致胜裁方“不败而败”，原来的失败方“不胜而胜”的局面。

针对这一饱受诟病的顽疾，2014年印度政府启动“印度制造”计划时，

① （2004）1 SCC 540.

仲裁法被确定为重点改革领域，以提高印度作为外国直接投资目的地的吸引力。2015 年印度完成了对 1996 年《仲裁与调解法》的修正，仲裁裁决的执行程序不再因撤销仲裁裁决自动中止。解决办法是新增了第 36 条并规定当事人若想以撤销仲裁裁决的案件尚未作出决定来申请中止执行仲裁裁决，则需另行向法院单独提出中止执行仲裁程序的申请。这一修正改变了之前只要依照《仲裁与调解法》第 34 条提出撤裁申请，裁决执行程序就自动停止的情形，即“异议不影响执行”。

在新的法律框架下，如果一方当事人基于 1996 年《仲裁与调解法》第 34 条（主要规定了撤销仲裁裁决的理由）之规定向法院申请撤销仲裁裁决，此类申请不能使已经作出的裁决停止执行，除非法院作出裁决停止执行的命令（Order of stay of the operation of the said arbitral award），而此类法院命令必须单独向法院提出申请，且法院需要视情况，基于自由裁量权要求申请人提供担保①，而如果不提供担保则会导致申请被驳回（Failure to make such a deposit would result in dismissal of objection）。

三、外国仲裁裁决执行的相关法律规定和指引

之所以先讲外国仲裁裁决，是因为目前实务中绝大多数中国企业因对印度司法和仲裁公信力缺乏信心、对印度法律体系不了解等，一般不会选择将印度作为仲裁地进行仲裁。例如，在印度业主进行工程发包，中国企业作为总包商或者分包商参与印度的相关工程，业主的合同约定印度本国仲裁之外，在绝大多数情况下，涉及中国企业和印度企业之间的争议解决方式都会

① Where an application to set aside the arbitral award has been filed in the Court under section 34, the filing of such an application shall not by itself render that award unenforceable, unless the Court grants an order of stay of the operation of the said arbitral award in accordance with the provisions of sub-section (3), on a separate application made for that purpose. (3) Upon filing of an application under sub-section (2) for stay of the operation of the arbitral award, the Court may, subject to such conditions as it may deem fit, grant stay of the operation of such award for reasons to be recorded in writing: Provided that the Court shall, while considering the application for grant of stay in the case of an arbitral award for payment of money, have due regard to the provisions for grant of stay of a money decree under the provisions of the Code of Civil Procedure, 1908 (5 of 1908).

选定在第三国或者中国进行机构仲裁，这类仲裁地在印度之外的裁决将会被视为外国仲裁裁决。

而外国仲裁裁决可以在包括印度在内的全球众多法域得到执行离不开1958年《纽约公约》，这为他国裁决在印度执行提供了重要的保障。此外，要想仲裁裁决在印度得到执行，还需要符合两个条件，一是该争议在印度法项下可以通过仲裁方式解决，二是该仲裁裁决没有违反印度的公共利益。

印度有关外国仲裁裁决执行的内容体现在1996年《仲裁与调解法》第二部分中。印度1996年《仲裁与调解法》第59条规定，外国仲裁裁决被承认后，将被视为“Decree”，也就是法院判决，从而可以在印度得以具有像法庭判决一样强制执行的效力。需要中国投资者注意的是，印度法上对于裁定（Orders）、判决（Decree）有着严格的分别。

判决（Decree）是按照1908年印度《民事诉讼法》第2条第2款之规定，指的是法院对诉讼的争点（Controversy）进行详细的审理（Adjudication）之后，所作出的用以界定诉讼各方权利义务的正式表述（Formal Expression）。

而裁定（Order）则是基于1908年印度《民事诉讼法》第2条第14款之规定，其不一定对诉讼法规定的实体权利义务进行处理，有时候针对的是程序性事项。一般而言，判决都是可以上诉（Appealable）的，而对于裁定来说，大部分的裁定都不得上诉。当然，就印度《仲裁与调解法》的规定可以看出，外国仲裁裁决在印度被视为是法院作出的“判决”，从而具有强制的司法执行效力。

如上文所述，外国仲裁裁决被印度法院承认之后，将被视为司法判决而得到执行。而司法判决是需要遵循时效（Limitation）相关规定的。因此外国仲裁裁决在执行阶段也需要遵循印度法上所规定的时效。按照1963年印度《时效法》（*The Limitation Act*，1963）第136条之规定，从该裁决作出之日起12年内，可以凭裁决原本到印度有管辖权的法院寻求承认及执行。

具体到印度1996年《仲裁与调解法》第47条的规定，寻求《纽约公约》项下外国裁决在印度的执行，需要提供以下材料：（1）按照裁决作出国强行法的要求所规定的格式作出的裁决原件或者经法定认证的副本；（2）仲裁协议原本或者经法定认证的副本；（3）其他可以证明该裁决是外国裁决的必要证据。除此之外，如果裁决的语文并非印度的官方语言，则需要翻译成英文，并且经所在国设立的印度驻该国使领馆的领事认证程序。

执行外国仲裁裁决离不开印度司法机关的协助，因而需要去找有相应管辖权的法院。而这里的管辖权主要指的是级别管辖和地域管辖。

就级别管辖而言，在印度，法律规定的具有执行外国仲裁裁决的法院级别是高等法院（High Court）。根据被执行方注册地或者财产所在地确定地域管辖并明确是印度的哪一个高等法院之后，在该高等法院内进行对接的部门是高等法院的商事审判庭（Commercial Division）。一般来说，高等法院在地方邦一级设立，但是在印度并不是每一个邦都有高等法院，实践中存在几个邦共用一个高等法院的情形，印度目前有近 30 个邦，但是全国只有 24 个高等法院。例如，海德拉巴高等法院管辖安得拉邦以及特伦甘纳邦，孟买高等法院管辖果阿邦和马哈拉施特拉邦等。

确定了法院级别是高等法院，下一步就是确定有管辖权的高等法院。这一阶段是基于申请执行的标的性质确定的。标的可以分为金钱标的以及非金钱标的。金钱标的非常容易理解，除了包含如字面意思所述的金钱，还包含各种财产。而非金钱标的则一般指为或者不为特定行为如裁定转让股权等。对于金钱标的，申请人需要到金钱财产所在地的高地法院提起申请；而对于非金钱标的，其执行申请需要到对于该非金钱标的的管辖具有处断权力的高等法院进行，如被执行人所在地、营业地、收入来源地等。例如，如果中国企业的胜裁裁决是要求印度方执行股权转让合同，则该申请需要到对该股权转让行为有管辖权的地区的高等法院进行，而这个一般意义上指的是其公司注册地。当然，实践中会产生的问题是，印度对手方的财产可能会散布在印度多个邦，那么这对于中国企业来说是一个比较棘手的问题，因为在印度确定被执行人的财产所在地以及有哪些待执行财产是申请执行人也就是胜裁方的责任。

在胜裁方寻求裁决执行的时候，仲裁失败一方很可能会想尽各种办法转移财产从而进行阻挠。胜裁方应该尽早锁定对方财产所在，以便及时向法院申请相关财产保护令，确保顺利执行。除了自己锁定财产外，胜裁方在向法院申请仲裁裁决执行时，通常会向法院申请被执行人的财产披露宣誓（Affidavit）。法院要求被执行人作财产披露宣誓的，被执行人应如实披露，如果披露有误或者故意隐瞒的，属于触犯印度刑法，将面临刑罚，后果较为严重。财产披露应该具体而详细，应披露财产的具体所在地、权属证书、银行账户、资产负债表、过去 3 年的收入证明等。

除了申请财产披露宣誓外，胜裁方还可以向法院申请禁止转让财产令（Stay order on alienation of assets），禁止对方故意转移财产，还可以申请财产扣押令（Warrant of attachment），确保财产“跑不了”。通过申请禁令，从而避免失败一方进行拖延或者当“老赖”。一般而言，法院对于胜裁一方禁令的申请都是基于个案的紧迫程度（Urgency）进行分析。如果胜裁一方的诉请（Plea）有理有据并且确有失败一方转移财产的风险，那么法院一般都会给出禁令。

由于法院下发的执行令中一般都会包含未经法院许可不得转移或者处理财产的条款，并且法院的执行令作为具有公示性的文件，因此对于案外人来说也是一个警示，即案外人不得接受、购买已经被法院列明为待执行财产的那部分财产。但需要中国交易方吸取教训的是，实践中存在虽然法院下发了执行令，还是有一些不明就里的案外人接受争议财产的情况。虽然案外人因自身原因没有尽到注意义务于情于法都理亏，但是如果胜裁人再因此与案外人进行诉讼从而获取财产非常费时费力。所以中国企业可以采取的方式是一旦法院下发执行令，可以在当地的主流报纸和媒体上进行公告，从而避免后续的麻烦。还需要中国交易方注意的一点是，印度是一个“碎片化”十分严重的市场，各个邦之间的经济文化发展极其不平衡，印度很多邦的语言也并非印地语（Hindi），因此需要根据所在邦的具体情况，考虑禁令的具体申请，从而保障禁令的执行达到预期的效果。

确定好财产后，可以直接获得现金或其他形式的财产，可以变卖资产后获得现金，被执行人故意阻碍、拖延执行、拒不执行的，被执行人还会面临监禁。如果被执行人面临多个执行申请人的，其资产需要在多个执行申请人中分配。

因此，对于国际仲裁尤其是中国企业而言，拿到针对印度方企业胜诉的裁决还不是最终赢家，得到满意的执行才算最终赢家。笔者建议仲裁启动前，提前了解仲裁裁决在印度的执行情况，还可以聘请专业人士提前锁定可供执行的财产，做到心中有数，一旦拿到胜裁裁决，可以尽早启动财产保护措施，确保顺利执行。其实，如果在约定合同时，判断印度合作方可能会是未来的被执行人，其可供执行的财产主要在印度境内，则最好约定印度境内的仲裁机构，这样可以在仲裁启动时，即启动财产的保护措施。

四、印度国内仲裁裁决执行的相关法律规定和指引

与外国仲裁裁决的性质相同，印度本国作出的仲裁裁决也会被认定为“Decree”，从而具有和法院判决同等的强制执行效力。

但与外国仲裁裁决不同的是，因该裁决是印度本国作出的，所以不需要像外国仲裁裁决一样，先要依据 1996 年《仲裁与调解法》第 47 条的规定，进行各种公证、认证、翻译等工作，其就可以具备执行效力。也就是说，外国仲裁裁决要先找法院，法院认定满足法定条件后，该裁决才具备类似法院判决的效力，才可以付诸执行。因此，这也提醒广大中资企业，在印度进行仲裁（即将仲裁地“Seat”约定在印度）并不是没有好处。

关于印度国内仲裁裁决执行的相关成文法律规定主要见之于 1996 年《仲裁与调解法》第 36 条，简言之，在印度废除了上述笔者已经提到的“Automatic Stay（自动中止）”制度后，除非法院给出了明确的“暂停裁决执行令”，则可以直接执行。

而执行过程中的注意事项，比如如何避免“赢了官司”但输了钱这种尴尬结果，读者可以参考上述外国仲裁裁决在印度执行时的相关重要途径如禁令等。

五、拒绝执行外国仲裁裁决的理由

对于外国仲裁裁决在印度的执行，印度 1996 年《仲裁与调解法》第 48

条给出了两类理由，一类是由当事方提起的，在有下列情形时，可以向执行地法院申请拒绝执行该裁决：

1. 当事人有某种无行为能力情形或者根据各方当事人所同意遵守的法律或在无约定的情况下按照仲裁地国家的法律，该协议是无效的；

2. 未向提出申请的当事人发出指定仲裁员的适当通知或仲裁程序的适当通知，或因他故致使其不能陈述案情；

3. 裁决处理的争议不是提交仲裁意图裁定的事项或不在提交仲裁的范围之列，或者裁决书中内含对提交仲裁的范围以外事项的决定；

4. 仲裁庭的组成或仲裁程序与当事人的约定不一致，或者没有约定的情况下与仲裁地法律相抵触。

5. 仲裁裁决尚未生效，或者仲裁地法院被撤销或者暂停执行。

此外，除了依当事人申请请求法院不予执行，法院也可以依职权进行判断。由于印度是《纽约公约》的成员国，所以需要基于《纽约公约》中所列明的标准来判断某一裁决是否可以被拒绝执行。根据《纽约公约》第 5 条第 2 款之规定：倘声请承认及执行地所在国之主管机关认定有下列情形之一，亦得拒不承认及执行仲裁裁决：（甲）依该国法律，争议事项系不能以仲裁解决者；（乙）承认或执行裁决有违该国公共政策者。

上述（甲）项比较好理解，笔者在本书第四章第二节“可仲裁性问题”中进行了阐述，一项纠纷是否具有可仲裁性，意味着其能否被提交仲裁庭解决，抑或只有法院对其具有排他性的管辖权。

可仲裁性问题的重要性不仅在于提交仲裁阶段，还在于未来的执行阶段。因为可仲裁性的判断不仅涉及仲裁作出地的法律，还涉及裁决执行地的法律。如果一项争议不具有可仲裁性，则仲裁庭没有管辖权，同时，若根据一国法律认定仲裁协议项下的事项不可仲裁，则该仲裁协议即被认定为无效（Void），从而根据该仲裁协议作出的仲裁裁决可能被法院地的法院予以撤销或者在执行地的法院被拒绝承认及执行。因此，可仲裁性问题直接关系到仲裁庭是否有管辖权、仲裁协议是否有效乃至后续的仲裁裁决的承认及执行问题。

对于印度法上关于可仲裁性的具体判断，请参考本书前述章节的相关内容，我们在本章主要讨论《纽约公约》第5条第2款（乙）项，即如果有关法院认定承认及执行仲裁裁决会违反承认及执行地的公共政策，则可以拒绝承认和执行。

实践中因这一条导致的问题是，“公共政策”这一概念是否有一个确定、统一的概念与使用标准，尤其是在各个国家国内立法以及司法实践的判定和把握尺度问题上存在较大差异，因此，不少学者将公共政策比喻为“一匹难以驾驭的脱缰野马”。因公共政策内容本身的不确定性，使得法官在具体案件的认定上具有很大的自由裁量权。虽然原则上司法机构不应该对仲裁裁决的实体事项作审查，但在实践中，公共政策条款的存在使得仲裁裁决随时可能受到司法机构的实体事项审查，这将使仲裁变相成为另一种形式的一审制度。

在2015年印度通过对1996年《仲裁与调解法》的修正案之前，旧的仲裁法没有对公共政策的内容进行界定和明确。当然，对于公共政策模糊界定并非印度一个国家的问题，世界上不少国家的法院对于公共政策的含义以及判断违反公共政策的标准上都采取比较模糊的倾向。这是因为《纽约公约》并未进一步界定何为公共政策，绝大部分成员国的法律也未对此进行定义，而是由其法院在司法实践中权衡认定。考虑到不予执行外国裁决是一国在国际民商事活动中为维护本国的社会根本利益而划定的最后防线，这就要求公共政策这一概念具有较大弹性，且需体现地域上的差异性和时间上的可变性。

以中国法院为例，对“公共政策”予以限缩解释和严格适用是我国法院一直以来的操作方式。在“ED&F曼氏（香港）有限公司申请承认和执行伦敦糖业协会仲裁裁决案的复函（〔2003〕民四他字第3号）”中，最高人民法院指出，对行政法规和部门规章等我国法律强制性规定的违反，并不当然构成对公共政策的违反。在“GRD Minproc有限公司申请承认并执行瑞典斯德哥尔摩商会仲裁院仲裁裁决一案的请求的复函（〔2008〕民四他字第48号）”中，最高人民法院认为，不能以仲裁实体结果的公平作为是否违反我国公共政策的标准。以上复函表明，我国法院在处理申请承认与执行外国仲裁裁决案时，不轻易援引公共政策作为拒绝承认或执行的理由，而是将违反公共政策仅限于“承认和执行外国仲裁裁决将导致违反我国法律基本原则、侵犯我国国家主权、危害社会公共安全、违反善良风俗等足以危及我国根本社会公共利益的情形”。

在 2015 年印度对 1996 年《仲裁与调解法》进行修正之前，司法实践中已经有判例对公共政策进行限缩的解释。在 2013 年的“Shri Lal Mahal Ltd vs Progetto Grano Spa”① 一案中，印度最高法院就已经判定，对于采取公共政策抗辩需要给出一个限缩（Narrow）的解释，也就是仅仅在三种情况下才会被认为是违反印度的公共政策：

1. 违反印度法的基本原则（the Fundamental Policy of Indian Law）；

2. 有害印度国家的利益（the Interests of India）；

3. 有碍印度司法公正或社会公德（Justice or Morality）。

在 2015 年，随着印度对《仲裁与调解法》进行修改，立法机关通过对第 48 条增加解释（Explanation）的方式，对公共政策进行了界定，公共政策只能在有限的情况下被援引：

1. 仲裁裁决的制定因欺诈、腐败或者受这种因素的影响制定，或者违反《仲裁与调解法》第 75 条或第 81 条②；

2. 仲裁裁决违反印度法的基本原则；

3. 仲裁裁决违反基本的道德或正义标准。

而且，修正案中还明确注明，法院在检查是否有存在违反公共政策的情形时，不得对案件的实体（Merit）再进行审查。

此外，实务中经常被讨论的与外国仲裁裁决相关的两个经典案例分别是“Tata sons v Docomo”案和“Cruz City 1 Mauritius Holdings v Unitech Limited”案，在“Tata sons v Docomo”一案中，仲裁庭认定印度公司 Tata sons 公司违

---

① Civil Appeal No. 5085 of 2013.

② 第 75 条是关于调解程序中的保密性规定，第 81 条是关于和解程序中的证据在仲裁程序或者其他程序中使用的问题。

反商业合同条款，因此裁定 Tata sons 公司向日本公司 Docomo 支付 11.7 亿美元赔偿金。Docomo 公司与 Tata sons 公司就仲裁裁决履行达成和解协议。但在 2016 年 12 月，主管印度外汇的印度储备银行（Reserve Bank of India）[①] 向德里高等法院提出异议，认为 Docomo 公司与 Tata sons 公司达成的和解协议，使得 Tata sons 公司有义务向境外 Docomo 公司支付高额赔偿金。该协议内容涉及向印度境外汇出款项，违反了印度外汇管制条例规定，因此违反了公共政策。但德里高等法院认为：首先，印度储备银行并非本案当事人，无权提出异议。其次，法院认为违反外汇管理政策并不是违反印度根本性的法律原则。因为如果异议成立，则意味着所有涉及向印度境外汇出款项的仲裁裁决，印度央行均有权干预。因此，法院最终判决驳回印度央行的执行异议，要求 Tata sons 公司履行其与 Docomo 公司达成的和解协议。

在“Cruz City 1 Mauritius Holdings v Unitech Limited”这一案件中，双方组成合资公司进行项目合作，后发生纠纷。经过在伦敦国际仲裁院（The London Court of International Arbitration，LCIA）的仲裁，Unitech 被仲裁庭判定需要向 Cruz City 公司支付包括其在合营企业股份款以及法律费用和仲裁费用等各项费用共计约 3 亿美元。随后，Cruz City 遂在德里高院申请承认与执行该仲裁裁决，但 Unitech 以仲裁裁决的执行违反印度 1999 年《外汇管理法》（*Foreign Exchange Management Act*，*FEMA*），从而损害印度公共利益，以此基于公共政策为由进行抗辩。但德里高院对《外汇管理法》的禁止性规定作出了限制性的解释，并且认为，即使《股东协议》中的约定违反了外汇管理法，相关主体应当承担相应的法律后果，但是这并不影响其承担合同项下以及仲裁裁决所确定的违约责任，并且法院认为，在援引违反公共政策而拒绝承认与执行外国仲裁裁决时，此处的公共政策必须是承认和执行地的国家法律政策中不能接受任何妥协的核心价值。而违反《外汇管理法》并不能绝对地被认为是同等地违反了印度法律的基本原则和政策。基本原则和政策必须指向印度法中那些最基本、最核心的政策，并非任何一部制定法的条文

① 印度储备银行系印度的央行。

都能被认为是基本政策。

而且印度法院还指出，外汇管理法的基本政策是外汇管制，目的是保证印度国内的外汇储备量从而保证印度经济的发展，但近期外汇管制的重点已经从限制交易转变为营造一个较为宽松的外商投资环境。因此，虽然市场主体都应当遵守外汇管理法的规定，但违反外汇管理法并不应该必然被认为是违反了印度法的基本政策。外国仲裁裁决的承认与执行必然会牵扯到资本流进流出等外汇管理问题，而一国的外汇管理政策又在一定程度上具有灵活性。因此，违反一国外汇管理法的规定，是否构成对公共政策的违反应当根据具体案情予以具体深入的分析。

第三节 裁决的撤销及时效

一、撤销仲裁裁决的理由

仲裁的一大优势就是“一裁终局”。不过，在仲裁实践中，有时存在程序上的瑕疵造成当事人丧失陈述案件的机会或者其他可能导致不公平裁决的情形，这就说明司法监督是必要的，而法院对仲裁裁决的撤销制度就是最为直接的监督形式。

所谓仲裁裁决的撤销制度，是指裁决当事人在发现仲裁裁决存在法定可撤销事由时，向有管辖权的法院申请撤销该裁决的制度。裁决撤销制度向当事人，特别是败诉一方当事人提供了主动保护自己权益的机制。

不同国家的立法对于仲裁裁决撤销的理由的规定有较大出入。例如，我国《仲裁法》第 58 条第 1 款规定：“当事人提出证据证明裁决有下列情形之一的，可以向仲裁委员会所在地的中级人民法院申请撤销裁决：（一）没有仲裁协议的；（二）裁决的事项不属于仲裁协议的范围或者仲裁委员会无权仲裁的；（三）仲裁庭的组成或者仲裁的程序违反法定程序的；（四）裁决所根据的证据是伪造的；（五）对方当事人隐瞒了足以影响公正裁决的证据的；（六）仲裁员在仲裁该案时有索贿受贿，徇私舞弊，枉法裁决行为的。”

我国《仲裁法》关于撤销仲裁裁决的规定与《联合国国际贸易法委员会国际商事仲裁示范法》的规定有较大出入，如针对我国《仲裁法》第58条第1款第4项、第5项关于证据的相关问题，有些学者持否定态度。中国政法大学国际法学院副教授覃华平就指出[①]，《联合国国际贸易法委员会仲裁规则》第27条第4款明确规定，“仲裁庭应就所出示的证据的可采性、关联性、实质性和重要性作出决定”，这表明仲裁庭具有独立认定证据的权力。但是，我国现行《仲裁法》第58条第1款第4项和第5项的规定明显是受诉讼程序规则的影响，对仲裁证据的处理完全照搬民事诉讼的方式。在实践中根据该两项规定而被撤销的仲裁裁决不在少数，其合理性引起广泛质疑。事实上，对这两项的审查涉及对仲裁案件的实质性审查，而不再是局限于程序审查，这与很多国家的仲裁实践不一致，这也影响了我国司法对仲裁的友好态度和支持，不利于我国仲裁业的发展。

另外，从仲裁案件审理的程序看，申请撤销裁决的当事人完全可以在案件审理过程中对证据的出示以及证据的真实性提出请求和质疑。如果其合理的请求和质疑没有得到仲裁庭的回应和说明，那么这种情形可以被认定为仲裁庭违反了仲裁程序，属于可被撤销的事由。但是仲裁庭对证据的认定权力应当是不容挑战的，否则在实践中可能会出现这样的情形，即申请撤销裁决的一方当事人明知有关证据的真实性是可疑的，但是并不立即提出，而是等待裁决结果出来后再决定采取何种行动，存在很强的投机心理，这势必影响仲裁的高效性。再者，在解决民商事争议时，考虑到当事人地位的平等性，在举证责任的分配方面一般都采纳“谁主张，谁举证”的原则，对于不能举证证明自己主张的一方当事人判决承担不利后果也属于情理之中的事。总之，这两项规定较为原则，可执行性较差，极容易导致司法实践的混乱，因此这两项事由被滥用的风险始终存在。

例如，在河南省郑州市中级人民法院审理的一起申请撤销案件中，仲裁

---

① 覃华平：《我国仲裁裁决撤销制度探析及立法完善之建议》，载《中国政法大学学报》2017年第2期。

案件申请人在庭审中陈述其法定代表人病重，但事实情况是，法定代表人已经去世。在撤销申请中，法院认为仲裁申请人隐瞒了法定代表人去世的事实，构成《仲裁法》第58条第1款第5项中的“隐瞒证据”，撤销了该案的仲裁裁决。事实上，申请人以隐瞒证据为由申请撤销仲裁裁决，不仅需要考察此种隐瞒行为是否足以影响裁决的公正，还需要审查该份证据的证明力和重要性以及对案件结果的影响力。在本案中，法院并未阐明法定代表人去世这一事实对案件的影响程度，并且法律并没有明文规定法人必须由法定代表人亲自出庭。在司法实践中，只有代理人出庭的情形比比皆是，只要当事人对代理人进行了合法、有效的授权，完全可以由代理人出庭。像这样不令人信服的撤销仲裁裁决案件在实践中并不鲜见。

综上所述，鉴于这两项撤销仲裁裁决的事由在司法实践运用中存在诸多难点，如隐瞒证据是否需要结合举证责任来判断，结合的规则是怎样的。在中国商事仲裁证据制度下，不存在像英美法系那样严格的文件披露程序，在实践中，当事人的举证规则仍然因袭诉讼中的模式，即在一般情况下的谁主张、谁举证与特定情形下的举证责任倒置规则。但是根据辩论主义原则，当事人没有义务证明对自己不利的事实。另外，对这两项事由的审查几乎不可能不涉及对案件的实体审查，这种做法与支持仲裁、确保仲裁独立进行的要求是相悖的。因此，很多国家的立法并未将这两项事由作为撤销仲裁裁决的法定事由，《联合国国际贸易法委员会国际商事仲裁示范法》（以下简称《示范法》）也没有将其作为法定撤销事由。因此，覃华平副教授建议我国《仲裁法》在修订时删除这两项事由。

反观印度，1996年《仲裁与调解法》就撤销仲裁裁决而言，在吸收《示范法》第34条关于撤销仲裁裁决的条文基础上，基于印度的本土情形进行了修正。在《示范法》第34条中，由当事人提起的撤销仲裁裁决的理由仅有以下四条（五种情形，第一条包含两种情形）：

1. 第7条所指仲裁协议的当事人有某种无行为能力情形；或者根据各方当事人所同意遵守的法律或在未指明法律的情况下根据本国法律，该协议是无效的。

2. 未向提出申请的当事人发出指定仲裁员的适当通知或仲裁程序的适当通知，或因他故致使其不能陈述案情。

3. 裁决处理的争议不是提交仲裁意图裁定的事项或不在提交仲裁的范围之列，或者裁决书中内含对提交仲裁的范围以外事项的决定；如果对提交仲裁的事项所作的决定可以与对未提交仲裁的事项所作的决定互为划分，仅可以撤销含有对未提交仲裁的事项所作的决定的那部分裁决。

4. 仲裁庭的组成或仲裁程序与当事人的约定不一致，除非此种约定与当事人不得背离的本法规定相抵触；无此种约定时，与本法不符。

在印度法上，撤销仲裁裁决的申请理由体现在印度1996年《仲裁与调解法》第34条，单看这一个条文并没有发现其与《示范法》有较大出入，因为总结起来，由当事方提出的申请撤销仲裁裁决的理由为以下五条①：

1. 当事人有某种无行为能力情形；

2. 根据各方当事人所同意遵守的法律，该协议是无效的；

3. 未向提出申请的当事人发出指定仲裁员的适当通知或仲裁程序的适当通知，或因他故致使其不能陈述案情；

4. 裁决处理的争议不是提交仲裁意图裁定的事项或不在提交仲裁的范围之列，或者裁决书中内含对提交仲裁的范围以外事项的决定；如果对提交仲裁的事项所作的决定可以与对未提交仲裁的事项所作的决定互为划分，仅可以撤销含有对未提交仲裁的事项所作的决定的那部分裁决；

5. 仲裁庭的组成或仲裁程序与当事人的约定不一致，除非此种约定与当

---

① Section 34: … (i) a party was under some incapacity, or (ii) the arbitration agreement is not valid under the law to which the parties have subjected it or, failing any indication thereon, under the law for the time being in force; or (iii) the party making the application was not given proper notice of the appointment of an arbitrator or of the arbitral proceedings or was otherwise unable to present his case; or (iv) the arbitral award deals with a dispute not contemplated by or not falling within the terms of the submission to arbitration, or it contains decisions on matters beyond the scope of the submission to arbitration: Provided that, if the decisions on matters submitted to arbitration can be separated from those not so submitted, only that part of the arbitral award which contains decisions on matters not submitted to arbitration may be set aside; or (v) the composition of the arbitral tribunal or the arbitral procedure was not in accordance with the agreement ofthe parties, unless such agreement was in conflict with a provision of this Part from which the parties cannot derogate, or, failing such agreement, was not in accordance with this Part.

事人不得背离的本法规定相抵触。

结合印度1996年《仲裁与调解法》与《示范法》对照来看，对于撤销仲裁裁决的理由上，印度法上除了将《示范法》中第一条理由中包含的两种情形进行了拆分，事实上没有较大出入。相较于中国仲裁法，也没有将证据相关问题作为撤销仲裁裁决的理由，避免了法院在仲裁裁决作出后对仲裁进行“实质审查”，这是读者单单比对这两个法律条文时就可以得到的最直观结论。

但实际上，如果结合1996年印度《仲裁与调解法》的全局进行考虑，就会发现印度法项下由当事人提起的撤销仲裁裁决的理由相对于《示范法》多出了两个，这一点非常值得读者注意。尤其是那些仲裁地在印度，希望依据印度仲裁法撤销仲裁裁决的当事人，这相当于多出了救济的理由，在实务中可能直接影响胜负与成败，不可不察。

第一个理由，见于1996年《仲裁与调解法》第13条第5款，即如果基于仲裁员独立性和公正性产生对仲裁员的异议，但异议不成功的，该异议方可以基于这一理由，结合《仲裁与调解法》第34条向法院提出撤销仲裁裁决的申请。①

这就导致了印度法项下仲裁庭对于当事人对仲裁员丧失独立性或者公正性的异议（Challenge）申请一般都会非常审慎地处理，这是因为如果对仲裁庭驳回当事人的异议，虽然仲裁程序可以得以继续，但这样做的风险敞口非常大。基于1996年《仲裁与调解法》第13条第5款规定，如果对仲裁员的异议没有成功，则仲裁庭可以继续审理，但该当事方享有第二次救济机会，即可以基于第34条的规定，在仲裁裁决作出后，向法院寻求撤销仲裁裁决。

印度法上的这一点处理方式与《示范法》的做法不同，《示范法》第13条规定，如果仲裁庭拒绝当事人对于仲裁员的异议的，“根据当事人约定的任何程序或本条第2款的程序而提出的回避不成立的，提出回避申请的一方

---

① Section 13：…（4）If a challenge under any procedure agreed upon by the parties or under the procedure under sub-section（2）is not successful，the arbitral tribunal shall continue the arbitral proceedings and make an arbitral award.（5）Where an arbitral award is made under sub-section（4），the party challenging the arbitrator may make an application for setting aside such an arbitral award in accordance with section 34.

当事人可以在收到驳回其所提出的回避申请的决定通知后30天内，请求第6条规定的法院或其他机构就是否回避作出决定，该决定不得上诉；在对该请求未决期间，仲裁庭包括被申请回避的仲裁员可以继续进行仲裁程序和作出裁决”。

也就是说，《示范法》框架下对于仲裁员的异议不成功的，需要在仲裁庭作出仲裁裁决前向法院提出申请，但在印度法项下，却挪到了仲裁裁决作出之后向法院申请救济，这在事实上给了另外一方额外的理由来撤销仲裁裁决，实践中也可能存在会被失败一方滥用，成为阻碍仲裁裁决执行的一个抗辩工具的倾向。当然，如果失败一方是中国企业，则完全可以将此条纳入救济战术的考虑范围之中去，尤其是可以证明仲裁员的独立性和公正性存在问题的情况下，因此这一点值得中国的读者格外关注。

第二个理由，或者说印度法上另外一个偏离于《示范法》的地方是关于仲裁庭的“自裁管辖权”。在仲裁案件中，不论是出于策略考虑还是真实需求，当事人经常会对仲裁庭的管辖权提出异议。而仲裁庭是否对相关事项具有管辖权，这就需要对仲裁庭自裁管辖权原则进行讨论。

仲裁庭自裁管辖权原则（英文拼写“Competence - Competence”或者德文拼写“Kompetence - Kompetence”）是指仲裁庭有权判断自己的管辖权，并且不受法院相关诉讼程序的影响，开始或继续审理案件直至作出裁决，从而极大减少司法干预（Judicial Intervention）。这一原则已成为国际通行的仲裁惯例，为世界上大多数国家的立法与仲裁规则所承认与采纳。

具体到印度仲裁法而言，在当事一方提出对仲裁庭管辖权的异议后，1996年《仲裁与调解法》的立法规定与《示范法》的规定相去甚远。《示范法》项下，在第16条“仲裁庭对其管辖权作出裁定的权力”中规定：

（1）仲裁庭可以对其管辖权，包括对关于仲裁协议的存在或效力的任何异议作出裁定。为达此目的，构成合同一部分的仲裁条款应当视为独立于合同其他条款的一项协议。仲裁庭作出关于合同无效的决定，在法律上不导致仲裁条款无效。

（2）有关仲裁庭无管辖权的抗辩不得在提出答辩书之后提出。一方当事人指定或参与指定仲裁员的事实，不妨碍其提出此种抗辩。有关仲裁庭超越其权限范围的抗辩，应当在仲裁程序中出现被指称的越权事项时立即提出。在其中任何一种情况下，仲裁庭如认为迟延有正当理由的，可准许推迟提出抗辩。

（3）仲裁庭可以根据案情将本条第2款所指抗辩作为一个初步问题裁定或在实体裁决中裁定。仲裁庭作为一个初步问题裁定其拥有管辖权的，任何一方当事人可在收到裁定通知后30天内请求第6条规定的法院对此事项作出决定，该决定不得上诉；在对该请求未决期间，仲裁庭可以继续进行仲裁程序和作出裁决。

由以上第3款可以看出，《示范法》的立法取向是，如果当事人对仲裁庭作出的关于管辖权的决定不服的，可以自收到裁定通知后30天内到有管辖权的法院申请对仲裁庭是否具有管辖权这一事项作出决定，且该决定不得上诉。这一安排仍然是仲裁裁决作出前的安排。

但反观印度1996年《仲裁与调解法》，其虽然在第16条以明文的形式规定了仲裁庭的自裁管辖权，但对于当事人对仲裁庭管辖权异议的处理上却与《示范法》大相径庭。

印度1996年《仲裁与调解法》第16条第6款规定，如果对仲裁庭管辖权异议失败，仲裁庭作出仲裁裁决的，当事一方可以向法院申请撤销该仲裁裁决。[①] 印度法上没有将这一问题放在仲裁裁决作出之前进行处理，而是放在仲裁裁决作出之后处理，这在事实上又创造了一个在仲裁作出后可以申请撤裁的理由。

因此，对于不熟悉印度本国仲裁立法的外国当事人而言，如果无法从全局上对印度仲裁立法和实践进行把握，仅仅依赖在印度域外获取的仲裁相关经验，很可能造成相关的误区，严重的则可能导致在后续救济上应对乏力。

此外，2015年印度对1996年《仲裁与调解法》进行修正的时候，在第34条后加入了“第2A”条，即“An arbitral award arising out of arbitrations

① Section 16… (6) A party aggrieved by such an arbitral award may make an application for setting aside such an arbitral award in accordance with section 34.

other than international commercial arbitrations, may also be set aside by the Court, if the Court finds that the award is vitiated by patent illegality appearing on the face of the award: Provided that an award shall not be set aside merely on the ground of an erroneous application of thc law or by reappreciation of evidence.（除国际商事仲裁之外的裁决，如果法院发现裁决因明显违法而无效，也可以被法院撤销；但裁决不得因适用法律错误或者证据的适用而被撤销。）”也就是说，无涉外因素的纯印度国内裁决，被撤销的理由比同样仲裁地也在印度但包含涉外因素的国际仲裁裁决多出一条，即“明显违法（Patent Illegality)”。但具体到什么属于“明显违法”，法条没有给出明确解释，并且法条中提到了明显违法不等于法律适用错误，我们可以从最近的一个案例中把握法院的裁决尺度。

德里高等法院在“M/s SMS Ltd v Konkan Railway Corporation Ltd”[①] 一案中认定，由于仲裁庭没有采用国际上通用的关于工程延期导致损失时如何计算该部分损失的方法，而是采用了一种所谓的估计比例损失（Notional Proportionate Loss）的公式来进行计算，从而导致损失赔偿额非常低。法院认为在这一公式下，变量和参数全都是错的，并且这个公式没有大量在实践中被采用，因此是“Unknown”的，法院认为仲裁庭给出此仲裁裁决的说理方法属于“明显违法”。笔者个人的看法是这一理由较为牵强，或者法院为了纠正畸低的判决金额，而《仲裁与调解法》第 34 条规定的其他几项理由都无法达成此目的，只能采用判决“明显违法”这一理由。

二、申请撤销裁决的期限及是否可以延长该期限

印度 1996 年《仲裁与调解法》第 34 条中给出了仲裁裁决作出后失败一方的救济，即向法院申请撤销（Set aside）该仲裁裁决。按照该条第 3 款之规定，撤销仲裁的时效（Limitation）为从希望申请撤销仲裁的一方当事人收到仲裁裁决之日起 3 个月内，但法院可以延长此期限 30 天，前提是申请人

① O. M. P.（COMM）279/2017.

一方有充分的理由（Sufficient Cause），且法院的延期只能有一次，不得再继续给出额外的延期。也就是说，提出撤销仲裁的申请最长时限是 120 天。

需要注意的是，该 120 天的期限是一个法定期限，“过期不候”。印度最高法院在“P Radha Bai v P Ashok Kumar”① 一案中曾经作出过相应的判决，该案件比较有意思的一个点是，当事一方在收到裁决后过了 200 多天才向法院申请撤销仲裁裁决。法院认为明显已经超期，但该方抗辩理由是，依据印度 1963 年《时效法》（*the Limitation Act*）第 17 条之规定，如果存在欺诈等事项，时效需要从知晓该欺诈之日起算。该方同时声称由于对方欺诈，所以耽误了其向法院申请撤销仲裁裁决。因此，虽然《仲裁与调解法》中规定了该期限，但依据《时效法》，其可以申请更长的期限。

印度最高法院认定，《时效法》仅仅是在《仲裁与调解法》没有排除其适用的情况下才能适用，但第 34 条中关于申请撤销仲裁裁决的期限是一个法定期限，是对《时效法》适用的明确排除（Express Exclusion），加之《仲裁与调解法》的立法初衷就是快速解决争议，“终局性（Finality）”是仲裁法的基本原则，因此以《时效法》作为抗辩希望延长撤销仲裁裁决期限的理由不成立。

此外，印度司法实践中也有其他案例，申请撤销的一方当事人在超出上述最长时限 120 天后希望法院宽限（Condone），如“N. V. International vs. The State of Assam & Ors.”一案中，印度最高法院直接驳回（Dismiss）了当事人的宽限申请（Condonation Petition）。

“法律不保护在自己的权利上睡觉的人”这句法谚最为形象生动地描述了时效制度。躺在权利上的睡眠者，无视权利的存在，对其权利漠不关心，此种行为是对权利的亵渎，更是对法律的漠视，这种人是得不到法律的垂怜的。用通俗的话讲就是“权利不用，过期作废”。并且时效的期间、计算方法以及中止、中断的事由由法律规定，一般而言当事人对时效利益的预先放弃也是无效的。

---

① Civil Appeal No 7710 – 7713 of 2013.

有些读者可能很难理解，为何法律规定了120天的最长期限，还有人怠于行使自己的权利，未能在法定期限内提出撤销申请，难道他们不知道申请撤销仲裁裁决是他们在仲裁败诉后的最后救济吗？

实践中未能在上述法定期限内申请撤销裁决的当事人真的是大有人在。不说有些外国当事人不熟悉印度仲裁法的强制性规定，也没有询问律师，甚至没有自己翻一下成文法或者检索下判例的规定，甚至是有一些知道此时限的人，也会因各种原因未能及时提出撤销的申请，比如有的当事人就因为公司内部股东达不成一致意见而在扯皮的过程中错过了申请撤销仲裁裁决的时效，还有的当事人因为“债多了不愁”，已经对外负债较多或者在多个争议程序中败诉，就干脆“破罐子破摔”。

作为容易被忽略的重要问题，时效的救济需要在实务中引起足够的重视。

ARBITRATION
LAW AND PRACTICE
IN INDIA

第三编

印度现行仲裁法中英文对照及理解

THE ARBITRATION AND CONCILIATION ACT, 1996

1996年《仲裁与调解法》[1]

CONTENTS

内容

---

① 译者注：本法于1996年制定，经2015年和2019年两次修改，为印度现行有效的仲裁法。

CHAPTER III 第三章

COMPOSITION OF ARBITRAL TRIBUNAL 仲裁庭的组成

10. *Number of arbitrators* 仲裁员人数

11. *Appointment of arbitrators* 仲裁员的选任

12. *Grounds for challenge* 回避的理由

13. *Challenge procedure* 回避程序

14. *Failure or impossibility to act* 未能或者不能履职

15. *Termination of mandate and substitution of arbitrator* 仲裁员任命终止与替换

CHAPTER IV 第四章

JURISDICTION OF ARBITRAL TRIBUNALS 仲裁庭的管辖权

16. *Competence of arbitral tribunal to rule on its jurisdiction* 仲裁庭决定其管辖权权力

17. *Interim measures ordered by arbitral tribunal* 仲裁庭下令采取的临时措施

CHAPTER V 第五章

CONDUCT OF ARBITRAL PROCEEDINGS 仲裁程序守则

18. *Equal treatment of parties* 当事人平等待遇

19. *Determination of rules of procedure* 仲裁程序的确定

20. *Place of arbitration* 仲裁地

21. *Commencement of arbitral proceedings* 仲裁程序的开始

22. *Language* 语言

23. *Statements of claim and defence* 仲裁请求和答辩

24. *Hearings and written proceedings* 开庭和书面审理程序

25. *Default of a party* 一方当事人的缺席

26. *Expert appointment by arbitral tribunal* 仲裁庭指定的专家

27. *Court assistance in taking evidence* 法院协助取证

CHAPTER VI 第六章

MAKING OF ARBITRAL AWARD AND TERMINATION OF PROCEEDINGS 作出裁决和程序终止

28. *Rules applicable to substance of dispute* 适用于实体争议的规则

29. *Decision making by panel of arbitrators* 仲裁团作出的决定

30. *Settlement* 和解

31. *Form and contents of arbitral award* 裁决的形式和内容

32. *Termination of proceedings* 程序的终止

33. *Correction and interpretation of award; additional award* 裁决的更正和解释；补充裁决

CHAPTER VII 第七章

RECOURSE AGAINST ARBITRAL AWARD 对仲裁裁决的救济

34. *Application for setting aside arbitral award* 申请撤销仲裁裁决

CHAPTER VIII 第八章

FINALITY AND ENFORCEMENT OF ARBITRAT AWARDS 裁决的终局性和执行

35. *Finality of arbitral awards* 裁决的终局性

36. *Enforcement* 执行

CHAPTER IX 第九章

APPEALS 上诉

37. *Appealable orders* 可上诉的裁定

CHAPTER X 第十章

MISCELLANEOUS 杂项

38. *Deposits* 保证金

39. *Lien on arbitral award and deposits as to costs* 因费用而对仲裁裁决的留置和保证金

40. *Arbitration agreement not to be discharged by death of party thereto* 当事人死亡不导致仲裁协议的解除

41. *Provisions in case of insolvency* 出现破产清算时的处理

42. *Jurisdiction* 管辖权

43. *Limitations* 时效

PART II 第二部分

ENFORCEMENT OF CERTAIN FOREIGN AWARDS 某些外国仲裁裁决的执行

CHAPTER I 第一章

NEW YORK CONVENTION AWARDS《纽约公约》下的裁决

44. *Definition* 定义

45. *Power of judicial authority to refer parties to arbitration* 司法机关有权要求当事人提交仲裁

46. *When foreign award binding* 外国裁决何时具有约束力

47. *Evidence* 证据

48. *Conditions for enforcement of foreign awards* 执行外国裁决的条件

49. *Enforcement of foreign awards* 执行外国裁决

50. *Appealable orders* 可上诉的裁定

51. *Saving* 保留

52. *Chapter II not to apply* 第二章不适用

CHAPTER II 第二章

GENEVA CONVENTION AWARDS《日内瓦公约》下的裁决

53. *Interpretation* 解释

54. *Power of judicial authority to refer parties to arbitration* 司法机关有权要求当事人提交仲裁

55. *Foreign awards when binding* 外国裁决何时具有约束力

56. *Evidence* 证据

57. *Conditions for enforcement of foreign awards* 执行外国裁决的条件

58. *Enforcement of foreign awards* 外国裁决的执行

59. *Appealable orders* 可上诉的裁定

THE ARBITRATION AND CONCILIATION ACT, 1996

1996 年《仲裁与调解法》

(No. 26 of 1996)

(1996 年第 26 项立法)

[16th August 1996]

[1996 年 8 月 16 日]

An Act to consolidate and amend the law relating to domestic arbitration, international commercial arbitration and enforcement of foreign arbitral awards as also to define the law relating to conciliation and for matters connected therewith or incidental thereto.

本法旨在对与国内仲裁、国际商事仲裁和执行外国仲裁裁决有关的法律法规进行统合和修正，并界定与调解有关的法律和附带事项。

PREAMBLE

序言

WHERE AS the United Nations Commission on International Trade Law (UNCITRAL) has adopted the UNCITRAL Model Law on International Commercial Arbitration in 1985;

鉴于联合国国际贸易法委员会（UNCITRAL）已经于1985年通过了《国际商事仲裁示范法》；

AND WHEREAS the General Assembly of the United Nations has recommended that all countries give due consideration to the said Model Law, in view of the desirability of uniformity of the law of arbitral procedures and the specific needs of international Commercial arbitration practice;

且鉴于联合国大会向所有国家推荐应给上述《国际商事仲裁示范法》以充分的重视，考虑到对仲裁程序法律进行统一的愿望以及国际商事仲裁实践的具体需要；

AND WHEREAS the UNCITRAL has adopted the UNCITRAL Conciliation Rules in 1980;

且鉴于联合国国际贸易法委员会（UNCITRAL）已经于1980年通过了《联合国国际贸易法委员会调解规则》；

AND WHEREAS the General Assembly of the United Nations has recommended the use of the said Rules in cases where a dispute arises in the context of international commercial relations and the parties seek an amicable settlement of that dispute by recourse to conciliation;

且鉴于联合国大会向所有国家推荐因国际商事关系发生纠纷并且双方希望通过和解的方式寻求纠纷的善意解决时，采用上述《联合国国际贸易法委员会调解规则》；

AND WHEREAS the said Model Law and Rules make significant contribution to the establishment of a unified legal framework for the fair and efficient settlement of disputes arising in international commercial relations;

且鉴于上述《国际商事仲裁示范法》及《联合国国际贸易法委员会调解规则》对于统一法律框架的建立和国际商事关系中产生的争议的公平和高效解决具有重大贡献；

AND WHEREAS it is expedient to make law respecting arbitration and conciliation, taking into account the aforesaid Model Law and Rules;

且鉴于结合上述《国际商事仲裁示范法》及《联合国国际贸易法委员会调解规则》进行仲裁和调解相关的立法是有利的；

BE it enacted by Parliament in the forty - seventh year of the Republic as follows:

议会特此在共和国第47年制定本法：

PRELIMINARY

引言

1. Short title, extent and - commencement. —

简称、适用范围和生效时间

(1) This Act maybe called the Arbitration and Conciliation Act, 1996.

本法可称为1996年《仲裁与调解法》。

(2) It extends to the whole of India:

本法适用于印度全境：

【2019年删除】Provided that Parts I, III and IV shall extend to the State of Jammu and Kashmir only in so far as they relate to international commercial arbitration or, as the case may be, international commercial conciliation.

需要注意的是，本法第一、三、四部分仅在案件为国际商事仲裁或者国际商事调解时于查谟和克什米尔邦适用。[①]

Explanation. —In this sub-section, the expression "international commercial conciliation" shall have the same meaning as the expression "international commercial arbitration" in clause (f) of sub-section (1) of section 2, subject to the modification that for the word "arbitration" occurring therein, the word "conciliation" shall be substituted.

解释：在本分条中，"国际商事调解"一词应当具有和第 2 条第 1 分条第 f 款中"国际商事仲裁"一词相同的含义，但受下述修正的约束：应当用"仲裁"代替相关处出现的"调解"。

(3) It shall come be deemed come into force on the 25th day of January 1996.

本法自 1996 年 1 月 25 日起生效。

PART I　ARBITRATION

第一部分　仲裁

CHAPTER I　GENERAL PROVISIONS

第一章　一般规定

2. Definitions. —

定义

(1) In this Part, unless the context otherwise requires, —

在本部分，除上下文另有规定外，则：

(a) "Arbitration" means any arbitration whether or not administered by permanent arbitral institution;

"仲裁"是指无论是否由常设仲裁机构进行的任何仲裁；

(b) "Arbitration agreement" means an agreement referred to in section 7;

① 本款在 2019 年修正时删除。

“仲裁协议”指的是本法第7条中规定的协议；

(c)“Arbitral award” includes an interim award;

“仲裁裁决”包括中间裁决①；

(d)“Arbitral tribunal” means a sole arbitrator or a panel of arbitrators;

“仲裁庭”是指一名独任仲裁员或一个仲裁团；

(e)②【2015年修正替换】“Court” means the principal Civil Court of original jurisdiction in a district, and includes the High Court in exercise of its ordinary original civil jurisdiction, having, jurisdiction to decide the questions forming the subject - matter of the arbitration if the same had been the subject - matter of a suit, but does not include any civil court of a grade inferior to such principal Civil Court, or any Court of Small Causes.

“法院”指如果该争议提交诉讼，则对该争议具有初审管辖权的地区主要民事法院，包括对该争议具有初审管辖权的高等法院，但不包括那些级别在主要民事法院之下的法院或者轻微诉因法院；

【修正后】“Court” means—

(i) in the case of an arbitration other than international commercial arbitration, the principal Civil Court of original jurisdiction in a district, and includes the High Court in exercise of its ordinary original civil jurisdiction, having jurisdiction to decide the questions forming the subject - matter of the arbitration if the same had been the subject - matter of a suit, but does not include any Civil Court of a grade inferior to such principal Civil Court, or any Court of Small Causes③;

如果是国际商事仲裁之外的仲裁案件，则如同采取诉讼时，对此类争议标的具有初审管辖权的地区主要民事法院，包括行使普通初审管辖权的高等法院，但不包括级别在主要民事法院之下的法院或者轻微诉因法院；

(ii) in the case of international commercial arbitration, the High Court in ex-

---

① 这一点相对1940年法案而言是一个巨大的进步，当时的法案不承认中间裁决。

② 2015年修正案以新的解释对旧有内容进行了替代，从2015年10月23日起生效。

③ 轻微诉因法院指的是就轻微财产相关争议案件进行处理的法院。

ercise of its ordinary original civil jurisdiction, having jurisdiction to decide the questions forming the subject - matter of the arbitration if the same had been the subject - matter of a suit, and in other cases, a High Court having jurisdiction to hear appeals from decrees of courts subordinate to that High Court.

如果是国际商事仲裁，则如同采取诉讼时，对此类争议标的具有初审管辖权的高等法院，以及在其他情况下，有权对法院裁定的上诉进行管辖的高等法院。

(f) "International commercial arbitration" means an arbitration relating to disputes arising out of legal relationships, whether contractual or not, considered as commercial under the law in force in India and where at least one of the parties is—

"国际商事仲裁"指的是产生于依印度法被认为是商事（无论其为契约性与否）法律关系的争端有关的仲裁，且至少一方当事人是：

(i) An individual who is a national of, or habitually resident in, any country other than India; or

国籍或者习惯居住地为印度之外的任何国家的自然人；或者

(ii) A body corporate which is in corporate in any on n try other than India; or

在印度之外任何国家设立的法人团体；或者

(iii) A company① or an association or a body of individuals whose central management and control is exercised in any country other than India; or

核心管理和控制权在印度境外任何国家行使的公司、社团或者自然人组织；或者

(iv) The Government of a foreign country;

外国政府；

(g) "Legal representative" means a person who in law represents the estate of

① "a company"的表述在2015年修正案时进行了删除。

a deceased person, and includes any person who intermeddles with the estate of the deceased, and, where a party acts in a representative character, the person on whom the estate devolves on the death of the party so acting;

"法定代表人"系指依法代表死者财产的人，包括任何管理死者财产的人，和由于具有代理身份的一方当事人的死亡财产所移交的人；

(h) "Party" means a party to an arbitration agreement.

"当事方"指的是签订仲裁协议的一方。

Scope

适用范围

(2) This Part shall apply where the place of arbitration is in India.

本部分适用于仲裁地在印度的仲裁。

【2015 年修正新增】Provided that subject to an agreement to the contrary, the provisions of sections 9, 27 and clause (a) of sub-section (1) and sub-section (3) of section 37 shall also apply to international commercial arbitration, even if the place of arbitration is outside India, and an arbitral award made or to be made in such place is enforceable and recognised under the provisions of Part II of this Act.

如有相反协议，则第 9 条、第 27 条及第 37 条第 1 款 a 项和第 3 款应同样适用于国际商事仲裁，即使仲裁地位于印度之外，且在上述仲裁地作出的或者将要作出的仲裁裁决可依照本法第二部分在印度得到承认和执行。

(3) This Part shall not affect any other law for the time being in force by virtue of which certain disputes may not be submitted to arbitration.

本部分不应当影响按照规定不能将某些争议提交仲裁的任何现行法律。

(4) This Part except sub-section (1) of section 40, sections 41 and 43 shall apply to every arbitration under any other enactment for the time being in force, as if the arbitration were pursuant to an arbitration agreement and as if that other en-

actment were an arbitration agreement, except in so far as the provisions of this Part are inconsistent with that other enactment or with any rules made thereunder.

除第40条第1款、第41条和第43条外，本部分应适用于任何其他现行有效立法项下的仲裁，使得仲裁视为依据仲裁协议进行且将其他立法视为一项仲裁协议，除非本部分的规定与其他立法或者后续制定的规则相冲突。

(5) Subject to the provisions of sub-section (4), and save in so far as is otherwise provided by any law for the time being in force or in any agreement in force between India and any other country or countries, this Part shall apply to all arbitrations and to all proceedings relating thereto.

受第4款之规定的约束，并且任何现行有效法律或者印度与其他任何或者多个国家之间的协议中另外相关规定，则本部分应当适用于所有仲裁和与之相关的程序。

(6) Where this Part, except section 28, leaves the parties free to determine a certain issue, that freedom shall include the right of the parties to authorise any person including an institution, to determine that issue.

除第28条外，如果本部分允许当事方自由决定某事项，该自由应当包括当事人授权包括机构在内的任何其他人来决定该事项。

(7) An arbitral award made under this Part shall be considered as a domestic award.

根据本部分作出的仲裁裁决应当被认定为国内仲裁裁决。

(8) Where this Part—

若本部分：

(a) Refers to the fact that the parties have agreed or that they may agree, or

提到当事人已经或者可能达成协议的事实，或

(b) In any other way refers to an agreement of the parties,

以其他方式提到当事人的一项协议，

That agreement shall include any arbitration rules referred to in that agreement.

该协议应当包含在协议中提到的仲裁规则。

(9) Where this Part, other than clause (a) of section 25 or clause (a) of sub-section (2) of section 32, refers to a claim, it shall also apply to a counter-claim, and where it refers to a defence, it shall also apply to a defence to that counter – claim.

本部分除第25条a项或者第32条第2款a项外，如指向仲裁请求，其应当适用于反请求。如果指向抗辩，则其应当也适用于对反请求的抗辩。

3. Receipt of written communications. —

收到书面通讯

(1) Unless otherwise agreed by the parties, —

除非当事人另有约定，

(a) Any written communication is deemed to have been received if it is delivered to the addressee personally or at his place of business, habitual residence or mailing address, and

任何书面通讯，经当面递交收件人，或投递到收件人的营业地点、惯常住所或通信地址的，视为已经收到，以及

(b) If none of the places referred to in clause (a) can be found after making a reasonable inquiry, a written communication is deemed to have been received if it is sent to the addressee's last known place of business, habitual residence or mailing address by registered letter or by any other means which provides a record of the attempt to deliver it.

经合理查询不能找到前款所述的任一地点而以挂号信或能提供做过试图投递的记录的其他任何方式投递到收件人最后一个为人所知的营业地点、惯常住所或通信地址的，视为已经收到。

(2) The communication is deemed to have been received on the day it is so delivered.

通讯视为已于以上述方式投递之日收到。

(3) This section does not apply to written communications in respect of pro-

ceedings of any judicial authority.

本条规定不适用于法院程序中的书面通讯。

4. Waiver of right to object.

放弃提出异议的权利

A party who knows that—

一方当事人知道：

(a) Any provision of this Part from which the parties may derogate, or

当事方可能减损本部分下的任何条款，或

(b) Any requirement under the arbitration agreement,

仲裁协议下的任何要求，

Has not been complied with and yet proceeds with the arbitration without stating his objection to such non – compliance without undue delay or, if a the limit is provided for stating that objection, within that period of time, shall be deemed to have waived his right to so object.

未得到遵守，但仍继续进行仲裁而没有不过分迟延地或在为此订有时限的情况下没有在此时限内对此种不遵守情事提出异议的，应视为已放弃其提出异议权利。

5. Extent of judicial intervention.

法院干预的限度

Notwithstanding anything contained in any other law for the time being in force, in matter governed by this Part, no judicial authority shall intervene except where so provided in this Part.

不管其他现行有效的法律中如何规定，由本法管辖的事项，任何司法机关不得干预，除非本法有此规定。

6. Administrative assistance.

行政协助

In order to facilitate the conduct of the arbitral proceedings, the parties, or the arbitral tribunal with the consent of the parties, may arrange for administrative assistance by a suitable institution or person.

为了使仲裁程序顺利进行，当事方或者仲裁庭在获得当事方授意的前提下可以从合适的机构或者人处安排相应的行政协助。

CHAPTER II ARBITRATION AGREEMENT

第二章 仲裁协议

7. Arbitration agreement. —

仲裁协议

(1) In this Part, "arbitration agreement" means an agreement by the parties to submit to arbitration all or certain disputes which have arisen or which may arise between them in respect of a defined legal relationship, whether contractual or not.

在本部分中，“仲裁协议”是指当事人同意将他们之间一项确定的契约性或非契约性的法律关系中已经发生或可能发生的一切争议或某些争议交付仲裁的协议。

(2) An arbitration agreement may be in the form of an arbitration clause in a contract or in the form of a separate agreement.

仲裁协议可以采取合同中的仲裁条款形式或单独的协议形式。

(3) An arbitration agreement shall be in writing.

仲裁协议应为书面形式。

(4) An arbitration agreement is in writing if it is contained in—

如果仲裁协议记载于以下形式则为书面协议：

(a) A document signed by the parties;

当事方签署的文件；

(b) An exchange of letters, telex, telegrams or other means of telecommunication [including communication through electronic means] ① which provide a re-

① 2015 年修正案新增，自 2015 年 10 月 23 日起生效。

cord of the agreement; or

载于往来的书信、电传、电报或提供协议记录（包括通过电子介质的通信）的其他电信手段中；或者

(c) An exchange of statements of claim and defence in which the existence of the agreement is alleged by one party and not denied by the other.

在申请书和答辩书的交换中当事一方声称有协议而其他当事方不否认。

(5) The reference in a contract to a document containing an arbitration clause constitutes an arbitration agreement if the contract is in writing and the reference is such as to make that arbitration clause part of the contract.

在合同中援引载有仲裁条款的一项文件即构成仲裁协议，但该合同须是书面的而且这种援引足以使该仲裁条款构成该合同的一部分。

8. Power to refer parties to arbitration where there is an arbitration agreement.

（法院）在双方有仲裁协议的情况下有要求其诉诸仲裁的权力

【修正前】（1）A judicial authority before which an action is brought in a matter, which is the subject of an arbitration agreement, shall, if a party so applies not later than when submitting his first statement on the substance of the dispute, refer the parties to arbitration.

就仲裁协议的标的向司法机关提起诉讼时，一方当事人在不迟于其就争议实体提出第一次申述时要求仲裁的，司法机关应让当事人诉诸仲裁。①

【2015 年修正后】（1）A judicial authority②, before which an action is brought in a matter which is the subject of an arbitration agreement shall, if a party to the arbitration agreement or any person claiming through or under him, so applies not later than the date of submitting his first statement on the substance of the dispute, then, notwithstanding any judgment, decree or order of the Supreme

① 2015 年修正案以下面的条文替换本条，自 2015 年 10 月 23 日起生效。

② 《联合国国际贸易法委员会国际商事仲裁示范法》（UNCITRAL Model Law on International Commercial Arbitration）中用的表述是“Court（法院）”。

Court or any Court, refer the parties to arbitration unless it finds that prima facie no valid arbitration agreement exists.

就仲裁协议的标的向司法机关提起诉讼时，一方当事人在不迟于其就争议实体提出第一次申述时要求仲裁的，则不管是否有任何来自最高法院或者其他法院的判决、裁决或者裁定，司法机关应让当事人诉诸仲裁，除非其根据表面证据发现不存在有效的仲裁协议。

（2）The application referred to in sub-section（1）shall not be entertained unless it is accompanied by the original arbitration agreement or a duly certified copy thereof.

第 1 款中提到的申请不得被受理，除非其附有仲裁协议原本或者经认证的副本。

【2015 年修正新增】Provided that where the original arbitration agreement or a certified copy thereof is not available with the party applying for reference to arbitration under sub-section（1）, and the said agreement or certified copy is retained by the other party to that agreement, then, the party so applying shall file such application along with a copy of the arbitration agreement and a petition praying the Court to call upon the other party to produce the original arbitration agreement or its duly certified copy before that Court. ①

如果按照上述第 1 款提起申请的当事人没有仲裁协议原本或者认证副本的，且此类协议在另外一方处的，则申请人可以附上协议副本并向法院提出要求另外一方将仲裁协议原本或者认证副本出示给法院。

（3）Notwithstanding that an application has been made under sub-section（1）and that the issue is pending before the judicial authority, an arbitration may be commenced or continued and an arbitral award made.

尽管已经按照第 1 款提出申请，该事项司法机关尚未作出决定，但可以开始或者继续仲裁程序、作出仲裁裁决。

① 2015 年修正案新增，自 2015 年 10 月 23 日起生效。

9. Interim measures, etc. by court.

法院临时措施

（1）A party may, before or during arbitral proceedings or at any time after the making of the arbitral award but before it is enforced in accordance with section 36, apply to a court: —

一方在仲裁程序之前或者期间，或者在仲裁裁决作出后但在根据第 36 条执行该裁决之前，向法院申请：

（i）For the appointment of a guardian for a minor or a person of unsound mind for the purposes of arbitral proceedings; or

为了仲裁程序的目的，为未成年人或者精神不健全的人申请监护人；或者

（ii）For an interim measure of protection in respect of any of the following matters, namely: —

申请下述任何保护性临时措施：

（a）The preservation, interim custody or sale of any goods, which are the subject matter of the arbitration agreement;

与仲裁协议主要事项相关的保全、临时扣押或者售卖货物；

（b）Securing the amount in dispute in the arbitration;

保全仲裁争议金额；

（c）The detention, preservation or inspection of any property or thing which is the subject - matter of the dispute in arbitration, or as to which any question may arise therein and authorising for any of the aforesaid purposes any person to enter upon any land or building in the possession of any party, or authorising any samples to be taken or any observation to be made, or experiment to be tried, which may be necessary or expedient for the purpose of obtaining full information or evidence;

对以下任何与仲裁主要事项相关的财产或者物的扣留、保存和检查，或者引起产生任何问题和为上述目的而允许任何人在一方当事人占有期间进入

任何土地或建筑物，或允许采集任何样品或作出任何检测或实验，前提是这些行为对获得全部信息或者证据是必要的或有用的；

(d) Interim injunction or the appointment of a receiver;

临时禁令或者指定接管人；

(e) Such other interim measure of protection as may appear to the court to be just and convenient,

其他法院认为公正和适宜的临时措施，

And the Court shall have the same power for making orders as it has for the purpose of, and in relation to, any proceedings before it.

且法院拥有与其为了任何诉讼目的或者诉讼程序相同的裁定发布权。

【2015 年修正新增】(2) Where, before the commencement of the arbitral proceedings, a Court passes an order for any interim measure of protection under sub-section (1), the arbitral proceedings shall be commenced within a period of ninety days from the date of such order or within such further time as the Court may determine. ①

在开始仲裁程序之前，如果法院通过了基于上述第 1 款的有关临时保护措施的裁定，则仲裁程序需要在此类裁定下发之日起 90 日内或者法院可能判定的其他时间内开始。

CHAPTER III COMPOSITION OF ARBITRAL TRIBUNAL

第三章 仲裁庭的组成

10. Number of arbitrators. —

仲裁员人数

(1) The parties are free to determine the number of arbitrators, provided that such number shall not be an even number.

---

① 2015 年修正案新增，自 2015 年 10 月 23 日起生效。

当事各方可以自由确定仲裁员的人数，但该人数不得为偶数。①

(2) Failing the determination referred to in sub-section (1), the arbitral tribunal shall consist of a sole arbitrator.

如未按照前款规定进行确定，则仲裁员的人数应为一名。②

11. Appointment of arbitrators. —

仲裁员的委任

(1) A person of any nationality may be an arbitrator, unless otherwise agreed by the parties.

除非当事各方另有协议，否则不应以所属国籍为理由排除任何人担任仲裁员。

(2) Subject to sub-section (6), the parties are free to agree on a procedure for appointing the arbitrator or arbitrators.

当事人可以自由约定指定一名或多名仲裁员的程序，但须遵从本条第 6 款的规定。

(3) Failing any agreement referred to in sub-section (2), in an arbitration with three arbitrators, each party shall appoint one arbitrator, and the two appointed arbitrators shall appoint the third arbitrator who shall act as the presiding arbitrator.

未按照本条第 2 款之规定达成约定的，在仲裁员为三名的仲裁中，由一方当事人指定一名仲裁员，并由如此指定的两名仲裁员指定第三名仲裁员，该第三名仲裁员将作为首席仲裁员。

(4) If the appointment procedure in sub-section (3) applies and

如果按照上述第 3 款中所述的方式进行委任仲裁员并且：

(a) A party fails to appoint an arbitrator within thirty days from the receipt of

---

① 评注：在《联合国国际贸易法委员会国际商事仲裁示范法》中并没有规定仲裁员人数是否为偶数，但在印度的仲裁立法中，直接规定了仲裁员人数不得为偶数。因为本条是强制性的法律规定，所以违反此条将直接导致仲裁庭的组成不合法。

② 评注：在《联合国国际贸易法委员会国际商事仲裁示范法》中，如果没有人数的规定，则默认仲裁员的人数为三名。

a request to do so from the other party; or

一方当事人在收到对方当事人提出指定仲裁员的要求后 30 日内未指定仲裁员的；或者

(b) The two appointed arbitrators fail to agree on the third arbitrator within thirty days from the date of their appointment,

两名仲裁员在被指定后 30 日内未就第三名仲裁员达成协议的，

【2015 年修正】The appointment shall be made, upon request of a party, by the Chief Justice or any person or institution designated by him Supreme Court or, as the case may be, the High Court or any person or institution designated by such Court.

经一方当事人请求，由首席法官或者其指定的印度最高法院或基于案件情况，由高等法院或此类法院指定的任何人或机构加以指定。①

【2015 年修正】(5) Failing any agreement referred to in sub-section (2), in an arbitration with a sole arbitrator, if the parties fail to agree on the arbitrator within thirty days from receipt of a request by one party from the other party to so agree the appointment shall be made, upon request of a party, by theby the Chief Justice or any person or institution designated by him Supreme Court or, as the case may be, the High Court or any person or institution designated by such Court.

未按照上述第 2 款达成协议，在独任仲裁员的仲裁中，如果各方自另外一方当事人收到一方当事人请求同意任命之日起 30 日内未达成一致，经一方当事人请求，由首席法官或者其指定的印度最高法院或基于案件情况，由高等法院或此类法院指定的任何人或机构加以指定。②

(6) Where, under an appointment procedure agreed upon by the parties, —

按照当事人协商一致的任命程序，如果：

(a) A party fails to act as required under that procedure; or

一方当事人没有按照该程序行事，或者

---

① 2015 年修正案替换，自 2015 年 10 月 23 日起生效。

② 2015 年修正案替换，自 2015 年 10 月 23 日起生效。

(b) The parties, or the two appointed arbitrators, fail to reach an agreement expected of them under that procedure; or

当事人或者两名被委任的仲裁员无法达成依照该程序所期望的协议；或者

(c) A person, including an institution, fails to perform any function entrusted to him or it under that procedure,

个人、机构未能按照该程序履行委托给他们的任务，

A party may request the Chief Justice or any person or institution designated by him to take the necessary measure, unless the agreement on the appointment procedure provides other means for securing the appointment.

一方当事人可以请求首席法官或者其指定的其他人或者机构采取必要措施，除非任命程序的协议为了确保任命规定了其他方法。

【2015 年修正新增】(6A) The Supreme Court or, as the case may be, the High Court, while considering any application under sub-section (4) or sub-section (5) or sub-section (6), shall, notwithstanding any judgment, decree or order of any Court, confine to the examination of the existence of an arbitration agreement①.

最高法院或者视情况由高等法院在考虑基于上述第 4 款或者第 5 款的任何申请时，不管任何法院判例、判决或者裁定，应当仅限于审查仲裁协议的存在与否。

【2015 年修正新增】(6B) The designation of any person or institution by the Supreme Court or, as the case may be, the High Court, for the purposes of this section shall not be regarded as a delegation of judicial power by the Supreme Court or the High Court②.

由最高法院或者视情况由高等法院作出对任何人或者机构的委任时，为了实现本条之目的，不得将最高法院或者高等法院的此行为视为对司法权力

① 2015 年修正案新增，自 2015 年 10 月 23 日起生效。
② 2015 年修正案新增，自 2015 年 10 月 23 日起生效。

的授权。

【2015 年修正】(7) A decision on a matter entrusted by sub-section (4) or sub-section (5) or sub-section (6) to the Chief Justice or the person or institution designated by him is final. the Supreme Court or, as the case may be, the High Court or the person or institution designated by such Court is final and no appeal including Letters Patent Appeal shall lie against such decision.

第 4 款、第 5 款、第 6 款中委托给首席法官或者其指定的人或者机构，印度最高法院或基于案件情况，由高等法院或此类法院指定的任何人或机构就某事项的决定是终局的，不得对上述决定采取包括上诉信在内的形式进行上诉。[①]

【2015 年修正替换】(8) The Chief Justice or the person or institution designated by him, in appointing an arbitrator, shall have due regard to—

首席法官或其指定的人或机构在任命仲裁员时应当考虑：

(a) Any qualifications required of the arbitrator by the agreement of the parties; and

当事人的协议中对仲裁员的资格要求；和

(b) Other considerations as are likely to secure the appointment of an independent and impartial arbitrator.

其他可能确保委任一名独立且公正的仲裁员的因素。

【2015 年修正新增】(8) The Supreme Court or, as the case may be, the High Court or the person or institution designated by such Court, before appointing an arbitrator, shall seek a disclosure in writing from the prospective arbitrator in terms of sub-section (1) of section 12, and have due regard to—

最高法院或者视情况由高等法院或由该类法院授权的人或者机构，在委任仲裁员之前，应当从潜在的仲裁员处获取一份书面的关于第 12 条第 1 款的披露文件，且应当包括：

---

① 2015 年修正案新增，自 2015 年 10 月 23 日起生效。

(a) any qualifications required for the arbitrator by the agreement of the parties; and

当事方约定的仲裁员人选所需要的任何资质；和

(b) the contents of the disclosure and other considerations as are likely to secure the appointment of an independent and impartial arbitrator. ①

可能确保一位独立且公正的仲裁员的委任的披露文件内容和其他信息。

【2015 年修正替换】(9) In the case of appointment of sole or third arbitrator in an international commercial arbitration, the Chief Justice of India or the person or institution designated by him Supreme Court or the person or institution designated by that Court may appoint an arbitrator of a nationality other than the nationalities of the parties where the parties belong to different nationalities.

在国际商事仲裁中任命独任仲裁员或者第三位仲裁员时，如果当事人属于不同国籍，印度首席法官或者其指定的人或者机构，印度最高法院或由最高法院指定的任何人或机构可以委任当事人国籍之外的仲裁员。②

【2015 年修正替换】(10) The Chief Justice may make such scheme, as he may deem appropriate for dealing with matters entrusted by sub-section (4) or sub-section (5) or subsection (6) to him.

首席法官可以制定他认为对处理上述第 4 款或第 5 款或第 6 款所托付给他的事项的适宜方案。

【2015 年修正替换】(10) The Supreme Court or, as the case may be, the High Court, may make such scheme as the said Court may deem appropriate for dealing with matters entrusted by sub-section (4) or sub-section (5) or sub-section (6), to it. ③

最高法院或者视情况由高等法院，可以制定其认为合适的相关方案来处理上述第 4 款或第 5 款或第 6 款中的事项。

---

① 2015 年修正案替换，自 2015 年 10 月 23 日起生效。
② 2015 年修正案替换，自 2015 年 10 月 23 日起生效。
③ 2015 年修正案替换，自 2015 年 10 月 23 日起生效。

【2015 年修正】（11）Where more than one request has been made under sub-section（4）or subsection（5）or sub-section（6）to the Chief Justices of different High Courts or their designates，[different High Courts or their designates，the High Court or its designate to whom the request has been first made①] the Chief Justice or his designate to whom the request has been first made under the relevant subsection shall alone be competent to decide on the request.

若按照上述第 4 款、第 5 款、第 6 款之规定，已经向不同的高等法院的首席法官或其指定的人提出多个申请，则依照上述各款向首先提出申请的首席法官或其指定的人应当单独具有决定该申请的资格。

【旧法条】(12)

(a) Where the matters referred to in sub-sections（4），（5），（6），（7），（8）and（10）arise in an international commercial arbitration，the reference to "Chief Justice" in those subsections shall be construed as a reference to the "Chief Justice of India".

若上述第 4 款、第 5 款、第 6 款、第 7 款、第 8 款、第 10 款中提到的事项产生于国际商事仲裁，则对这些条款中所提及的首席法官指的是印度首席大法官②。

(b) Where the matters referred to in sub-sections（4），（5），（6），（7），（8）and（10）arise in any other arbitration，the reference to "Chief Justice" in those sub-sections shall be construed as a reference to the Chief Justice of the High Court within whose local limits the principal Civil Court referred to in clause（e）of sub-section（1）of section 2 is situate and，where the High Court itself is the Court referred to in that clause，to the Chief Justice of that High Court.

若上述第 4 款、第 5 款、第 6 款、第 7 款、第 8 款、第 10 款中提到的事项产生于其他任何仲裁，则上述条款中提到的首席法官应当视为下列首席法官：第 2 条第 1 款 e 项中提到的主要民事法院所在地范围内的高等法院首席

① 2015 年修正案替换，自 2015 年 10 月 23 日起生效。

② 即印度最高法院的首席大法官。

法官；若高等法院本身是该条款中所提及的法院，则是该高等法院的首席法官。

【2015 年修正替换】（12）（a）Where the matters referred to in sub-sections（4），（5），（6），（7），（8）and sub-section（10）arise in an international commercial arbitration，the reference to the "Supreme Court or，as the case may be，the High Court" in those sub-sections shall be construed as a reference to the "Supreme Court"；and

若上述第 4 款、第 5 款、第 6 款、第 7 款、第 8 款和第 10 款中的事项产生在国际商事仲裁中时，对于"最高法院或视情况而定的高等法院"应当被解释为"最高法院"；且

（b）Where the matters referred to in sub-sections（4），（5），（6），（7），（8）and sub-section（10）arise in any other arbitration，the reference to "the Supreme Court or，as the case may be，the High Court" in those sub-sections shall be construed as a reference to the "High Court" within whose local limits the principal Civil Court referred to in clause（e）of sub-section（1）of section 2 is situate，and where the High Court itself is the Court referred to in that clause，to that High Court.①

若上述第 4 款、第 5 款、第 6 款、第 7 款、第 8 款和第 10 款中的事项产生在其他仲裁中时，对于"最高法院或视情况而定的高等法院"应当被解释为第 2 条第 1 款 e 项中提到的主要民事法院所在地范围内的"高等法院"，且如果该高等法院本身是该条款中所提及的法院，则是该高等法院。

【2015 年修正新增】（13）An application made under this section for appointment of an arbitrator or arbitrators shall be disposed of by the Supreme Court or the High Court or the person or institution designated by such Court，as the case may be，as expeditiously as possible and an endeavour shall be made to dispose of the matter within a period of sixty days from the date of service of notice on the op-

① 2015 年修正案替换，自 2015 年 10 月 23 日起生效。

posite party.

基于本条由最高法院或者高等法院或者由此类法院指定的人或者机构就仲裁员或者仲裁员委任的申请，应当视情况采取尽可能快速的方式进行，且应当尽可能从另外一方收到通知之日起60日内处理完毕。

(14) For the purpose of determination of the fees of the arbitral tribunal and the manner of its payment to the arbitral tribunal, the High Court may frame such rules as may be necessary, after taking into consideration the rates specified in the Fourth Schedule.

为了决定仲裁庭的费用和支付给仲裁庭的方式，高等法院可以在参考附件四中记载的费率后制定相应的规则。

Explanation. —For the removal of doubts, it is hereby clarified that this sub-section shall notapply to international commercial arbitration and in arbitrations (other than international commercial arbitration) in case where parties have agreed for determination of fees as per the rules of an arbitral institution. ①

解释： 为避免疑问，此处特别澄清本款内容不适用于国际商事仲裁和当事方同意依照仲裁机构规则确定费率的仲裁（不包括国际商事仲裁）案件。

【2015 年修正新增】**11A. Power of Central Government to amend Fourth Schedule.** — (1) If the Central Government is satisfied that it is necessary or expedient so to do, it may, by notification in the Official Gazette, amend the Fourth Schedule and thereupon the Fourth Schedule shall be deemed to have been amended accordingly.

中央政府修正附件四的权力：如果中央政府认为修正是必需的或者适宜的，则其可以通过官方公告的方式对附件四进行修正，附件四相应地被视为进行了修正。

(2) A copy of every notification proposed to be issued under sub-section (1), shall be laid in draft before each House of Parliament, while it is in session, for a

① 2015 年修正案新增，自 2015 年 10 月 23 日起生效。

total period of thirty days which may be comprised in one session or in two or more successive sessions, and if, before the expiry of the session immediately following the session or the successive sessions aforesaid, both Houses agree in disapproving the issue of the notification or both Houses agree in making any modification in the notification, the notification shall not be issued or, as the case may be, shall be issued only in such modified form as may be agreed upon by the both Houses of Parliament. ①

对于上述第1款项下的计划发布的每一个通知的副本，都应在议会开会期间以草案的形式呈送至议会上下院，经总计30日的可以缩减为一个会期或者两个或者多个连续的会期，且如果在会期结束前在上述后续紧跟着的会期或者连续的会期，两院都否决此通知或者都同意对该通知进行修正的，此通知不得发布，或者视情况仅有在修正被议会上下两院都同意的情况下发布。

12. Grounds for challenge. —

回避的理由

(1) When a person is approached in connection with his possible appointment as an arbitrator, he shall disclose in writing any circumstances likely to give rise to justifiable doubts as to his independence or impartiality.

在被询及有关可能被指定为仲裁员之事项时，被询问人应该书面披露可能引起对其独立性或公正性产生正当怀疑的任何情况。

【2015年修正替换】(1) When a person is approached in connection with his possible appointment as an arbitrator, he shall disclose in writing any circumstances, —

在被询及有关可能被指定为仲裁员之事项时，被询问人应该书面披露可能引起对其独立性或公正性产生正当怀疑的以下任何情况：

(a) such as the existence either direct or indirect, of any past or present rela-

① 2015年修正案新增，自2015年10月23日起生效。

tionship with or interest in any of the parties or in relation to the subject – matter in dispute, whether financial, business, professional or other kind, which is likely to give rise to justifiable doubts as to his independence or impartiality; and

诸如存在直接或者间接地与任何当事方的过去或者现在的关系或者利益，或者就争议的标的事项存在不论是财务、商务、专业上还是其他种类的可能导致对其独立性或公正性产生合理怀疑的情形；和

(b) which are likely to affect his ability to devote sufficient time to the arbitration and in particular his ability to complete the entire arbitration within a period of twelve months.

那些可能影响其对仲裁投入足够的时间尤其是在 12 个月内完成整个仲裁程序的情况。

Explanation 1. —The grounds stated in the Fifth Schedule shall guide in determining whether circumstances exist which give rise to justifiable doubts as to the independence or impartiality of an arbitrator.

解释 1：附件五中所列的理由应当作为判定对一个仲裁员的独立性或公正性产生合理怀疑的依据。

Explanation 2. —The disclosure shall be made by such person in the form specified in the Sixth Schedule. ①

解释 2：披露应当由该人按照附件六规定的格式进行。

(2) An arbitrator, from the time of his appointment and throughout the arbitral proceedings, shall, without delay, disclose to the parties in writing any circumstances referred to in sub-section (1) unless they have already been informed of them by him.

仲裁员自被指定之时起并在整个仲裁程序进行期间，应毫不迟延地向各方当事人披露任何此类情况，除非其已将此情况告知各方当事人。

(3) An arbitrator may be challenged only if

① 2015 年修正案替换，自 2015 年 10 月 23 日起生效。

只有在以下情况出现时才可以申请仲裁员回避：

（a）Circumstances exist that give rise to justifiable doubts as to his independence or impartiality，or

存在引起对仲裁员的独立性或公正性产生正当怀疑的情况或仲裁员不具备当事人约定的资格时，或

（b）He does not possess the qualifications agreed to by the parties.

仲裁员不具备当事方同意的资格条件。

（4）A party may challenge an arbitrator appointed by him，or in whose appointment he has participated，only for reasons of which he becomes aware after the appointment has been made.

当事人只有根据其作出指定之后知晓的理由，方可对其所指定的或者其所参与指定的仲裁员提出回避。

【2015 年修正新增】（5）Notwithstanding any prior agreement to the contrary，any person whose relationship，with the parties or counsel or the subject - matter of the dispute，falls under any of the categories specified in the Seventh Schedule shall be ineligible to be appointed as an arbitrator：

Provided that parties may，subsequent to disputes having arisen between them，waive the applicability of this sub-section by an express agreement in writing.①

尽管有在先的相反协议，任何人与当事方或者其顾问或者争议的标的任何事项的关系属于附件七中规定的情形的，应当丧失被委任为仲裁员的资格：

但当事方可以，在争议双方之间产生后，以明确的书面协议的方式豁免本款规定的适用。

13. Challenge procedure. —

申请回避的程序

（1）Subject to sub-section（4），the parties are free to agree on a procedure

① 2015 年修正案新增，自 2015 年 10 月 23 日起生效。

for challenging an arbitrator.

当事人可自由约定申请仲裁员回避的程序，但须遵从本条第 4 款的规定。

(2) Failing any agreement referred to in sub-section (1), a party who intends to challenge an arbitrator shall, within fifteen days after becoming aware of the constitution of the arbitral tribunal or after becoming aware of any circumstances referred to in sub-section (3) of section 12, send a written statement of the reasons for the challenge to the arbitral tribunal.

未能按照上述第 1 款达成此种约定的，拟对仲裁员提出回避申请的当事人应在知悉仲裁庭的组成或知悉第 12 条第 3 款所指的任何情况后 15 日内向仲裁庭提出书面陈述，说明提出回避申请的理由。

(3) Unless the arbitrator challenged under sub-section (2) withdraws from his office or the other party agrees to the challenge, the arbitral tribunal shall decide on the challenge.

除非依上述第 2 款被申请回避的仲裁员辞职或对方当事人同意所提出的回避，仲裁庭应就是否回避作出决定。

(4) If a challenge under any procedure agreed upon by the parties or under the procedure under sub-section (2) is not successful, the arbitral tribunal shall continue the arbitral proceedings and make an arbitral award.

根据当事人约定的任何程序或本条第 2 款的程序而提出的回避不成立的，仲裁庭应当继续仲裁程序并作出仲裁裁决。

(5) Where an arbitral award is made under sub-section (4), the party challenging the arbitrator may make an application for setting aside such an arbitral award in accordance with section 34.

如果按照上述第 4 款作出了仲裁裁决，要求仲裁员回避的一方当事人可以依据本法第 34 条的规定申请撤销仲裁裁决。

(6) Where an arbitral award is set aside on an application made under sub-section (5), the court may decide as to whether the arbitrator who is challenged is entitled to any fees.

如果基于上述第5款之规定提出撤销仲裁裁决的申请，法院可以决定被要求回避的仲裁员是否有权获得任何报酬。

14. Failure or impossibility to act. —

未履行职责或者无法履行职责

【2015年修正替换】(1) The mandate of an arbitrator shall terminate if

在出现以下情形时，仲裁员的委任将告终止：

The mandate of an arbitrator shall terminate and he shall be substituted by another arbitrator, if

在出现以下情况时，仲裁员的委任将会被另外的仲裁员代替①：

(a) He becomes de jure or de facto unable to perform his functions or for other reasons fails to act without undue delay; and

如果仲裁员在法律上或事实上不能履行职责或由于其他原因未能不过分迟延地行事；并且

(b) He withdraws from his office or the parties agree to the termination of his mandate.

其辞职或当事各方同意对终止其委任达成协议。

(2) If a controversy remains concerning any of the grounds refer - red to in clause (a) of sub-section (1), a party may, unless otherwise agreed by the parties, apply to the court to decide on the termination of the mandate.

但如对上述第1款a项中的任何原因仍有争议，当事任何一方可向法院请求就终止委任一事作出决定，除非当事方有相反约定。

(3) If, under this section or sub-section (3) of section 13, an arbitrator withdraws from his office or a party agrees to the termination of the mandate of an arbitrator, it shall not imply acceptance of the validity of any ground referred to in this section or sub-section (3) of section 12.

如果按照本条或第13条第3款的规定，一名仲裁员辞职或当事一方同

---

① 2015年修正案替换，自2015年10月23日起生效。

意终止对一名仲裁员的委任，并不意味着承认本条或第 12 条第 3 款所指任何理由的有效性。

15. Termination of mandate and substitution of arbitrator. —

仲裁员委任终止及选任替补仲裁员

(1) In addition to the circumstances referred to in section 13 or section 14, the mandate of an arbitrator shall terminate

除上述第 13 条和第 14 条中所述的情况外，出现以下情况的，仲裁员的委任即告终止：

(a) Where he withdraws from office for any reason; or

仲裁员以任何理由提出辞职；或者

(b) By or pursuant to agreement of the parties.

根据或者按照当事方的协议安排。

(2) Where the mandate of an arbitrator terminates, a substitute arbitrator shall be appointed according to the rules that were applicable to the appointment of the arbitrator being replaced.

仲裁员的委任终止的，应当依照指定所被替换的仲裁员时适用的规则指定替代仲裁员。

(3) Unless otherwise agreed by the parties, where an arbitrator is replaced under subsection (2), any hearings previously held may be repeated at the discretion of the arbitral tribunal.

除非当事方另有协议，在按照上述第 2 款对仲裁员进行替换的情况下，仲裁庭对于之前进行的聆讯是否重新进行拥有自由裁量权。

(4) Unless otherwise agreed by the parties, an order or ruling of the arbitral tribunal made prior to the replacement of an arbitrator under this section shall not be invalid solely because there has been a change in the composition of the arbitral tribunal.

除非当事方另有协议，在按照本条替换仲裁员之前已经作出的仲裁庭命令或者决定不应当仅仅因为仲裁庭组成的变化而归于无效。

CHAPTER IV　JURISDICTION OF ARBITRAL TRIBUNALS
第四章　仲裁庭管辖权

16. Competence of arbitral tribunal to rule on its jurisdiction. —
仲裁庭对其管辖权作出裁定的权力

(1) The arbitral tribunal may rule on its own jurisdiction, including ruling on any objections with respect to the existence or validity of the arbitration agreement, and for that purpose, —

仲裁庭可以对其管辖权包括对仲裁协议的存在或效力的任何异议，作出裁定，并且为此目的：

(a) An arbitration clause which forms part of a contract shall be treated as an agreement independent of the other terms of the contract; and

构成合同一部分的仲裁条款应视为独立于合同其他条款的一项协议；且

(b) A decision by the arbitral tribunal that the contract is null and void shall not entail ipso jure the invalidity of the arbitration clause.

仲裁庭作出关于合同无效的决定，不应在法律上导致仲裁条款无效。

(2) A plea that the arbitral tribunal does not have jurisdiction shall be raised not later than the submission of the statement of defence; however, a party shall not be precluded from raising such a plea merely because that he has appointed, or participated in the appointment of, an arbitrator.

有关仲裁庭无权管辖的抗辩不得在提出答辩书之后提出。但是，当事一方不能仅以其已经委任或参与委任仲裁员的事实而被剥夺其提出此种抗辩的权利。

(3) A plea that the arbitral tribunal is exceeding the scope of its authority shall be raise as soon as the matter alleged to be beyond the scope of its authority is raised during the arbitral proceedings.

有关仲裁庭超越其权力范围的抗辩，应在仲裁程序中被指越权之情事出现后立即提出。

(4) The arbitral tribunal may, in either of the cases referred to in sub-section (2) or subsection (3), admit a later plea if it considers the delay justified.

在上述第2款和第3款两种情况下，仲裁庭如认为有正当理由，均可准许推迟提出抗辩。

(5) The arbitral tribunal shall decide on a plea referred to in sub-section (2) or sub-section (3) and, where the arbitral tribunal takes a decision rejecting the plea, continue with the arbitral proceedings and make an arbitral award.

仲裁庭应当决定上述第2款或者第3款中的抗辩，如果仲裁庭决定拒绝该抗辩，仲裁庭应继续仲裁程序并作出仲裁裁决。

(6) A party aggrieved by such an arbitral award may make an application forgetting aside such an arbitral award in accordance with section 34.

对仲裁裁决不服的当事人可以根据本法第34条申请撤销该仲裁裁决。

17. Interim measures ordered by arbitral tribunal. —

仲裁庭裁定采取临时措施的权力

(1) Unless otherwise agreed by the parties, the arbitral tribunal may, at the request of a party, order a party to take any interim measure of protection as the arbitral tribunal may consider necessary in respect of the subject matter of the dispute.

除非当事各方另有协议，仲裁庭经当事一方请求，可以裁定当事任何一方就争议的标的采取仲裁庭可能认为有必要的任何临时性保全措施。

(2) The arbitral tribunal may require a party to provide appropriate security in connection with a measure ordered under sub-section (1).

仲裁庭可以要求当事任何一方提供上述第1款中有关此种措施的适当担保。

【2015年修正替换】**17. Interim measures ordered by arbitral tribunal. —** (1) A party may, during the arbitral proceedings, apply to the arbitral tribunal—

仲裁庭裁定采取临时措施的权力

一方可以在仲裁程序中向仲裁庭申请:

(i) for the appointment of a guardian for a minor or person of unsound mind for the purposes of arbitral proceedings; or

为参与仲裁程序的未成年人或者心智不健全的人申请指定监护人;或

(ii) for an interim measure of protection in respect of any of the following matters, namely: —

就以下任何事项申请临时保护措施:

(a) the preservation, interim custody or sale of any goods which are the subject – matter of the arbitration agreement;

对属于仲裁协议标的货物的保存、临时托管或出售;

(b) securing the amount in dispute in the arbitration;

保全争议金额;

(c) the detention, preservation or inspection of any property or thing which is the subject – matter of the dispute in arbitration, or as to which any question may arise therein and authorising for any of the aforesaid purposes any person to enter upon any land or building in the possession of any party, or authorising any samples to be taken, or any observation to be made, or experiment to be tried, which may be necessary or expedient for the purpose of obtaining full information or evidence;

为了获取全部的信息或证据而必要或者适宜的,而对仲裁争议标的事项的财产或物的扣押、保存或者检查,或者可能因此而产生的问题,以及授权任何人为了上述目的而进入任何由当事方占有的土地或者场所,或者授权取样或进行观察、实验;

(d) interim injunction or the appointment of a receiver;

临时禁令或者指定接收人;

(e) such other interim measure of protection as may appear to the arbitral tribunal to be just and convenient, and the arbitral tribunal shall have the same power for making orders, as the court has for the purpose of, and in relation to, any proceedings before it.

其他仲裁庭认为公正且适宜的临时保护措施，仲裁庭应当与法院一样拥有类似于法院处理相应程序的权力。

(2) Subject to any orders passed in an appeal under section 37, any order issued by the arbitral tribunal under this section shall be deemed to be an order of the Court for all purposes and shall be enforceable under the Code of Civil Procedure, 1908 (5 of 1908), in the same manner as if it were an order of the Court. ①

受第 37 条规定作出的对上诉的裁定的约束，仲裁庭基于本条作出的裁定将被视为法院作出的裁定，且可以依照《民事诉讼法典》(1908 年第五部立法) 和法院裁定相同的方式得到执行。

CHAPTER V CONDUCT OF ARBITRAL PROCEEDINGS

第五章 仲裁程序的进行

18. Equal treatment of parties.

平等对待当事各方

The parties shall be treated with equality and each party shall be given a full opportunity to present his case.

当事各方应得到平等相待，并应被给予充分的机会陈述其案情。

19. Determination of rules of procedure. —

程序规则的确定

(1) The arbitral tribunal shall not be bound by the Code of Civil Procedure, 1908 (5 of 1908) or the Indian Evidence Act, 1872 (I of 1872).

仲裁庭不受 1908 年《民事诉讼法典》或者 1872 年《印度证据法法案》的约束。

---

① 2015 年修正案替换，自 2015 年 10 月 23 日起生效。

(2) Subject to this Part, the parties are free to agree on the procedure to be followed by the arbitral tribunal in conducting its proceedings.

在不违背本部分规定的情况下，当事各方可以自由地就仲裁庭进行仲裁所应遵循的程序达成协议。

(3) Failing any agreement referred to in sub-section (2), the arbitral tribunal may, subject to this Part, conduct the proceedings in the manner it considers appropriate.

未达成上述第 2 款中该种约定的，仲裁庭可以在不违背本部分规定的情况下，按照仲裁庭认为适当的方式进行仲裁。

(4) The power of the arbitral tribunal under sub-section (3) includes the power to determine the admissibility, relevance, materiality and weight of any evidence.

上述第 3 款授予仲裁庭的权力包括对任何证据的可采性、相关性、实质性和重要性的决定权。

20. Place of arbitration. —

仲裁地

(1) The parties are free to agree on the place of arbitration.

当事人可以自由约定仲裁地。

(2) Failing any agreement referred to in sub-section (1), the place of arbitration shall be determined by the arbitral tribunal having regard to the circumstances of the case, including the convenience of the parties.

未达成上述第 1 款中该种约定的，由仲裁庭考虑到案件的情况，包括当事人的便利，确定仲裁地。

(3) Notwithstanding sub-section (1) or sub-section (2), the arbitral tribunal may, unless otherwise agreed by the parties, meet at any place it considers appropriate for consultation among its members, for hearing witnesses, experts or the parties, or for inspection of documents, goods or other property.

虽有本条第 1 款或者第 2 款的规定，为在仲裁庭成员间进行磋商，为听取证人、专家或当事人的意见，或者为检查文件、货物或者其他财产，除非当事人另有约定，仲裁庭可以在其认为适当的任何地点会晤。

21. Commencement of arbitral proceedings. —

仲裁程序的开始

Unless otherwise agreed by the parties, the arbitral proceedings in respect of a particular dispute commence on the date on which a request for that dispute to be referred to arbitration is received by the respondent.

除非当事人另有约定，解决特定争议的仲裁程序，于被申请人收到将该争议提交仲裁的请求之日开始。

22. Language. —

语言

(1) The parties are free to agree upon the language or languages to be used in the arbitral proceedings.

当事人可以自由约定仲裁程序中拟使用的一种或数种语言。

(2) Failing any agreement referred to in sub-section (1), the arbitral tribunal shall determine the language or languages to be used in the arbitral proceedings.

未达成上述第1款中此种约定的，由仲裁庭确定仲裁程序中拟使用的一种或者数种语言。

(3) The agreement or determination, unless otherwise specified, shall apply to any written statement by a party, any hearing and any arbitral award, decision or other communication by the arbitral tribunal.

除非另有规定，这种协议或确定应适用于当事一方的任何书面陈述、仲裁庭的任何开庭、裁决、决定或其他通讯。

(4) The arbitral tribunal may order that any documentary evidence shall be accompanied by a translation into the language or languages agreed upon by the parties or determined by the arbitral tribunal.

仲裁庭可以裁定任何书面证据附具当事人约定的或仲裁庭确定的语文的译本。

23. Statements of claim and defence. —

申请书和答辩书

(1) Within the period of time agreed upon by the parties or determined by the arbitral tribunal, the claimant shall state the facts supporting his claim, the points at issue and the relief or remedy sought, and the respondent shall state his defence in respect of these particulars, unless the parties have otherwise agreed as to the required elements of those statements.

在当事各方协议的或仲裁庭确定的期间内，申请人应申述支持其请求的各种事实、争议点以及所寻求的救济或补救，被申请人应逐项作出答辩，除非当事各方对这种申述和答辩所要求的项目另有协议。

(2) The parties may submit with their statements all documents they consider to be relevant or may add a reference to the documents or other evidence they will submit.

当事各方可以随同其陈述提交其认为有关的一切文件，也可以为其提交的文件或其他证据附带一个参阅表。

【2015 年修正新增】(2A) The respondent, in support of his case, may also submit a counterclaim or plead a set – off, which shall be adjudicated upon by the arbitral tribunal, if such counterclaim or set – off falls within the scope of the arbitration agreement. ①

(2A) 被申请人为了支撑其诉求，可以同时提交反请求或者抵消的请求，如果此类反请求或者抵消的请求在仲裁协议涵盖的范围之内，则应当由仲裁庭进行裁决。

(3) Unless otherwise agreed by the parties, either party may amend or supplement his claim or defence during the course of the arbitral proceedings, unless the arbitral tribunal considers it inappropriate to allow the amendment or supplement having regard to the delay in making it.

---

① 2015 年修正案新增，自 2015 年 10 月 23 日起生效。

除非当事人另有约定，在仲裁程序进行中，任何一方当事人可以修改或补充其请求或答辩，除非仲裁庭考虑到为时已迟，认为不宜允许作此更改。

【2019 年修正新增】（4）The statement of claim and defence under this section shall be completed within a period of six months from the date the arbitrator or all the arbitrators, as the case may be, received notice, in writing of their appointment. ①

本条项下的请求书和答辩书应当在独任仲裁员或者全部仲裁员（视情况而定）收到其书面委任起 6 个月之内完成。

24. Hearings and written proceedings. —

开庭以及书面审理程序

（1）Unless otherwise agreed by the parties, the arbitral tribunal shall decide whether to hold oral hearings for the presentation of evidence or for or a argument, or whether the proceedings shall be conducted on the basis of documents and other materials:

除当事各方有任何相反协议外，仲裁庭应决定是否举行开庭，以便出示证据或进行口头辩论，或者是否应以文件和其他材料为基础进行仲裁程序：

Provided that the arbitral tribunal shall hold oral hearings, at an appropriate state of the proceedings, on a request by a party, unless the parties have agreed that no oral hearing shall be held.

除非当事各方商定不开庭，仲裁庭应在接待当事一方要求的情况下在仲裁程序的适当阶段进行口头开庭。

【2015 年修正新增】Provided further that the arbitral tribunal shall, as far as possible, hold oral hearings for the presentation of evidence or for oral argument on day – to – day basis, and not grant any adjournments unless sufficient cause is made out, and may impose costs including exemplary costs on the party seeking adjournment without any sufficient cause. ②

---

① 2019 年修正案新增，自 2019 年 8 月 30 日起生效。

② 2015 年修正案新增，自 2015 年 10 月 23 日起生效。

且仲裁庭应当尽可能地为展示证据或者口头辩论展开持续的口头开庭，且除非有充分的理由，不得休庭，且可以对没有充足的理由要求休庭的当事方处以包括惩罚金在内的费用。

(2) The parties shall be given sufficient advance notice of any hearing and of any meeting of the arbitral tribunal for the purposes of inspection of documents, goods or other property.

任何开庭和仲裁庭为了检查文件、货物或其他财产而举行的任何会议，均应充分提前通知当事各方。

(3) All statements, documents or other information supplied to, or applications made to the arbitral tribunal by one party shall be communicated to the other party, and any expert report or evidentiary document on which the arbitral tribunal may rely in making its decision shall be communicated to the parties.

当事一方向仲裁庭提供的一切陈述书、文件或其他资料以及向仲裁庭提交的申请均应送交当事他方，仲裁庭可能据以作出决定的任何专家报告或证据性文件也应送交当事各方。

25. Default of a party.

当事一方不履行义务

Unless otherwise agreed by the parties, where, without showing sufficient cause,

除非当事各方另有协议，如在不提出充分理由的情况下：

(a) The claimant fails to communicate his statement of claim in accordance with subsection (1) of section (23), the arbitral tribunal shall terminate the proceedings;

申请人不按照第 23 条第 1 款的规定提交申请书，仲裁庭应终止程序；

【2015 年修正新增】(b) The respondent fails to communicate his statement of defence in accordance with sub-section (1) of section 23, the arbitral tribunal shall continue the proceedings without treating that failure in itself as an admission of the alienations by the claimant [and shall have the discretion to treat the right of the respondent to file such statement of defence as having been forfeited][1];

被申请人不按照第 23 条第 1 款的规定提交答辩书，仲裁庭应继续进行仲裁程序，但不将此种行为本身视为接受了申请人的申述【且仲裁庭应当具有视被申请人有提交上述答辩的权利已经被剥夺的自由裁量权】;

(c) A party fails to appear at an oral hearing or to produce documentary evidence, the arbitral tribunal may continue the proceedings and make the arbitral award on the evidence before it.

当事任何一方不出庭或不提供文件证据，仲裁庭可以继续进行仲裁程序并根据其所收到的证据作出裁决。

26. Expert appointment by arbitral tribunal. —

仲裁庭指定的专家

(1) Unless otherwise agreed by the parties, the arbitral tribunal may

除非当事人另有约定，仲裁庭可以：

(a) Appoint one or more experts to report to it on specific issues to be determined by the arbitral tribunal, and

指定一名或多名专家就仲裁庭待决之特定问题向仲裁庭提出报告，以及

(b) Require a party to give the expert any relevant information or to produce, or to provide access to, any relevant documents, goods or other property for his inspection.

要求当事人一方向专家提供任何有关资料，或出示或让他接触任何有关的文件、货物或其他财产以供检验。

(2) Unless otherwise agreed by the parties, if a party so requests or if the arbitral tribunal considers it necessary, the expert shall, after delivery of his written or oral report, participate in an oral hearing where the parties have the opportunity to put questions to him and to present expert witnesses in order to testify on the points at issue.

---

[1] 2015 年修正案新增，自 2015 年 10 月 23 日起生效。

除非当事各方另有协议，如当事一方有此要求或仲裁庭认为有此必要，专家在提出其书面或口头报告后，应参加开庭，使当事各方有机会向其提问并委派专家证人就争议点作证。

(3) Unless otherwise agreed by the parties, the expert shall, on the request of a party, make available to that party for examination all documents, goods or other property in the possession of the expert with which he was provided in order to prepare his report.

除非当事方另有约定，在当事一方要求下，专家应当使该方当事人获得为检验提供给专家准备报告的、由专家占有的所有文件、货物或者其他财产。

27. Court assistance in taking evidence.

法院协助取证

(1) The arbitral tribunal, or a party with the approval of the arbitral tribunal, may apply to the court for assistance in taking evidence.

仲裁庭或一方当事人在仲裁庭同意之下，可以请求法院协助取证。

(2) The application shall specify

申请中需要注明：

(a) The names and addresses of the parties and the arbitrators;

当事方以及仲裁员的姓名和地址；

(b) The general nature of the claim and the relief sought;

要求和所寻求救济的一般性质；

(c) The evidence to be obtained, in particular,

需要获取的证据，具体而言指的是：

(i) The name and address of any person to be beard as witness or expert witness and a statement of the subject-matter of the testimony required;

作为证人或者专家证人被聆讯的任何人的名称和地址，以及一份就证明主题的声明；

(ii) The description of any document to be produced or property to be inspected.

对将提交的文件或者将检验的财产的描述。

(3) The court may, within its competence and according to its rules on taking evidence, execute the request by ordering that the evidence be provided directly to the arbitral tribunal.

法院在其权限范围内并且根据其收集证据的规则，可以执行请求或命令将证据直接提供给仲裁庭。

(4) The court may, while making an order under sub-section (3), issue the same processes to witnesses as it may issue in suits tried before it.

法院按照上述第3款作出裁定时，可以向证人采取与其在审理诉讼中可以使用的相同的程序。

(5) Persons failing to attend in accordance with such process, or making any other default, or refusing to give their evidence, or guilty of any contempt to the arbitral tribunal during the conduct of arbitral proceedings, shall be subject to the like disadvantages, penalties and punishments by order of the court on the representation of the arbitral tribunal as they would incur for the like offences in suits tried before the court.

没有根据上述程序出庭、犯有其他过失、拒绝出具证据或者在仲裁程序进行期间犯有蔑视仲裁庭罪的人，应当承担法院判令的关于仲裁庭表现的不利、处罚，此等惩处如同法院在审判中对类似违法行为所作出的处罚。

(6) In this section the expression "Processes" includes summonses and commissions for the examination of witnesses and summonses to produce documents.

本条中“程序”这一表述包括对盘问证人和要求提供文件的传票和命令。

CHAPTER VI MAKING OF ARBITRAL AWARD AND TERMINATION OF PROCEEDINGS

第六章 裁决的作出和程序的终止

28. Rules applicable to substance of dispute.

适用于实体争议的规则

(1) Where the place of arbitration is situated in India, —

如果仲裁地位于印度，则：

(a) In an arbitration other than an international commercial arbitration, the arbitral tribunal shall decide the dispute submitted to arbitration in accordance with the substantive law for the time being in force in India;

对于国际商事仲裁之外的仲裁，仲裁庭需要依据届时有效的印度实体法律就提交仲裁的纠纷作出裁判；

(b) In international commercial arbitration,

对于国际商事仲裁，则：

(i) The arbitral tribunal shall decide the dispute in accordance with the rules of law designated by the parties as applicable to the substances of the dispute;

仲裁庭应按照当事各方选择的适用于争议实体的法律规则对争议作出决定；

(ii) Any designation by the parties of the law or legal system of a given country shall be construed, unless otherwise expressed, as directly referring to the substantive law of that country and not to its conflict of laws rules;

除非另有表明，指定适用某一国家的法律或法律制度应认为是直接指该国的实体法而不是其冲突法律规范；

(iii) Failing any designation of the law under clause (a) by the parties, the arbitral tribunal shall apply the rules of law it considers to be appropriate, given all the circumstances surrounding the dispute.

如果当事人没有按照上述 a 款中指定任何适用法律的，仲裁庭应当基于争端的具体情况采用其认为合适的法律。

(2) The arbitral tribunal shall decide ex aequo et bono or as amiable compositeur only if the parties have expressly authorized it to do so.

仲裁庭只有在各方当事人明示授权的情况下，才能依照公平善意原则或作为友好仲裁员作出决定。

【译者注】对于“友好仲裁”的更多信息，可以参见本书第六章第三节的相关内容。

(3) In all cases, the arbitral tribunal shall decide in accordance with the terms of the contract and shall take into account the usages of the trade applicable to the transaction.

在任何情况下，仲裁庭都应当按照合同条款并考虑到适用于该项交易的贸易惯例作出决定。

【2015 年修正替换】(3) While deciding and making an award, the arbitral tribunal shall, in all cases, take into account the terms of the contract and trade usages applicable to the transaction. ①

在决定及作出裁决时，在任何情况下，仲裁庭都应当考虑合同条款和适用于交易的交易习惯。

29. Decision making by panel of arbitrators.

仲裁团作出的决定

(1) Unless otherwise agreed by the parties, in arbitral proceedings with more than one arbitrator, any decision of the arbitral tribunal shall be made by a majority of all its members.

在有一名以上仲裁员的仲裁程序中，除非当事各方另有协议，仲裁庭的任何决定均应按其全体成员的多数作出。

(2) Notwithstanding sub-section (1), if authorized by the parties or all the

---

① 2015 年修正案替换，自 2015 年 10 月 23 日起生效。

members of the arbitral tribunal, questions of procedure may be decided by the presiding, arbitrator.

尽管第1款中有如此表述，但如果当事各方或仲裁庭全体成员授权，首席仲裁员可以就程序问题作出决定。

【2015年修正新增】**29A. Time limit for arbitral award.** — (1) The award in matters other than international commercial arbitration shall be made by the arbitral tribunal within a period of twelve months from the date of completion of pleadings under sub-section (4) of section 23:

Provided that the award in the matter of international commercial arbitration may be made as expeditiously as possible and endeavor may be made to dispose of the matter within a period of twelve months from the date of completion of pleadings under sub-section (4) of section 23.

作出仲裁裁决的时限：

(1) 国际商事仲裁之外的裁决应当由仲裁庭在12个月内作出，从完成第23条第4款规定的答辩之日起算。但如果仲裁裁决是国际商事仲裁裁决的，可以尽可能快地作出，可以从完成第23条第4款规定的答辩之日起12个月内作出。

(2) If the award is made within a period of six months from the date the arbitral tribunal enters upon the reference, the arbitral tribunal shall be entitled to receive such amount of additional fees as the parties may agree.

如果仲裁裁决在仲裁庭开始审理之日起6个月内作出，则仲裁庭应当获得当事方可能同意的额外的费用。

(3) The parties may, by consent, extend the period specified in sub-section (1) for making award for a further period not exceeding six months.

当事方可以同意延长上述第1款中的裁决作出时限，但不得超过6个月。

(4) If the award is not made within the period specified in sub-section (1) or the extended period specified under sub-section (3), the mandate of the arbitrator

(s) shall terminate unless the Court has, either prior to or after the expiry of the period so specified, extended the period: Provided that while extending the period under this sub-section, if the Court finds that the proceedings have been delayed for the reasons attributable to the arbitral tribunal, then, it may order reduction of fees of arbitrator (s) by not exceeding five per cent. for each month of such delay.

如果仲裁裁决未能在上述第 1 款的普通时限或者第 3 款中规定的延长时限内作出的，仲裁员（们）的委任即行终止，除非法院在期限届满前后者在期限届满后延长此时限。但在基于本款延长时限时，如果法院发现延误是由可归因为仲裁庭的原因导致的，则法院可以下令减少仲裁员（们）的费用，每延误 1 个月扣除不超过 5%。

【2019 年修正新增】Provided further that where an application under sub-section (5) is pending, the mandate of the arbitrator shall continue till the disposal of the said application:

Provided also that the arbitrator shall be given an opportunity of being heard before the fees is reduced. ①

如果基于第 5 款的申请尚未有决断，则仲裁员的委任应当继续，直到作出对上述申请的处理为止，但在仲裁员费用被削减的情况下，应当给予仲裁员申辩的机会。

(5) The extension of period referred to in sub-section (4) may be on the application of any of the parties and may be granted only for sufficient cause and on such terms and conditions as may be imposed by the Court.

第 4 款所指的期限延长可以由任意一方的申请开启，但法院准予此申请仅能是在理由充分和法院认为需要施加相关的条款或者条件的情况下才可以。

(6) While extending the period referred to in sub-section (4), it shall be open to the Court to substitute one or all of the arbitrators and if one or all of the ar-

① 2019 年修正案新增，自 2019 年 8 月 30 日起生效。

bitrators are substituted, the arbitral proceedings shall continue from the stage already reached and on the basis of the evidence and material already on record, and the arbitrator (s) appointed under this section shall be deemed to have received the said evidence and material.

在对上述第4款中规定的期限进行延长时，法院有权替换一个或全部仲裁员，如果一个或者全部仲裁员被替换的，仲裁程序应当从已经进行到的阶段开始，且基于已经记录在案的证据和材料，基于本条委任的仲裁员（们）将视为已经收到上述证据和材料。

(7) In the event of arbitrator (s) being appointed under this section, the arbitral tribunal thus reconstituted shall be deemed to be in continuation of the previously appointed arbitral tribunal.

如果仲裁员（们）基于本条被委任，则重新组成的仲裁庭应当被视为是先前委任的仲裁庭的继续。

(8) It shall be open to the Court to impose actual or exemplary costs upon any of the parties under this section.

法院拥有就本条向当事方处以实际或惩罚性金额的权力。

(9) An application filed under sub-section (5) shall be disposed of by the Court as expeditiously as possible and endeavour shall be made to dispose of the matter within a period of sixty days from the date of service of notice on the opposite party.

基于第5款提起的申请应当由法院尽可能快地处理，法院应在另外一方收到通知之日起60日内处理完毕。

29B. Fast track procedure. — (1) Notwithstanding anything contained in this Act, the parties to an arbitration agreement, may, at any stage either before or at the time of appointment of the arbitral tribunal, agree in writing to have their dispute resolved by fast track procedure specified in sub-section (3).

快速程序

（1）虽然本法另有规定，但仲裁协议的当事方可以在委任仲裁庭时或者之前的阶段，以书面的形式同意以本条第 3 款规定的快速程序解决其争议。

(2) The parties to the arbitration agreement, while agreeing for resolution of dispute by fast track procedure, may agree that the arbitral tribunal shall consist of a sole arbitrator who shall be chosen by the parties.

仲裁协议的当事方，在同意以快速程序解决其争议时，可以同意仲裁庭由双方选出的独任仲裁员组成。

(3) The arbitral tribunal shall follow the following procedure while conducting arbitration proceedings under sub-section (1): —

仲裁庭在基于第 1 款进行仲裁程序时应当遵循系列程序：

(a) The arbitral tribunal shall decide the dispute on the basis of written pleadings, documents and submissions filed by the parties without any oral hearing;

仲裁庭应当决定是否以书面提交答辩和文件及证据的方式，以非口头聆讯的方式裁决争议；

(b) The arbitral tribunal shall have power to call for any further information or clarification from the parties in addition to the pleadings and documents filed by them;

仲裁庭有权要求当事方提交除其已经提交的答辩材料之外的任何其他信息或者进行澄清；

(c) An oral hearing may be held only, if, all the parties make a request or if the arbitral tribunal considers it necessary to have oral hearing for clarifying certain issues;

口头聆讯仅仅在所有当事方要求或者仲裁庭认为需要以口头聆讯来对特定事项进行澄清的情况下进行；

(d) The arbitral tribunal may dispense with any technical formalities, if an oral hearing is held, and adopt such procedure as deemed appropriate for expeditious disposal of the case.

如果举行口头聆讯，仲裁庭可以借助任何技术形式以及采取其认为可以快速处理本案的适宜的程序。

(4) The award under this section shall be made within a period of six months from the date the arbitral tribunal enters upon the reference.

基于本条作出的裁决应当在自仲裁庭开始审理之日起6个月内作出。

(5) If the award is not made within the period specified in sub-section (4), the provisions of sub-sections (3) to (9) of section 29A shall apply to the proceedings.

如果裁决未能在第4款中所规定的时限内作出，则仲裁程序适用第29A条第3款到第9款的规定。

(6) The fees payable to the arbitrator and the manner of payment of the fees shall be such as may be agreed between the arbitrator and the parties. ①

支付给仲裁员的费用和方式应当以仲裁员和当事方之间同意的为准。

30. Settlement. —

和解

(1) It is not incompatible with an arbitration agreement for an arbitral tribunal to encourage settlement of the dispute and, with the agreement of the parties; the arbitral tribunal may use mediation, conciliation or other procedures at any time during the arbitral proceedings to encourage settlement.

在取得当事方同意的情况下，仲裁庭鼓励争议的和解并非与仲裁协议有冲突；仲裁庭可以采用和解、调解或者其他程序在仲裁程序的任何时点鼓励达成和解。

(2) If, during, arbitral proceedings, the parties settle the dispute, the arbitral tribunal shall terminate the proceedings and, if requested by the parties and not objected to by the arbitral tribunal, record the settlement in the form of an arbitral award on agreed terms.

在仲裁程序中，当事人就争议达成和解的，仲裁庭应当终止仲裁程序，经各方当事人提出请求而仲裁庭又无异议的，还应当按和解的条件以仲裁裁

① 2015年修正案新增，自2015年10月23日起生效。

决的形式记录和解。

(3) An arbitral award on agreed terms shall be made in accordance with section 31 and shall state that it is an arbitral award.

基于协议条款的裁决应当依照第 31 条的规定作出，并应说明它是一项裁决。

(4) An arbitral award on agreed terms shall have the same status and effect as any other arbitral award on the substance of the dispute.

基于协议条款的裁决应当与根据案情作出的其他任何裁决具有同等的地位和效力。

31. Form and contents of arbitral award.

裁决的形式和内容

(1) An arbitral award shall be made in writing and shall be signed by the members of the arbitral tribunal.

裁决书应当以书面形式作出，并且需要由组成仲裁庭的仲裁员签字。

(2) For the purposes of sub-section (1), in arbitral proceeding with more than one arbitrator, the signatures of the majority of all the members of the arbitral tribunal shall be sufficient so long as the reason for any omitted signature is stated.

在有一名以上仲裁员的仲裁程序中，仲裁庭全体成员的多数签字即可，前提是说明任何未签字的理由。

(3) The arbitral award shall state the reasons upon which it is based, unless

裁决应说明其所依据的理由，除非

(a) The parties have agreed that no reasons are to be given, or

当事人约定无须说明理由，或者

(b) The award is an arbitral award on agreed terms under section 30.

该裁决是本法第 30 条所指的和解裁决。

(4) The arbitral award shall state its date and the place of arbitration as determined in accordance with section 20 and the award shall be deemed to have been made at that place.

裁决书应载明其日期和依照第 20 条确定的仲裁地点。该裁决应视为是在该地点作出的。

（5）After the arbitral award is made，a signed copy shall be delivered to each party.

裁决作出后，经签字的裁决书应送达给当事各方各一份。

（6）The arbitral tribunal may，at any time during the arbitral proceedings，make an interim arbitral award on any matter with respect to which it may make a final arbitral award.

仲裁庭可以在仲裁程序进行的任何期间对其最终裁决的任何事项作出临时裁决。

（7）（a）Unless otherwise a reed by the parties，where and in so far as an arbitral award is for the payment of money，the arbitral tribunal may include in the sum for which the award is made interest，at such rate as it deems reasonable，on the whole or any part of the money，for the whole or any part of the period between the date on which the cause of action arose and the date on which the award is made.

除非当事人另有约定，如果仲裁裁决为支付金钱，仲裁庭可以将作出裁决总额的全部或者部分利息纳入裁决中，利息为仲裁庭认为合理的利率，利息期为从产生诉因之日到裁决作出之日。

【译者注】对于“诉因”的更多信息，可以参考本书第六章第二节的相关内容。

（b）A sum directed to be paid by an arbitral award shall，unless the award otherwise directs，carry interest at the rate of eighteen percentum per annum from the date of the award to the date of payment.

除非裁决另有指令，仲裁裁决指令的需要支付金额应当计算利息，利率为每年 18%，利息期为裁决之日到支付之日。

【2015 年修正替换】（b）A sum directed to be paid by an arbitral award shall，unless the award otherwise directs，carry interest at the rate of two per cent.

higher than the current rate of interest prevalent on the date of award, from the date of award to the date of payment.

除非裁决另有指令，仲裁裁决指令的需要支付金额应当计算利息，利率为裁决之日的现行利率加2%，利息期为裁决之日到支付之日。

Explanation. —The expression "current rate of interest" shall have the same meaning as assigned to it under clause (b) of section 2 of the Interest Act, 1978 (14 of 1978).①

解释："现行利率"应当与1978年《利息法》（1978年第十四部立法）中第2条b款的定义相同。

(8) Unless otherwise agreed by the parties, —

除非当事方另有约定：

(a) The costs of an arbitration shall be fixed by the arbitral tribunal.

仲裁庭应当确定仲裁费用。

(b) The arbitral tribunal shall specify:

仲裁庭应当具体规定如下：

(i) The party entitled to costs,

有权主张费用的当事方；

(ii) The party who shall pay the costs,

需要支付费用的当事方；

(iii) The amount of costs or method of determining that amount, and

费用金额或者计算费用的方法；以及

(iv) The manner in which the costs shall be paid.

费用支付的方式。

【2015年修正替换】(8) The costs of an arbitration shall be fixed by the arbitral tribunal in accordance with section 31A:②

仲裁的费用应当由仲裁庭依照第31A条进行确定：

---

① 2015年修正案替换，自2015年10月23日起生效。

② 2015年修正案替换，自2015年10月23日起生效。

Explanation. —For the purpose of clause (a), "costs" means reasonable costs relating to

解释：为了实现 a 款的目的，"费用"指的是有关下列的合理开支：

(i) The fees and expenses of the arbitrators and witnesses,

仲裁员和证人的费用和支出；

(ii) Legal fees and expenses,

法律费用和支出；

(iii) Any administration fees of the institution supervising the arbitration, and

对仲裁程序提供监管机构的行政管理费用；

(iv) Any other expenses incurred in connection with the arbitral proceeding and the arbitral award.

已经产生的与仲裁程序和仲裁裁决有关的费用。

【2015 年修正新增】**31A. Regime for costs.** — (1) In relation to any arbitration proceeding or a proceeding under any of the provisions of this Act pertaining to the arbitration, the Court or arbitral tribunal, notwithstanding anything contained in the Code of Civil Procedure, 1908 (5 of 1908), shall have the discretion to determine—

费用制度：（1）与任何仲裁程序有关的或者基于本法与仲裁有关的程序，不管 1908 年《民事诉讼法典》（1908 年第五部立法）中的规定，法院或者仲裁庭应当有权决定：

(a) whether costs are payable by one party to another;

费用是否应由一方支付给另一方；

(b) the amount of such costs; and

费用金额；以及

(c) when such costs are to be paid.

何时支付此类费用。

Explanation. —For the purpose of this sub-section, "costs" means reasonable costs relating to—

解释：为了实现本款之目的，“费用”指的是与以下相关的合理支出：

①the fees and expenses of the arbitrators，Courts and witnesses；

仲裁员、法院和证人的收费和支出；

②legal fees and expenses；

法律费用和支出；

③any administration fees of the institution supervising the arbitration；and

监督仲裁程序的仲裁机构的任何管理费用；和

（iv）any other expenses incurred in connection with the arbitral or Court proceedings and the arbitral award.

任何其他与仲裁或法院程序和仲裁裁决有关的或因此而产生的费用。

（2）If the Court or arbitral tribunal decides to make an order as to payment of costs，—

如果法院或者仲裁庭认为需要对费用的支付作出裁定，则

（a）the general rule is that the unsuccessful party shall be ordered to pay the costs of the successful party；or

一般规则是失败一方将被判令支付胜利一方的费用，或者

（b）the Court or arbitral tribunal may make a different order for reasons to be recorded in writing.

法院或者仲裁机构可以作出另外的裁定，需要以书面形式载明原因。

（3）In determining the costs，the Court or arbitral tribunal shall have regard to all the circumstances，including—

在判定费用时，法院或者仲裁庭应当考虑下述情形：

（a）the conduct of all the parties；

当事方的行为；

（b）whether a party has succeeded partly in the case；

一方是否部分胜诉；

（c）whether the party had made a frivolous counterclaim leading to delay in the disposal of the arbitral proceedings；and

一方是否因其滥诉导致仲裁程序的延误；以及

(d) whether any reasonable offer to settle the dispute is made by a party and refused by the other party.

一方是否作出了合理的提议来促使争议和解但另外一方拒绝。

(4) The Court or arbitral tribunal may make any order under this section including the order that a party shall pay—

法院或者仲裁庭可以基于本条作出任何裁定，包括一方应当支付以下的裁定：

(a) a proportion of another party's costs;

另外一方费用的一部分；

(b) a stated amount in respect of another party's costs;

另外一方声明的费用；

(c) costs from or until a certain date only;

截至或某一确定日期的费用；

(d) costs incurred before proceedings have begun;

程序开始前发生的费用；

(e) costs relating to particular steps taken in the proceedings;

程序中某特定步骤相关的费用；

(f) costs relating only to a distinct part of the proceedings; and

程序中仅某一特定部分的费用；和

(g) interest on costs from or until a certain date.

截至或某一确定日期的费用的利息。

(5) An agreement which has the effect that a party is to pay the whole or part of the costs of the arbitration in any event shall be only valid if such agreement is made after the dispute in question has arisen. ①

具有一方支付另外一方全部或者部分仲裁费用的协议，仅仅在争议问题

① 2015 年修正案新增，自 2015 年 10 月 23 日起生效。

产生之后订立的情况下才有效。

32. Termination of proceedings. —

程序的终止

（1）The arbitral proceeding shall be terminated by the final arbitral award or by all order of the arbitral tribunal under subsection（2）.

仲裁程序依终局裁决或仲裁庭按照本条第 2 款发出的裁定宣告终止。

（2）The arbitral tribunal shall issue an order for the termination of the arbitral proceedings where

仲裁庭在下列情况下应当发出终止仲裁程序的裁定：

（a）The claimant withdraws his claim，unless the respondent objects to the order and the arbitral tribunal recognizes a legitimate interest on his part in obtaining a final settlement of the dispute，

申请人撤回其申请，但被申请人对该裁定表示反对且仲裁庭承认最终解决争议对其而言具有正当利益的除外；

（b）The parties agree on the termination of the proceedings as，or

各方当事人约定程序终止；或者

（c）The arbitral tribunal finds that the continuation of the proceedings has for any other reason become unnecessary or impossible.

仲裁庭认定仲裁程序因其他任何理由均无必要或不可能继续进行。

（3）Subject to section 33 and sub-section（4）of section 34，the mandate of the arbitral tribunal shall terminate with the termination of the arbitral proceedings.

仲裁庭之委任随仲裁程序的终止而终止，但需要满足本法第 33 条以及第 34 条第 4 款之规定。

33. Correction and interpretation of award；additional award. —

裁决的更正和解释；补充裁决

（1）Within thirty days from the receipt of the arbitral award，unless another period of time has been agreed upon by the parties

除非当事各方已就另一期限达成协议，则在收到裁决书后 30 日内：

(a) A party, with notice to the other party, may request the arbitral tribunal to correct any computation errors, any clerical or typographical errors or any other errors of a similar nature occurring in the award;

一方当事人可在通知对方当事人后请求仲裁庭更正裁决书中的任何计算错误、任何笔误或打印错误或任何类似性质的错误；

(b) If so agreed by the parties, a party, with notice to the other party, may request the arbitral tribunal to give an interpretation of a specific point or part of the award.

如果当事各方有此协议，当事一方可以在通知当事另一方后请求仲裁庭对裁决书的某个具体点或部分作出解释。

(2) If the arbitral tribunal considers the request made under sub-section (1) to be justified, it shall make the correction or give the interpretation within thirty days from the receipt of the request and the interpretation shall form part of the arbitral award.

仲裁庭如果认为基于本条第1款的此种请求合理，则应在收到请求后30日内作出更正或解释，解释应构成裁决的一部分。

(3) The arbitral tribunal may correct any error of the type referred to in clause (a) of subsection (1), on its own initiative, within thirty days from the date of the arbitral award.

仲裁庭可在作出裁决之日起30日内主动更正本条第1款a项所指类型的任何错误。

(4) Unless otherwise agreed by the parties, a party with notice to the other party, may request, within thirty days from the receipt of the arbitral award, the arbitral tribunal to make an additional arbitral award as to claims presented in the arbitral proceedings but omitted from the arbitral award.

除非当事人另有约定，一方当事人在收到裁决书后30日内，可以在通知对方当事人后，请求仲裁庭对已在仲裁程序中提出但在裁决书中遗漏的请求事项作出补充裁决。

(5) If the arbitral tribunal considers the request made under sub-section (4) to be justified, it shall make the additional arbitral award within sixty days from the receipt of such request.

仲裁庭如果认为基于本条第4款的此种请求正当合理的，应当在自接到该申请之日起60日内作出补充裁决。

(6) The arbitral tribunal may extend, if necessary, the period of time within which it shall make a correction, give an interpretation or make an additional arbitral award under sub-section (2) or sub-section (5).

如有必要，仲裁庭可以将依照本条第2款或第5款作出更正、解释或补充裁决的期限，予以延长。

(7) Section 31 shall apply to a correction or interpretation of the arbitral award or to an additional arbitral award made under this section.

第31条的规定应适用于裁决的更正或解释，并适用于基于本条作出的补充裁决。

CHAPTER VII RECOURSE AGAINST ARBITRAL AWARD
第七章 不服裁决时的救济

34. Application for setting aside arbitral award.
申请撤销裁决

(1) Recourse to a court against an arbitral award may be made only by an application for setting aside such award in accordance with sub-section (2) and sub-section (3).

不服仲裁裁决而向法院申请救济的唯一途径是依照本条第2款和第3款的规定申请撤销该裁决。

(2) An arbitral award may be set aside by the court only if—

有下列情形之一的，仲裁裁决可以被法院撤销：

【2015年修正】(a) The party making the application furnishes proof that establishes on the basis of the record of the arbitral tribunal that—

提出申请的当事人提出证据基于仲裁庭记录，证明有下列任何情况①：

(i) A party was under some incapacity; or

仲裁协议的当事人有某种无行为能力情形；或者

(ii) The arbitration agreement is not valid under the law to which the parties have subjected it or, failing any indication thereon, under the law for the time being in force; or

根据当事各方所同意遵守的法律，或未指明何种法律，则根据现行有效的法律，该协议是无效的；或者

(iii) The party making the application was not given proper notice of the appointment of an arbitrator or of the arbitral proceedings or was otherwise unable to present his case; or

未向提出申请的当事人发出指定仲裁员的适当通知或仲裁程序的适当通知，或因他故致使其不能陈述案情；或

(iv) The arbitral award deals with a dispute not contemplated by or not falling within the terms of the submission to arbitration, or it contains decisions on matters beyond the scope of the submission to arbitration:

裁决处理的争议不是提交仲裁意图裁定的事项或不在提交仲裁的范围之列，或者裁决书中内含对提交仲裁的范围以外事项的决定：

Provided that, if the decisions on matters submitted to arbitration can be separated from those not so submitted, only that part of the arbitral award which contains decisions on matters not submitted to arbitration may be set aside; or

如果对提交仲裁的事项所作的决定可以与对未提交仲裁的事项所作的决定互为划分，仅可以撤销含有对未提交仲裁的事项所作的决定的那部分裁决；或

(v) The composition of the arbitral tribunal or the arbitral procedure was not

① 2015年修正，自2015年10月23日起生效。

in accordance with the agreement of the parties, unless such agreement was in conflict with a provision of this Part from which the parties cannot derogate, or, failing such agreement, was not in accordance with this Part; or

仲裁庭的组成或仲裁程序与当事人的约定不一致，除非此种约定与当事人不得背离的本法规定相抵触；无此种约定时，与本法不符；或

(b) The court finds that

法院认定存在以下情形：

(i) The subject - matter of the dispute is not capable of settlement by arbitration under the law for the time being in force, or

根据当时有效的法律，争议事项不能通过仲裁解决；或

(ii) The arbitral award is in conflict with the public policy of India.

该裁决与印度的公共政策相抵触。

【译者注】对于"公共政策"的更多信息，可以参见本书第八章第二节中关于"拒绝执行外国仲裁裁决"这一部分的相关内容。

Explanation. —Without prejudice to the generality of sub-clause (ii), it is hereby declared, for the avoidance of any doubt, that an award is in conflict with the public policy of India if the making of the award was induced or affected by fraud or corruption or was in violation of section 75 or section 81.

【2015 年修正替换】**Explanation 1.** —For the avoidance of any doubt, it is clarified that an award is in conflict with the public policy of India, only if, —

(i) the making of the award was induced or affected by fraud or corruption or was in violation of section 75 or section 81; or

(ii) it is in contravention with the fundamental policy of Indian law; or

(iii) it is in conflict with the most basic notions of morality or justice.

Explanation 2. —For the avoidance of doubt, the test as to whether there is a contravention with the fundamental policy of Indian law shall not entail a review on the merits of the dispute. ①

解释 1：为避免疑义，仲裁裁决仅在有下述情形时才与印度的公共政策相抵触：

（1）裁决的制定受欺诈或腐败引起或影响，或违反第 75 条和第 81 条的规定；或

（2）违反印度法律的基本政策；或

（3）违反最基本的道德和法律观念。

解释 2：为避免疑义，对于是否存在违反印度法律基本政策的测试不得涉及对争议实体的审查。

【2015 年修正新增】（2A）An arbitral award arising out of arbitrations other than international commercial arbitrations, may also be set aside by the Court, if the Court finds that the award is vitiated by patent illegality appearing on the face of the award:

Provided that an award shall not be set aside merely on the ground of an erroneous application of the law or by reappreciation of evidence. ②

除国际商事仲裁之外的裁决，如果法院发现裁决因明显违法而无效，也可以被法院撤销；但裁决不得因适用法律错误或者重新获取证据而被撤销。

（3）An application for setting aside may not be made after three months have elapsed from the date on which the party making that application had received the arbitral award or, if a request had been made under section 33, from the date on which that request had been disposed of by the arbitral tribunal.

当事人在收到裁决书之日起 3 个月后不得申请撤销裁决；已根据第 33 条提出请求的，从该请求被仲裁庭处理完毕之日起 3 个月后不得申请撤销。

Provided that if the court is satisfied that the applicant was prevented by sufficient cause from making the application within the said period of three months it may entertain the application within a further period of thirty days, but not thereafter.

---

① 2015 年修正案替换，自 2015 年 10 月 23 日起生效。

② 2015 年修正案新增，自 2015 年 10 月 23 日起生效。

但如果法院认为因充分理由阻却申请人在上述 3 个月期限内提出申请，它可以在 30 天的宽限期内考虑该申请，该宽限期不得延长。

(4) On receipt of an application under sub-section (1), the court may, where it is appropriate and it is so requested by a party, adjourn the proceedings for a period of time determined by it in order to give the arbitral tribunal an opportunity to resume the arbitral proceedings or to take such other action as in the opinion of arbitral tribunal will eliminate the grounds for setting aside the arbitral award.

法院收到上述第 1 款的申请后，如果法院认为适当且经过一方的申请，可以在其确定的时限内暂停该程序，目的是给仲裁庭继续仲裁程序或者采取将消除撤销仲裁裁决理由的其他行动的机会。

【译者注】对于"自动中止"的更多信息请参见见本书第八章第二节"印度仲裁裁决执行的先决程序及其废止"相关章节中的内容。

【2015 年修正新增】(5) An application under this section shall be filed by a party only after issuing a prior notice to the other party and such application shall be accompanied by an affidavit by the applicant endorsing compliance with the said requirement.

基于本条的申请只能在当事方向另外一方发出事先通知后才能提出，此类申请需要由申请人附上满足上述条件的声明。

(6) An application under this section shall be disposed of expeditiously, and in any event, within a period of one year from the date on which the notice referred to in sub-section (5) is served upon the other party. ①

本条项下的申请需要以迅速的方式进行处理，不管任何情况，需要在上述第 5 款中的通知送达另一方起 1 年之内完成。

① 2015 年修正案新增，自 2015 年 10 月 23 日起生效。

CHAPTER VIII　FINALITY AND ENFORCEMENT OF ARBITRAL AWARDS
第八章　仲裁裁决的终局性及其执行

35. Finality of arbitral awards.

仲裁裁决的终局性

– Subject to this Part an arbitral award shall be final and binding on the parties and persons, claiming under them respectively.

受本部分约束，仲裁裁决对于当事方各自的诉请是终局的和有约束力的。

36. Enforcement.

执行

Where the time for making an application to set aside the arbitral award under section 34 has expired, or such application having been made, it has been refused, the award shall be enforced under the Code of Civil Procedure, 1908 (5 of 1908) in the same manner as if it were a decree of the court.

若依照本法第 34 条之规定申请撤销仲裁裁决的申请时效已过的，或者已经作出撤销申请但该申请被驳回的，则仲裁裁决将按照印度 1908 年《民事诉讼法典》（1908 年第八部立法）之规定，将裁决视为法院判决并依相同的方式执行。

【2015 年修正替换】36. Enforcement. — (1) Where the time for making an application to set aside the arbitral award under section 34 has expired, then, subject to the provisions of sub-section (2), such award shall be enforced in accordance with the provisions of the Code of Civil Procedure, 1908 (5 of 1908), in the same manner as if it were a decree of the court.

若依照本法第 34 条之规定申请撤销仲裁裁决的申请时效已过的，则按照第 2 款之规定，仲裁裁决将按照印度 1908 年《民事诉讼法典》（1908 年

第八部立法）之规定，将裁决视为法院判决并依相同的方式执行。

（2）Where an application to set aside the arbitral award has been filed in the Court under section 34, the filing of such an application shall not by itself render that award unenforceable, unless the Court grants an ordcr of stay of the operation of the said arbitral award in accordance with the provisions of sub-section（3），on a separate application made for that purpose.

撤销仲裁裁决的申请已经基于第 34 条向法院提交的，仅仅提交此申请本身无法使得裁决不能执行。除非法院发出裁定并基于第 3 款之规定中止此裁决的执行，为实现这一目的（申请撤销仲裁一方）需要提出另外的申请。

（3）Upon filing of an application under sub-section（2）for stay of the operation of the arbitral award, the Court may, subject to such conditions as it may deem fit, grant stay of the operation of such award for reasons to be recorded in writing:

在收到基于第 2 款的要求中止仲裁裁决执行的申请后，法院可以视其认为合适的情形，以书面附原因的方式授予此类中止：

Provided that the Court shall, while considering the application for grant of stay in the case of an arbitral award for payment of money, have due regard to the provisions for grant of stay of a money decree under the provisions of the Code of Civil Procedure, 1908（5 of 1908）.①

但法院在考虑授予申请中止的申请时，如果仲裁裁决是要求支付金钱的，应当切实参考印度 1908 年《民事诉讼法典》（1908 年第八部立法）中关于金钱判决的规定。

【译者注】非常值得注意的一点是，印度法上对于裁定（Orders）、判决（Decree）有着严格的分别。判决（Decree）是按照 1908 年印度《民事诉讼法典》第 2 条第 2 款之规定，指的是法院对诉讼的争点（Controversy）进行详细的审理（Adjudication）之后，所作出的用以界定诉讼各方权利义务的正

① 2015 年修正案替换，自 2015 年 10 月 23 日起生效。

式表述（Formal Expression）。而裁定（Order）则是基于1908年印度《民事诉讼法》第2条第14款之规定，其不一定对诉讼法能够的实体权利义务进行处理，有时候针对的是程序性事项。一般而言，判决都是可以上诉（Appealable）的，而对于裁定来说，大部分的裁定都不得上诉。

CHAPTER IX　APPEALS
第九章　上诉

37. Appealable orders. —

可上诉的裁定

【2019年修正替换】(1) An appeal [Notwithstanding anything contained in any other law for the time being in force, an appeal] shall lie from the following orders (and from no others) to the court authorized by law to hear appeals from original decrees of the court passing the order, namely: —

[虽然其他现行有效法律中有其他规定][1]，应当对源自以下裁定（且不可从其他来源）向法律授权聆讯针对发布裁定法院最初判决的上诉的法院提出上诉，即

【2015年修正替换】(a) Granting or refusing to grant any measure under section 9;

准许或拒绝第9条项下的任何措施；

(b) Setting aside or refusing to set aside an arbitral award under section 34.

撤销或者拒绝撤销第34条项下的仲裁裁决；

(c) refusing to refer the parties to arbitration under section 8;

拒绝当事方按照第8条的规定进行仲裁；

(d) granting or refusing to grant any measure under section 9;

准许或拒绝第9条项下的任何措施；

---

① 2019年修正案替换，自2019年8月30日起生效。

(e) setting aside or refusing to set aside an arbitral award under section 34. [1]

撤销或者拒绝撤销第34条项下的仲裁裁决。

(2) An appeal shall also lie to a court from an order of the arbitral tribunal——

还应当对源自仲裁庭的如下命令向法院提出上诉：

(a) Accepting the plea referred to in sub-section (2) or sub-section (3) of section 16; or

接受第16条第2款或第3款中的抗辩；

(b) Granting or refusing to grant an interim measure under section 17.

准许或者拒绝第17条下的临时措施；

(3) No second appeal shall lie from an order passed in appeal under this section, but nothing in this section shall affect or take away any right to appeal to the Supreme Court.

不得针对按照本条规定在上诉中发布的裁定进行上诉，但本条中的规定不应当影响或者剥夺向最高法院上诉的任何权利。

CHAPTER X MISCELLANEOUS

第十章 杂 项

38. Deposits. —

保证金

(1) The arbitral tribunal may fix the amount of the deposit or supplementary deposit, as the case may be, as an advance for the costs referred to in subsection (8) of section 31, which it expects will be incurred in respect of the claim submitted to it:

---

① 2015年修正案替换，自2015年10月23日起生效。

仲裁庭视情况可以确定保证金或补充保证金的数额，用于预付第31条第8款中所提及的费用，仲裁庭认为此类费用在涉及向其提出请求时会发生：

Provided that where, apart from the claim, a counter－claim has been submitted to the arbitral tribunal, it may fix separate amount of deposit for the claim and counter claim.

但除仲裁请求外，若向仲裁庭提交反请求，仲裁庭可以对请求和反请求分别确定保证金。

（2）The deposit referred to in sub-section（1）shall be payable in equal shares by the parties；

上述第1款所提到的保证金应当由当事人平均支付；

Provided that where one party fails to pay his share of the deposit, the other party may pay that share；

但如果一方当事人未能支付其份额的保证金，则另外一方可以支付该份额；

Provided further that where the other party also does not pay the aforesaid share in respect of the claim or the counter－claim, the arbitral tribunal may suspend or terminate the arbitral proceedings in respect of such claim or counter－claim, as the case may be.

但如果另一方当事人对于其请求或者反请求未支付上述份额，仲裁庭可以视情况暂停或者终止与此请求或反请求相关的仲裁程序。

Upon termination of the arbitral proceedings, the arbitral tribunal shall render an accounting to the parties of the deposits received and shall return any unexpended balance to the party or parties', as the case may be.

在终止仲裁程序时，仲裁庭应当视情况将收到保证金的账户提供给当事人，并且将未支出的余额返还给该方当事人或各方当事人。

39. Lien on arbitral award and deposits as to costs.

仲裁裁决的留置和费用保证金

（1）Subject to the provisions of sub-section（2）and to any provision to the contrary in the arbitration agreement, the arbitral tribunal shall have a lien on the arbitral award for any unpaid costs of the arbitration.

受本条第2款和仲裁协议中任何相反规定的约束，仲裁庭应当对任何未支付仲裁费用的仲裁裁决进行留置。

(2) If in any case an arbitral tribunal refuses to deliver its award except on payment of the costs demanded by it, the court may, on an application in this behalf, order that the arbitral tribunal shall deliver the arbitral award to the applicant on payment into court by the applicant of the costs demanded, and shall, after such inquiry, if any, as it thinks fit, further order that out of the money so paid into court there shall be paid to the arbitral tribunal by way of costs such sum as the court may consider reasonable and that the balance of the money, if any, shall be refunded to the applicant.

在任何情况下，仲裁庭除以要求支付费用为由而拒绝给出仲裁裁决外，法院在据此收到申请时，裁定仲裁庭应当给出仲裁裁决，仲裁庭主张的费用应支付给法院，在法院询问后认定为合适的情况下，以费用的方式支付给仲裁庭，如有剩余款项，法院将返还给申请人。

(3) An application under sub-section (2) may be made by any party unless the fees demanded have been fixed by written agreement between him and the arbitral tribunal, and the arbitral tribunal shall be entitled to appear and be heard on any such application.

基于上述第2款的申请可以由任何一方当事人提出，除非当事人与仲裁庭之间的书面协议已经确定了要支付的费用，第2款项下的申请可以由任何一方当事人提出，仲裁庭应当有权出席并就此类申请获得答辩的机会。

(4) The court may make such orders as it thinks fit respecting the costs of the arbitration where any question arises respecting such costs and the arbitral award contains no sufficient provision concerning them.

若因仲裁费用问题产生任何问题，且仲裁裁决对此没有包含详细的规定，则法院可以就此类费用问题发布其认为合适的裁定。

40. Arbitration agreement not to be discharged by death of party thereto.

当事人的死亡不导致仲裁协议的解除

(1) An arbitration agreement shall not be discharged by the death of any party thereto either as respects the deceased or as respects any other party, but shall in such event be enforceable by or against the legal representative of the deceased.

仲裁协议不应因一方当事人的死亡而解除，不论死亡一方当事人还是另外一方当事人，在此情况下应由死亡当事人的法定代表人申请执行或代为参与仲裁。

(2) The mandate of an arbitrator shall not be terminated by the death of any party by whom he was appointed.

仲裁员的职务不因委任其的任一方当事人的死亡而终止。

(3) Nothing in this section shall affect the operation of any law by virtue of which any right of action is extinguished by the death of a person.

本条中的任何规定不影响任何其他对于人的死亡导致行为消灭的法律实施。

41. Provisions in case of insolvency. —

出现资不抵债情况时的处理

【译者注】“Insolvency”和“Bankruptcy”是中国读者经常弄混的一组词。“Insolvency”指的是“债务到期之后无法偿债”或者“无力偿付债务”的状态，其形容词是“Insolvent”。其不仅仅指的是“资不抵债”的状态，还包含了虽然有资产但是仍然无法还债的情形。这是因为在企业现金流干涸（Dry Up）的时候，虽然此时公司的资产还是明显大于负债的，但是因为变现困难或者根本无法变现导致无法还债。比如，公司是一家图书出版企业，现有200万元外债到期无法偿还，但其仓库中还有库存的10万本《2015年司法考试指南》，定价50元一本，这样虽然看起来账面上存货价值500万元，但是因为这些图书资料的时效性已过，现在已经没人购买，因此，其变现价值近乎0。虽然其现在账面资产大于负债，但是其事实上也属于“Insolvent”即无力偿付债务的状况。因此，印度2016年的《破产法》（The 2016 Insolvency and Bankruptcy Act）应该翻译成“2016年《债务无力清偿及破产法》”。

而持续性的无力偿付债务可能会触发几种后果，一种是与债权人达成妥协（Compromise），签订相关的协议（Agreement），一般的协议内容都是债权人免除公司债务，之后公司重整（Reorganization），给公司以充足的喘息机会，从而使得其可以复苏（Revival），也就是使得公司“Restore Solvency（重新实现债务偿付能力）”。而如果负债公司与债权人无法达成协议，则就会触发破产程序（Bankruptcy），而破产程序中需要对公司的资产进行清算（Liquidation或者Winding Up）。也就是说，Bankruptcy是与Insolvency相对的，债权人和债务人都对救活企业没有信心，只能采取破产的形式，清算一下企业里面还剩下多少，对这部分剩余价值进行瓜分清偿。

（1）Where it is providedby a term in a contract to which an insolvent is a party that any dispute arising there out or in connection therewith shall be submitted to arbitration, the said term shall, if the receiver adopts the contract, be enforceable by or against him so far as it relates to any such dispute.

如果合同条款中规定，产生争议的一方当事人为资不抵债的企业且争议需要提交仲裁的，上述合同若被接收人采纳，则接收人在涉及的争端范围内应当由或者可以针对其执行。

（2）Where a person who has been adjudged an insolvent had, before the commencement of the insolvency proceedings, become a party to an arbitration agreement, and any matter to which the agreement applies is required to be determined in connection with, or for the purposes of, the insolvency proceedings, then, if the case is one to which sub-section (1) does not apply, any other party or the receiver may apply to the judicial authority having jurisdiction in the insolvency proceedings for an order directing that the matter in question shall be submitted to arbitration in accordance with the arbitration agreement, and the judicial authority may, if it is of opinion that, having regard to all the circumstances of the case, the matter ought to be determined by arbitration, make an order accordingly.

如果已经被判定为资不抵债的人在开始破产清算程序前已经为仲裁协议的一方当事人，若合同管辖的任何事项需要被破产程序管辖或者与破产程序有关，如果该案不适用于上述第1款，任何其他当事人或者接收人可以向破产事项具有管辖权的司法机关申请要求将该有疑义的事项按照仲裁协议通过仲裁解决的裁定。如果司法机关在考虑案件的所有情况后，认为事项应当通过仲裁裁决的，可以发布相应的裁定。

(3) In this section the expression "receiver" includes an Official Assignee.

本条中的“接收人”包括法定受让人。

42. Jurisdiction.

管辖权

Notwithstanding anything contained elsewhere in this Part or in any other law for the time being in force, where with respect to an arbitration agreement any application under this Part has been made in a court, that court alone shall have jurisdiction over the arbitral proceedings and all subsequent applications arising out of that agreement and the arbitral proceedings shall be made in that court and in no other court.

尽管本部分其他地方或者现行有效法律中有规定，若在涉及仲裁协议时已经向法院依照本部分提出了任何申请，该法院应当对仲裁程序和产生于该协议的全部后续申请独自拥有管辖权，应当在该法院而非其他法院进行。

【2019年修正新增】**42A. Confidentiality of information.** —Notwithstanding anything contained by any other law for the time being in force, the arbitrator, the arbitral institution and the parties to the arbitration agreement shall maintain confidentially of all arbitral proceedings except award where its disclosure is necessary for the purpose of implementation and enforcement of award.

信息保密

即使其他现行有效法律中有其他规定，但仲裁员、仲裁机构以及仲裁协议的当事方应当就除因执行仲裁裁决而必要的披露仲裁裁决之外的所有仲裁程序保密。

42B. Protection of action taken in good faith. —No suit or other legal proceedings shall lie against the arbitrator for anything which is in good faith done or intended to be done under this Act or the rules or regulations made thereunder. ①

对因诚信善意而行事的保护

不得因仲裁员以诚信善意而基于本法或者后续制定的本法的实施细则所做的或意欲进行的行为而提起诉讼。

43. Limitations.

时效

(1) The Limitation Act, 1963 (36 of 1963), shall apply to arbitrations as it applies to proceedings in court.

印度1963年《时效法》(1963年第三十六部立法)适用于仲裁，正如该法适用于法庭诉讼程序一样。

【译者注】仲裁提起的时效和仲裁裁决的执行时效，请分别参见本书第六章第一节及第八章第三节中的内容。

(2) For the purposes of this section and the Limitation Act, 1963 (36 of 1963), an arbitration shall be deemed to have commenced on the date referred in section 21.

为实现本条和1963年《时效法》(1963年第三十六部立法)的目的，仲裁应当被视为已经于第21条规定的日期开始。

(3) Where an arbitration agreement to submit future disputes to arbitration provides that any claim to which the agreement applies shall be barred unless some step to commence arbitral proceedings is taken within a time fixed by the agreement, and a dispute arises to which the agreement applies, the court, if it is of opinion that in the circumstances of the case undue hardship would otherwise be caused, and notwithstanding that the time so fixed has expired, may on such

① 2019年修正案新增，自2019年8月30日起生效。

terms, if any, as the justice of the case may require, extend the time for such period as it thinks proper.

若将未来争议提交仲裁的仲裁协议中规定，除非在该协议规定的时间内采取启动仲裁程序的某些步骤，仲裁协议所适用的任何请求都应当被禁止；若争议产生自该协议所适用的事项，法院认为在本案情况下会产生额外的不应有的困难，尽管规定的时间已经届满，若审案法官要求，可以基于此条款将时效延长至其认为适当的期限。

(4) Where the court orders that an arbitral award be set aside, the period between the commencement of the arbitration and the date of the order of the court shall be excluded in computing the time prescribed by the Limitation Act, 1963 (36 of 1963), for the commencement of the proceedings (including arbitration) with respect to the dispute so submitted.

若法院命令撤销仲裁裁决，就提交的争议的程序开始（包括仲裁），从仲裁开始到法院下达命令之间的时间将排除在按照 1963 年《时效法》（1963 年第三十六部立法）计算时间之外。

PART II　ENFORCEMENT OF CERTAIN FOREIGN AWARDS

第二部分　对特定外国仲裁裁决的执行

CHAPTER I　NEW YORK CONVENTION AWARDS

第一章　基于《纽约公约》的裁决

44. Definition. —In this Chapter, unless the context otherwise requires, "foreign award" means an arbitral award on differences between persons arising out of legal relationships, whether contractual or not, considered as commercial under the law in force in India, made on or after the 11th day of October, 1960—

除非上下文另有要求，本章中“外国裁决”是指对人们之间产生于 1960 年 10 月 11 日或之后按印度有效法律被认为是商事法律关系纷争的以下裁决，无论是否合同性质的：

(a) In pursuance of an agreement in writing for arbitration to which the Convention set forth in the First Schedule applies, and

按照第1表规定的公约所适用的提交仲裁的书面协议；和

(b) In one of such territories as the Central Government, being satisfied that reciprocal provisions have been made may, by notification in the Official Gazette, declare to be territories to which the said Convention applies.

位于中央政府认为符合已经作出的互惠条款后在《官方公报》以公告方式宣布所述公约适用于一国领土之内。

【2019年对条款部分修正】**45. Power of judicial authority to refer parties to arbitration.** —Notwithstanding anything contained in Part I or in the Code of Civil Procedure, 1908 (5 of 1908) a judicial authority, when seized of an action in a matter in respect of which the parties have made an agreement referred to in section 44, shall, at the request of one of the parties or any person claiming through or under him, refer the parties to arbitration, unless it finds [unless it prima facie finds] that the said agreement is null and void, inoperative or incapable of being performed.

司法机构要求当事人提交仲裁的权力：尽管本部分或1908年《民事诉讼法典》(1908年第五部立法)中有任何规定，司法机构在受理涉及当事人已经达成第44节规定协议的事项的诉讼时，经一方当事人或通过其或按其提出主张的任何人的请求，应当要求双方当事人提交仲裁，除非法院［基于表面证据[①]］认定所述协议无效、无可操作性或不能执行。

46. When foreign award binding. —Any foreign award which would be, enforceable under this Chapter shall be treated as binding for all purposes on the persons as between whom it was made, and may accordingly be relied on by any of those persons by way of defence, set off or otherwise in any legal proceedings in India and any references in this Chapter to enforcing a foreign award shall be con-

① 2019年修正案修正，自2019年8月30日起生效。

strued as including references to relying on; an award.

有约束力的外国裁决：为了对双方当事人作出裁决的所有目的，按本章可执行的任何外国裁决应当按有约束力对待，并可据此由任何一方当事人以抗辩方式予以信赖、撤销或在印度境内进行其他任何法律程序。本章中对执行外国裁决的任何规定应当解释为包括对依赖裁决的规定。

47. Evidence. —

证据

(1) The party applying for the enforcement of a foreign award shall, at the time of the application, produces before the court—

申请执行外国裁决的当事人应当在申请时向法院提交：

(a) The original award or a copy thereof, duly authenticated in the manner required by the law of the country in which it was made;

按裁决作出地国法律要求的方式进行正式认证的裁决正本或其副本；

(b) The original agreement for arbitration or a duly certified copy thereof, and

仲裁协议的正本或其经正式证明的副本；和

(c) Such evidence as may be necessary to prove that the award is a foreign award.

证明裁决是外国裁决所必要的证据。

(2) If the award or agreement to be produced under sub-section (1) is in a foreign language, the party seeking to enforce the award shall produce a translation into English certified as correct by a diplomatic or consular agent of the country to which that party belongs or certified as correct in such other manner as may be sufficient according to the law in force in India.

若按第（1）分节提交的裁决或协议是外国语，请求执行裁决的当事人应当提交经该当事人所属国的外交或领事官员证明正确，或根据印度有效法律是充分的其他方式证明正确的英译本。

Explanation. —In this section and all the following sections of this Chapter,

"Court" means the principal Civil Court of original jurisdiction in a district, and includes the High Court in exercise of its ordinary original civil jurisdiction, having jurisdiction over the subject - matter of the award if the same had been the subject - matter of a suit, but does not include any civil court of a grade inferior to such principal Civil Court, or any Court of Small Causes.

解释：在本节和本章后续各节中，"法院"是指在一地区拥有最初管辖权的主要民事法院，包括在行使其最初普通民事管辖权中对裁决主题拥有管辖权的高等法院，若同一事项是诉讼主题，但不包括级别低于此主要民事法院的任何民事法院或者任何小额诉讼法院。

【2015年修正替换】**Explanation.** —In this section and in the sections following in this Chapter, "Court" means the High Court having original jurisdiction to decide the questions forming the subject - matter of the arbitral award if the same had been the subject - matter of a suit on its original civil jurisdiction and in other cases, in the High Court having jurisdiction to hear appeals from decrees of courts subordinate to such High Court. ①

解释：在本条以及本章接下来的诸条中，"法院"是指如果仲裁裁决争议的标的事项通过诉讼解决，则如同采取诉讼时，对此类争议标的具有初审管辖权的高等法院，以及在其他情况下，有权对法院裁定的上诉进行管辖的高等法院。

48. Conditions for enforcement of foreign awards. —

执行外国裁决的条件

(1) Enforcement of a foreign award may be refused, at the request of the party against whom it is invoked, only if that party furnishes to the court proof that—

经针对其进行的一方当事人请求，且在该当事人向法院提供以下证据时，可以拒绝执行外国裁决：

(a) The parties to the agreement referred to in section 44 were, under the law

① 2015年修正案替换，自2015年10月23日起生效。

applicable to them, under some incapacity, or the said agreement is not valid under the law to which the parties have subjected it or, failing any indication thereon, under the law of the country where the award was made; or

第44节规定协议的双方当事人按可适用于他们的法律已是无资格，或者按双方当事人已经遵从的法律该协议无效，或者按裁决作出地国法律未就此作出任何指示；或

(b) The party against whom the award is invoked was not given proper notice of the appointment of the arbitrator or of the arbitral proceedings or was otherwise unable to present his case; or

未适当通知该裁决针对的当事人任命仲裁员或仲裁程序，或该当事人其他情况下未能出席其案件；或

(c) The award deals with a difference not contemplated by or not falling within the terms of the submission to arbitration, or it contains decisions on matters beyond the scope of the submission to arbitration:

Provided that, if the decisions on matters submitted to arbitration can be separated from those not so submitted, that part of the award which contains decisions on matters submitted to arbitration may be enforced; or

裁决处理的纷争不是或不属于提交仲裁的规定范围，或它包含了决定的事项超出提交仲裁的范围：

但是，若提交仲裁事项的裁决可以从未提交事项的裁决中分离，包含决定提交仲裁事项的那部分裁决可以被执行；或

(d) The composition of the arbitral authority or the arbitral procedure was not in accordance with the agreement of the parties, or, failing such agreement, was not in accordance with the law of the country where the arbitration took place; or

仲裁庭的组成或仲裁程序未依照双方当事人的协议，或者无此协议，未依照仲裁举行地国的法律；或

(e) The award has not yet become binding on the parties, or has been set aside or suspended by a competent authority of the country in which, or under the law of which, that award was made.

裁决对双方当事人没有发生约束力，或者被裁决作出地国家的主管机构或按该国法律撤销或中止裁决。

(2) Enforcement of an arbitral award may also be refused if the court finds that—

若法院认定裁决具有以下情形，可以拒绝执行仲裁裁决：

(a) The subject - matter of the difference is not capable of settlement by arbitration under the law of India; or

依据印度法律，纷争的主题不能通过仲裁解决；或

(b) The enforcement of the award would be contrary to the public policy of India.

执行裁决会与印度公共政策相抵触。

Explanation. —Without prejudice to the generality of clause (b) of this section, it is hereby declared, for the avoidance of any doubt, that an award is in conflict with the public policy of India if the making of the award was induced or affected by fraud or corruption.

解释：在不违反（b）项的一般性，兹声明，为避免任何疑问，若裁决的作出是受欺诈或腐败导致或影响的，该裁决与印度公共政策相抵触。

【2015 年修正替换】**Explanation 1.** —For the avoidance of any doubt, it is clarified that an award is in conflict with the public policy of India, only if, —

(i) the making of the award was induced or affected by fraud or corruption or was in violation of section 75 or section 81; or

(ii) it is in contravention with the fundamental policy of Indian law; or

(iii) it is in conflict with the most basic notions of morality or justice.

Explanation 2. —For the avoidance of doubt, the test as to whether there is a contravention with the fundamental policy of Indian law shall not entail a review on the merits of the dispute. ①

① 2015 年修正案替换，自 2015 年 10 月 23 日起生效。

解释1：为避免疑义，仲裁裁决仅在有下述情形时才与印度的公共政策相抵触：

（1）裁决的制定受欺诈或腐败引起或影响，或违反第75条和第81条的规定；或

（2）违反印度法律的基本政策；或

（3）违反最基本的道德和法律观念。

解释2：为避免疑义，对于是否存在违反印度法律基本政策的测试不得涉及对争议实体的审查。

(3) If an application for the setting aside or suspension of the award has been made to a competent authority referred to in clause (e) of sub-section (1) the court may, if it considers it proper, adjourn the decision on the enforcement of the award and may also, on the application of the party claiming enforcement of the award, order the other party to give suitable security.

若已向第（1）分节（e）条款规定的主管机构作出撤销裁决的申请，法院认为恰当，可以延期决定执行裁决；经申请执行裁决的当事人请求，还可以命令另一方当事人提供适当担保。

49. Enforcement of foreign awards. —Where the court is satisfied that the foreign award is enforceable under this Chapter, the award shall be deemed to be a decree of that court.

执行外国裁决：若法院认为外国裁决依本章是可以执行的该裁决应当被视为该法院的判决。

50. Appealable orders. —

可上诉的裁定

【2019年部分修正】(1) An appeal [Notwithstanding anything contained in any other law for the time being in force, an appeal] shall lie from the order refusing to

[虽然其他现行有效法律中有其他规定][①]，对以下裁定的上诉：

(a) Refer the parties to arbitration under section 45;

基于第 45 条之规定要求当事人提起仲裁的裁定；

(b) Enforce a foreign award under section 48,

基于第 48 条之规定执行外国裁决，

to the court authorized by law to hear appeals from such order.

交由法律授权的法院对产生于上述裁定的上诉进行审裁。

(2) No second appeal shall lie from an order passed in appeal under this section, but nothing in this section shall affect or take away any right to appeal to the Supreme Court.

不得对按照本条规定在上述中发布的裁定进行上诉，但本条中的任何规定不影响或者剥夺向最高法院上诉的权利。

51. Saving. —Nothing in this Chapter shall prejudice any rights, which any person would have had of enforcing in India of any award or of availing himself in India of any award if this Chapter had not been enacted.

保留：本章中的任何规定不得损害任何人已经有的在印度执行裁决或使其在印度享受任何裁决，如同假设本章未曾制定一样。

52. Chapter II not to apply. —Chapter II of this Part shall not apply in relation to foreign awards to which this Chapter applies.

不适用第二章：本部分第二章不适用于本章所适用的外国裁决。

CHAPTER II GENEVA CONVENTION AWARDS

第二章 日内瓦公约裁决

53. Interpretation. —In this Chapter "foreign award" means an arbitral award on differences relating to matters considered as commercial under the law in

① 2019 年修正案替换，自 2019 年 8 月 30 日起生效。

force in India made after the 28th day of July, 1924, —

在本章中，“外国裁决”是指对按印度有效法律认为是商事争议的、1924年7月28日以后作出的以下仲裁裁决：

(a) In pursuance of an agreement for arbitration to which the Protocol set forth in the Second Schedule applies, and

按照第2表中规定的议定书所适用的仲裁协议；和

(b) Between persons of whom one is subject to the jurisdiction of some one of such Powers as the Central Government, being satisfied that reciprocal provisions have been made, may, by notification in the Official Gazette, declare to be parties to the Convention set forth in the Third Schedule, and of whom the other is subject to the jurisdiction of some other of the Powers aforesaid, and

在当事人之间，其中一方当事人受中央政府权力之管辖，即中央政府认为符合已订互惠条款后在《官方公报》以公告方式宣布为附件三中规定公约的当事人，其中另一方当事人受上述其他权力管辖；和

(c) In one of such territories as the Central Government, being satisfied that reciprocal provisions have been made, may, by like notification, declare to be territories, to which the said Convention applies, And for the purposes of this Chapter an award shall not be deemed to be final if any proceedings for the purpose of contesting the validity of the award are pending in the country in which it was made.

位于中央政府认为符合已订互惠条款后以相同公告方式宣布是所述公约适用的领土之内。为实现本章目的，以对抗裁决有效性为目的的任何程序在裁决作出地国是待定的，则该裁决不应被视为具有终局性。

54. Power of judicial authority to refer parties to arbitration. —Notwithstanding anything contained in Part I or in the Code of Civil Procedure, 1908 (5 of 1908), a judicial authority, on being seized of a dispute regarding a contract made between persons to whom section 53 applies and including an arbitration agreement, whether referring to present or future differences, which is valid under that section and capable of being carried into effect, shall refer the parties on the application, of either of them or any person claiming through or under him to the decision of the arbitrators and such reference shall not prejudice the competence of the judicial authority in case the agreement or the arbitration cannot proceed or becomes inoperative.

司法机构要求双方当事人提交仲裁的权力：尽管第一部分或1908年《民事诉讼法典》（1908年第五部立法）中包含任何规定，司法机构在处理涉及第53条适用的当事人间订有合同（包括仲裁协议，无论是否规定现在或未来的争议，按该条是有效的且能有效执行）的争议时，应当要求当事人依一方当事人或主张通过他或依他的任何人的申请提交仲裁员决定，此要求不应当损害司法机构在该协议或仲裁不能进行或变得不可操作时的管辖权。

55. Foreign awards when binding. —Any foreign award which would be enforceable under this Chapter shall be treated as binding for all purposes on the persons as between whom it was made, and may accordingly be relied on by any of those persons by way of defence, set off or otherwise in any legal proceedings in India and any references in this Chapter to enforcing a foreign award shall be construed as including references to relying on an award.

有约束力的外国裁决：按本章可执行的任何外国裁决，应被视为对作出裁决的各方具有约束力，并可据此由任何一方当事人以抗辩方式予以依赖、撤销或在印度境内进行其他任何法律程序。本章中对执行外国裁决的任何规定应当解释为包括对依赖裁决的规定。

56. Evidence. —

证据

(1) The party applying for the enforcement of a foreign award shall, at the time of application, produces before the court—

申请执行外国裁决的当事人在申请时应当向法院提交：

(a) The original award or a copy thereof duly authenticated in the manner required by the law of the country in which it was made;

经以裁决作出地国法律要求方式正式认证的裁决正本或其副本；

(b) Evidence proving that the award has become final; and

证明裁决具有终局性的证据；和

(c) Such evidence as may be necessary to prove that the conditions mentioned in clauses (a) and (c) of sub-section (1) of section 57 are satisfied.

证明符合第 57 条第 1 款（a）项和（c）项中规定条件的必要证据。

(2) Where any document requiring to be produced under sub-section (1) is in a foreign language, the party seeking to enforce the award shall produce a translation into English certified as correct by a diplomatic or consular agent of the country to which that party belongs or certified as correct in such other manner as may be sufficient according to the law in force in India.

若按第 1 款要求提交的任何文件是外国语言，请求执行裁决的当事人应当提交经该当事人所属国的外交或领事官员证明正确，或根据印度有效法律是充分的其他方式证明正确的英译本。

Explanation. —In this section and all the following sections of this Chapter, "Court" means the principal Civil Court of original jurisdiction in a district, and includes the High Court in exercise of its ordinary original civil jurisdiction, having jurisdiction over the subject – matter of the award if the same had been the subject – matter of a suit, but does not include any civil court of a grade inferior to such principal 'Civil Court, or any Court of Small Causes.

解释：在本条和本章后续各条中，"法院"是指在一地区拥有最初管辖权的主要民事法院，包括在行使其最初普通管辖权中对决定裁决主题拥有管辖权的高等法院，若同一事项是诉讼标的，但不包括级别低于此主要民事法院的任何民事法院或任何轻微诉因法院。

【2015 年修正替换】**Explanation.** —In this section and in the sections following in this Chapter, "Court" means the High Court having original jurisdiction to decide the questions forming the subject – matter of the arbitral award if the same had been the subject – matter of a suit on its original civil jurisdiction and in other cases, in the High Court having jurisdiction to hear appeals from decrees of courts subordinate to such High Court. ①

解释：在本条以及本章接下来的诸条中，“法院”是指如果仲裁裁决争议的标的事项通过诉讼解决，则如同采取诉讼时，对此类争议标的具有初审管辖权的高等法院，以及在其他情况下，有权对法院裁定的上诉进行管辖的高等法院。

57. Conditions for enforcement of foreign awards. —

执行外国裁决的条件

(1) In order that a foreign award may be enforceable under this Chapter, it shall be necessary that—

为了外国裁决可以按本章被执行，以下应当是必要的：

(a) The award has been made in pursuance of a submission to arbitration, which is valid under the law applicable thereto;

根据提交的按可适用法律是有效的仲裁，已经作出裁决；

(b) The subject - matter of the award is capable of settlement by arbitration under the law of India;

争议事项按照印度法律能够通过仲裁解决；

(c) The award has been made by the arbitral tribunal provided for in the submission to arbitration or constituted in the manner agreed upon by the parties and in conformity with the law governing the arbitration procedure;

仲裁庭对提交的仲裁已经作出裁决，或以双方当事人协议的方式达成，且符合支配仲裁程序的法律；

(d) The award has become final in the country in which it has been made, in the sense that it will not be considered as such if it is open to, opposition or appeal or if it is proved that any proceedings for the purpose of contesting the validity of the award are pending;

---

① 2015 年修正案替换，自 2015 年 10 月 23 日起生效。

裁决在作出地国成为终局裁决的；若裁决仍存在反对或上诉程序，或证明以对抗该裁决有效性为目的的任何程序是待定的，不得认为该裁决是终局的；

(e) The enforcement of the award is not contrary to the public policy or the law of India.

执行该裁决不与印度的公共政策或法律相抵触。

Explanation. —Without prejudice to the generality of clause (e), it is hereby declared, for the avoidance of any doubt, that an award is in conflict with the public policy of India if the making of the award was induced or affected by fraud or corruption.

解释：在不损害（e）项的一般性原则下，特宣布，为避免任何疑问，若裁决的作出是欺诈或腐败导致或影响的，该则裁决与印度公共政策相抵触。

(2) Even if the conditions laid down in sub-section (1) are fulfilled, enforcement of the award shall be refused if the court is satisfied that—

即使满足第1款中规定的条件，若法院认为裁决存在以下情形时，也应当拒绝执行该裁决：

【2015年修正替换】**Explanation 1.** —For the avoidance of any doubt, it is clarified that an award is in conflict with the public policy of India, only if, —

(i) the making of the award was induced or affected by fraud or corruption or was in violation of section 75 or section 81; or

(ii) it is in contravention with the fundamental policy of Indian law; or

(iii) it is in conflict with the most basic notions of morality or justice.

解释1：为避免疑义，仲裁裁决仅在有下述情形时才与印度的公共政策相抵触：

(1) 裁决的制定受欺诈或腐败引起或影响，或违反第75条和第81条的规定；或

(2) 违反印度法律的基本政策；或

（3）违反最基本的道德和法律观念。

Explanation 2. —For the avoidance of doubt, the test as to whether there is a contravention with the fundamental policy of Indian law shall not entail a review on the merits of the dispute. ①

解释2：为避免疑义，对于是否存在违反印度法律基本政策的测试不得涉及对争议实体的审查。

（a）The award has been annulled in the country in which it was made;

在裁决作出地国，该裁决已经无效；

（b）The party against whom it is sought to use the award was not given notice of the arbitration proceedings in sufficient time to enable him to present his case; or that, being under a legal incapacity, he was not properly represented;

没有在充足时间内将仲裁程序通知给请求使用该裁决所针对的当事人以使其能出席其案件；或该当事人处于无法律能力，他未被适当地代表出席；

（c）The award does not deal with the differences contemplated by or falling within the terms of the submission to arbitration or that it contains decisions on matters beyond the scope of the submission to arbitration:

裁决未处理仲裁请求设定的或属于仲裁请求范围内的争议，或裁决包含了对超出提交仲裁范围的事项的决定：

Provided that if the award has not covered all the differences submitted to the arbitral tribunal, the court may, if it thinks fit, postpone such enforcement or grant it subject to such guarantee as the court may decide.

但是，若裁决没有包含提交仲裁庭的全部纷争，法院认为适当，可以中止执行或准许提供法院决定的担保。若事项的裁决可以从未如此提交的裁决中分离，包含决定提交仲裁事项的那部分裁决可以被执行。

（3）If the party against whom the award has been made proves that under the law governing the arbitration procedure there is a ground, other than the grounds

① 2015 年修正案替换，自 2015 年 10 月 23 日起生效。

referred to in clauses (a) and (c) of sub-section (1) and clauses (b) and (c) of sub-section (2) entitling him to contest the validity of the award, the court may, if it thinks fit, either refuse enforcement of the award or adjourn the consideration thereof, giving such party a reasonable time within which to have the award annulled by the competent tribunal.

针对其已经作出裁决的当事人证明，根据仲裁程序适用的法律，存在使其有权对抗该裁决有效性的理由，但不是第 1 款（a）项、（c）项和第 2 款（b）项、（c）项中规定的理由，法院认为适当，可以拒绝执行该裁决或中止考虑该裁决，给予该当事人合理时间使仲裁庭宣告该裁决无效。

58. Enforcement of foreign awards. —Where the court is satisfied that the foreign award is enforceable under this Chapter, the award shall be deemed to be a decree of the court.

执行外国裁决：若法院认为按本章外国裁决是可执行的，该裁决应当视为该法院的判决。

59. Appealable orders. —

可上诉的裁定

(1) An appeal shall lie from the order refusing—

上诉应当基于拒绝以下事项的裁定：

(a) To refer the parties to arbitration under section 54; and

按第 54 条要求双方当事人提交仲裁；和

(b) To enforce a foreign award under section 57, to the court authorized by law to hear appeals from such order.

按第 57 条执行外国裁决。

(2) No second appeal shall lie from an order passed in appeal under this section, but nothing in this section shall affect or take away any right to appeal to the Supreme Court.

不应当针对按本条在上诉中发布的裁定提出上诉，但本条中的任何规定不应当影响或剥夺向最高法院上诉的任何权利。

60. Saving—Nothing in this Chapter shall prejudice any right, which any person would have had of enforcing in India of any award or of availing himself in India of any award if this Chapter had not been enacted.

保留：本章中的任何规定不应当损害任何人本已拥有的在印度执行裁决，或使自己在印度利用任何裁决，或使自己利用本章未规定的任何裁决的权利。

PART III　CONCILIATION

第三部分　调　　解

61. Application and scope. —

适用及范围

(1) Save as otherwise provided by any law for the time being in force and unless the parties have otherwise agreed, this Part shall apply to conciliation of disputes arising out of legal relationship, whether contractual or not and to all proceedings relating thereto.

除任何现行有效法律的其他规定，且除非当事人另有协议，本部分应当适用于产生自法律关系（无论是否属合同性质）的争议和与此相关的所有程序的调解。

(2) This Part shall not apply where by virtue of any law for the time being in force certain disputes may not be submitted to conciliation.

本部分不应当适用于根据任何现行有效法律某些争议不得提交调解的情形。

62. Commencement of conciliation proceedings. —

调解程序的开始

(1) The party initiating conciliation shall send to the other party a written invitation to conciliate under this Part, briefly identifying the subject of the dispute.

启动调解的当事人应当按本部分向另一方当事人发出调解的书面邀请，

并简要说明争议的主题。

(2) Conciliation proceedings shall commence when the other party accepts in writing the invitation to conciliate.

调解程序应当自另一方当事人收到调解的书面邀请时起开始。

(3) If the other party rejects the invitation, there will be no conciliation proceedings.

若另一方拒绝邀请，则不存在任何调解程序。

(4) If the party initiating conciliation does not receive a reply within thirty days from the date on which he sends the invitation, or within such other period of time as specified in the invitation, he may elect to treat this as a rejection of the invitation to conciliate and if he so elects, he shall inform in writing the other party accordingly.

若启动调解的当事人自其发出邀请之日起 30 日内或邀请中特别规定的其他期限内没有收到回复，可以选择按拒绝调解邀请对待，若其如此选择，他应当据此书面通知另一方当事人。

63. Number of conciliators. —

调解员人数

(1) There shall be one conciliator unless the parties agree that there shall be two or three conciliators.

除非当事人约定应当有 2 名或 3 名调解员，则调解员人数为 1 名。

(2) Where there is more than one conciliator, they ought, as a general rule, to act jointly.

在存在多于 1 名调解员时，作为普遍规则，他们应当共同参与。

64. Appointment of conciliators. —

调解员的任命

(1) Subject to sub-section (2), —

受第 2 款约束，

(a) In conciliation proceedings with one conciliator, the parties may agree on the name of a sole conciliator;

在1名调解员的调解程序中，当事人可以协议独任调解员的人选；

(b) In conciliation proceedings with two conciliators, each party may appoint one conciliator;

在2名调解员的调解程序中，每一方当事人可以指定1名调解员；

(c) In conciliation proceedings with three conciliators, each party may appoint one conciliator and the parties may agree on the name of the third conciliator who shall act as the presiding conciliator.

在3名调解员的调解程序中，每一方当事人可以指定1名调解员，且当事人可以协商确定应当担任首席调解员的第3名调解员人选。

(2) Parties may enlist the assistance of a suitable institution or person in connection with the appointment of conciliators, and in particular, —

当事人可以获得合适的机构或个人在调解员任命方面的协助，特别是：

(a) A party may request such an institution or person to recommend the names of suitable individuals to act as conciliator; or

一方当事人可以请求该机构或个人推荐担任调解员的合适自然人；或

(b) The parties may agree that the appointment of one or more conciliators be made directly by such an institution or person.

双方当事人可以协议由该机构或个人直接任命1名或多名调解员。

Provided that in recommending or appointing individuals to act as conciliator, the institution or person shall have regard to such considerations as are likely to secure the appointment of an independent and impartial conciliator and, with respect to sole or third conciliator, shall take into account the advisability of appointing conciliators of a nationality other than the nationalities of the parties.

但是，在推荐或任命自然人担任调解员中，机构或个人应当关注诸如可能保障任命独立、公正的调解员之类的考量因素，涉及独任或3名调解员时，应当考虑任命当事人国籍以外国籍的调解员的适当性。

65. Submission of statements to conciliator. —

向调解员提交声明

(1) The conciliator, upon his appointment, may request each party to submit to him a brief written statement describing the general nature of the dispute and the points at issue. Each party shall send a copy of such statement to the other party.

一经任命的调解员可以要求每方当事人向其提交该当事人状况的简要声明和支持声明的事实、理由、任何文件的补充和该方当事人认为适当的其他证据。该方当事人应当将此声明、文件和其他证据的副本送交给另一方当事人。

(2) The conciliator may request each party to submit to him a further written statement of his position and the facts and grounds in support thereof, supplemented by any documents and other evidence that such party deems appropriate. The party shall send a copy of such statement, documents and other evidence to the other party.

调解员可以要求每方当事人向其提供该当事人状况的进一步书面声明和支持该声明的事实、理由、文件补充和该当事人认为适当的其他证据。该当事人应当将此声明、文件和其他证据的副本送交给另一方当事人。

(3) At any stage of the conciliation proceedings, the conciliator may request a party to submit to him such additional information, as he deems appropriate.

在调解程序的任何阶段，调解员可以要求一方当事人向其提供调解员认为适当的补充信息。

Explanation. —In this section and all the following sections of this Part, the term "conciliator" applies to a sole conciliator, two or three conciliators as the case may be.

解释： 在本部分和本部分所有后续各条中，"调解员"术语适用于独任调解员、2 名或 3 名调解员，视情况而定。

66. Conciliator not bound by certain enactments. —The conciliator is not bound by the Code of Civil Procedure, 1908 (5 of 1908) or the Indian Evidence

Act, 1872 (1 of 1872).

某些制定法不约束调解员：调解员不受1908年《民事诉讼法典》(1908年第五部立法)或1872年《印度证据法》(1872年第一部立法)的约束。

67. Role of conciliator. —

调解员的角色

(1) The conciliator shall assist the parties in an independent and impartial manner in their attempt to reach an amicable settlement of their dispute.

调解员应当以独立、公正方式按其努力尝试，帮助双方当事人达到友好解决其争议。

(2) The conciliator shall be guided by principles of objectivity, fairness and justice, giving consideration to, among other things, the rights and obligations of the parties, the usages of the trade concerned and the circumstances surrounding the dispute, including any previous business practices between the parties.

调解员应当受客观性、公平和公正原则指引，在其他事项中，考虑当事人的权利义务、相关贸易惯例、围绕争议的各种情况，包括双方当事人之间的任何先前商业惯例。

(3) The conciliator may conduct the conciliation proceedings in such a manner as he considers appropriate, taking into account the circumstances of the case, the wishes the parties may express, including any request by a party that the conciliator hear oral statements, and the need for a speedy settlement of the dispute.

调解员可以按其认为适当的方式实施调解程序，考虑案情、当事人表达的愿望，包括一方当事人请求调解员听取口头陈述和快速解决争议的需要。

(4) The conciliator may, at any stage of the conciliation proceedings, make proposals for a settlement of the dispute. Such proposals need not be in writing and need not be accompanied by a statement of the reasons therefor.

调解员可以在调解进程的任何阶段对解决争议提出建议方案。此建议方案无须是书面的，也无须随附陈述理由。

68. Administrative assistance. —In order to facilitate the conduct of the conciliation proceedings, the parties, or the conciliator with the consent of the parties, may arrange for administrative assistance by a suitable institution or person.

管理协助：为促进实施调解程序，当事人或经当事人许可的调解员可以安排合适的机构或人员提供管理协助。

69. Communication between conciliator and parties. —

调解员与双方当事人间的通信

(1) The conciliator may invite the parties to meet him or may communicate with them orally or in writing. He may meet or communicate with the parties together or with each of them separately.

调解员可以邀请当事人与其会见，可以与他们口头或书面通信。他可以共同或单独会见当事人，或共同或单独与他们进行通信。

(2) Unless the parties have agreed upon the place where meetings with the conciliator are to be held, such place shall be determined by the conciliator, after consultation with the parties, having regard to the circumstances of the conciliation proceedings.

除非当事人对调解员举行会议的地点已另有约定，该地点应当由调解员经协商当事人并已考虑调解程序情形后决定。

70. Disclosure of information. —When the conciliator receives factual information concerning the dispute from a party, he shall disclose the substance of that information to the other party in order that the other party may have the opportunity to present any explanation, which he considers appropriate:

信息披露：调解员收到来自一方当事人的与争端有关的事实信息后，应当将该信息的实质内容披露给另一方当事人以使该另一方当事人有机会提交其认为合适的解释：

Provided that when a party gives any information to the conciliator subject to a specific condition that it be kept confidential, the conciliator shall not disclose that information to the other party.

但是，若一方当事人向调解员提交的信息受保密条件的约束，调解员不应当将该信息披露给另一方当事人。

71. Co－operation of parties with conciliator. —The parties shall in good faith cooperate with the conciliator and, in particular, shall endeavor to comply with requests by the conciliator to submit written materials, provide evidence and attend meetings.

双方当事人与调解员的合作：双方当事人应当诚信地与调解员合作，特别是应当尽努力遵从调解员的要求提交书面材料、提供证据和出席会议。

72. Suggestions by parties for settlement of dispute. —Each party may, on his own initiative or at the invitation of the conciliator, submit to the conciliator suggestions for the settlement of the dispute.

当事人对解决争议的建议：每方当事人可以主动或经调解员邀请向调解员提交解决争端的建议。

73. Settlement agreements, —

和解协议

(1) When it appears to the conciliator that there exist elements of a settlement, which may be acceptable to the parties, he shall formulate the terms of a possible settlement and submit them to the parties for their observations. After receiving the observations of the parties, the conciliator may reformulate the terms of a possible settlement in the light of such observations.

若向调解员显示存在双方当事人可能接受的和解因素，调解员应当草拟可能和解的条款并提交给当事人审阅。调解员在收到当事人的审阅后，可以根据审阅意见再草拟可能和解的条款。

(2) If the parties reach agreement on a settlement of the dispute, they may draw up and sign a written settlement agreement. If requested by the parties, the conciliator may draw up, or assist the parties in drawing up, the settlement agreement.

若当事人对争议达成和解协议，他们可以起草和签署书面和解协议。经当事人要求，调解员可以起草或协助当事人起草和解协议。

(3) When the parties sign the settlement agreement, it shall be final and binding on the parties and persons claiming under them respectively.

若当事人签署和解协议，该和解协议是终局的且对当事人和分别根据当事人提出请求的人有约束力。

(4) The conciliator shall authenticate the settlement agreement and furnish a copy thereof to each of the parties.

调解员应当认证和解协议，并向每方当事人提供该协议副本。

74. Status and effect of settlement agreement. —The settlement agreement shall have the same status and effect as if it is an arbitral award on agreed terms on the substance of the dispute rendered by an arbitral tribunal under section 30.

和解协议的地位和效力：和解协议应当具有的地位和效力如同其是对按第30条提交仲裁庭的实体争议协议条款的仲裁裁决。

75. Confidentiality. —Notwithstanding anything contained in any other law for the time being in force, the conciliator and the parties shall keep confidential all matters relating to the conciliation proceedings. Confidentiality shall extend also to the settlement agreement, except where its disclosure is necessary for purposes of implementation and enforcement.

保密：尽管其他任何现行有效法律中包含了任何规定，调解员和当事人应当对与调解程序有关的所有事项保守秘密。保密还应当扩展到和解协议，除非为履行或执行目的，披露是必要的。

76. Termination of conciliation proceedings. —The conciliation proceedings shall be terminated—

调解程序的终止。调解程序应当因以下情形终止：

(a) By the signing of the settlement agreement by the parties on the date of the agreement; or

当事人签署和解协议，在协议之日；或

(b) By a written declaration of the conciliator, after consultation with the parties, to the effect that further efforts at conciliation are no longer justified, on the date of the declaration; or

调解员在与当事人协商后书面宣告调解的进一步努力不再有合理性，在该宣告之日；或

(c) By a written declaration of the parties addressed to the conciliator to the effect that the conciliation proceedings are terminated, on the date of the declaration; or

当事人向调解员书面宣告终止调解程序，在该宣告之日；或

(d) By a written declaration of a party to the other party and the conciliator, if appointed, to the effect that the conciliation proceedings are terminated, on the date of the declaration.

一方当事人向另一方当事人和调解员（被任命）宣告终止调解程序，在该宣告之日。

77. Resort to arbitral or judicial proceedings. —The parties shall not initiate, during the conciliation proceedings, any arbitral or judicial proceedings in respect of a dispute that is the subject - matter of the conciliation proceedings except that a party may initiate arbitral or judicial proceedings where, in his opinion, such proceedings are necessary for preserving his rights.

求助仲裁或司法程序：当事人不应当在调解程序期间就构成调解程序主题的争议，启动仲裁或司法程序，但是一方当事人认为仲裁或司法程序为保护其权利所必需而启动此类程序除外。

78. Costs. —

费用

(1) Upon termination of the conciliation proceedings, the conciliator shall fix the costs of the conciliation and give written notice thereof to the parties.

调解程序一旦终止，调解员应当确定调解费用并向当事人发出书面通知。

(2) For the purpose of sub-section (1), "costs" means reasonable costs relating to

为实现第 1 款的目的，“费用”是指与以下有关的合理费用：

(a) The fee and expenses of the conciliator and witnesses requested by the conciliator with the consent of the parties;

调解员和经调解员要求、当事人同意的证人的费用和支出；

(b) Any expert advice requested by the conciliator with the consent of the parties;

调解员要求并经当事人同意的任何专家意见；

(c) Any assistance provided pursuant to clause (b) of sub-section (2) of section 64 and section 68;

根据第 64 条第 2 款（b）项和第 68 条提供的任何协助；

(d) Any other expenses incurred in connection with the conciliation proceedings and the settlement agreement.

已发生的与调解程序、和解协议有关的其他任何支出。

(3) The costs shall be home equally by the parties unless the settlement agreement provides for a different apportionment. All other expenses incurred by a party shall be home by that party.

费用应当由当事人平等承担，除非和解协议规定了不同分配比例。一方当事人产生的其他全部费用应当由该方当事人承担。

79. Deposits. —

保证金

(1) The conciliator may direct each party to deposit an equal amount as an advance for the costs referred to in sub-section (2) of section 78 which he expects will be incurred.

调解员可以指定一方当事人交存平等数额作为预付其认为将发生的第 78 条第 2 款规定的费用。

(2) During the course of the conciliation proceedings, the conciliator may direct supplementary deposits in an equal amount from each party.

在调解程序进程期间，调解员可以要求每方当事人补充交存平等数额。

(3) If the required deposits under sub-sections (1) and (2) are not paid in full by both parties within thirty days, the conciliator may suspend the proceedings or may make a written declaration of termination of the proceedings to the parties, effective on the date of that declaration.

若第1款和第2款下被要求的交存未被双方当事人在30日内全部付清，调解员可以中止程序或向双方当事人作出中止程序的书面宣告，自宣告之日生效。

(4) Upon termination of the conciliation proceedings, the conciliator shall render an accounting to the parties of the deposits received and shall return any unexpended balance to the parties.

一旦终止调解程序，调解员应当将已收交存款项的账户提供给当事人，并应当将未支出的任何余额返还给当事人。

80. Role of conciliator in other proceedings. —Unless otherwise agreed by the parties, —

调解员在其他程序中的角色。除非当事人另有协议：

(a) The conciliator shall not act as an arbitrator or as a representative or counsel of a party in any arbitral or judicial proceeding in respect of a dispute that is the subject of the conciliation proceedings;

涉及争议是调解程序的主题时，调解员在任何仲裁或司法程序中不应当担任仲裁员或一方当事人的代表或顾问；

(b) The conciliator shall not be presented by the parties as a witness in any arbitral or judicial proceedings.

在任何仲裁或司法程序中，当事人不应当要求调解员作为证人出庭。

81. Admissibility of evidence in other proceedings. —The parties shall not rely on or introduce as evidence in arbitral or judicial proceedings, whether or not such proceedings relate to the dispute that is the subject of the conciliation proceedings,

证据在其他程序中的可接受性：在仲裁或司法程序中，双方当事人不应当依赖或引入以下证据，无论此程序是否与调解程序主题有关：

(a) Views expressed or suggestions made by the other party in respect of a possible settlement of the dispute;

就争议的可能解决，另一方当事人发表的观点或作出的提议；

(b) Admissions made by the other party in the course of the conciliation proceedings;

在调解程序进程中，另一方当事人作出的同意；

(c) Proposals made by the conciliator;

调解员作出的提议；

(d) The fact that the other party had indicated his willingness to accept a proposal for settlement made by the conciliator.

另一方当事人已经表明其愿意接受调解员提议的事实。

PART IV　SUPPLEMENTARY PROVISIONS

第四部分　补充条款

82. Power of High Court to make rules. —

高等法院制定实施细则的权力

The High Court may make rules consistent with this Act as to all proceedings before the court under this Act.

高等法院可以对本法下法院的全部程序制定与本法相符的规则。

83. Removal of difficulties. —

清除障碍

(1) If any difficulty arises in giving effect to the provisions of this Act, the Central Government may, by order published in the Official Gazette, make such provisions, not inconsistent with the provisions of this Act as appear to it to be necessary or expedient for removing the difficulty:

若任何障碍因赋予本法规定的效力而产生，中央政府可以通过在《官方公报》中发布命令，制定不与本法规定相抵触的对消除障碍是必要或有益的规定：

Provided that no such order shall be made after the expiry of a period of two years from the date of commencement of this Act.

但是，自本法生效日起届满 2 年，不应当发布此类命令。

（2）Every order made under this section shall, as soon as may be after it is made, be laid before each House of Parliament.

按本条作出的每项命令，在其作出后，尽快呈递议会各院。

84. Power to make rules. —

制定规则的权力

（1）The Central Government may, by notification in the Official Gazette, make rules for carrying out the provisions of this Act.

中央政府可以以《官方公报》中公告方式制定实施本法规定的规则。

（2）Every rule made by the Central Government under this Act shall be laid, as soon as may be, after it is made before each House of Parliament while it is in session, for a total period of thirty days which may be comprised in one session or in two or more successive sessions, and if, before the expiry of the session immediately following the session or the successive sessions aforesaid, both Houses agree in making any modification in the rule or both Houses agree that the rule should not be made, the rule shall thereafter have effect only in such modified form or be of no effect, as the case may be; so, however, that any such modification or annulment shall be without prejudice to the validity of anything previously done under that rule.

中央政府按本法制定的每项规则应当在其制定后尽快呈递给议会两院。在议会开会期限，总期限为 30 日，其由一次或两次或多次后续会议、会议届满前立即进行下次或多次后续会议构成。若两院均同意对该规则作出修改，或两院均同意不应当制定该规则，此规则应当仅以修改的形式有效或无效，或视情况而定。但是，任何此种修改或无效不应当损害先前按该规则已做任何事情的有效性。

85. Repeal and saving. —

废止和保留

(1) The Arbitration (Protocol and Convention) Act, 1937 (6 of 1937), the Arbitration Act, 1940 (10 of 1940) and the Foreign Awards (Recognition and Enforcement) Act, 1961 (45 of 1961) are hereby repealed.

兹废止1937年《仲裁（议定书和公约）法案》（1937年第六部立法）、1940年《仲裁法》（1940年第十部立法）和1961年《外国裁决（承认与执行）法》（1961年第四十五部立法）。

(2) Notwithstanding such repeal, —

尽管有上述废止，

(a) The provisions of the said enactments shall apply in relation to arbitral proceedings which commenced before this Act came into force unless otherwise agreed by the parties but this Act shall apply in relation to arbitral proceedings which commenced on or after this Act comes into force;

涉及本法生效前开始的仲裁程序，上述制定法的规定应当适用，除非双方当事人另有协议，但本法应当适用于本法生效日或之后开始的仲裁程序。

(b) All rules made and notifications published, under the said enactments shall, to the extent to which they are not repugnant to this Act, be deemed respectively to have been made or issued under this Act.

按上述制定法制定的所有规则和发布的公告，应当在其不与本法相抵触的范围内，分别被视为已经按本法制定或发布。

86. Repeal of Ordinance 27 of 1996 and Saving. —

废止1996年第27号条例和保留

(1) The Arbitration and Conciliation (Third) Ordinance, 1996 (27 of 1996) is hereby repealed.

兹废止1996年《仲裁和调解第三号条例》（1996年第27号条例）。

(2) Notwithstanding such repeal, any order, rule, notification or scheme

made or anything done or any action taken is pursuance of any provision of the said Ordinance shall be deemed to have been made, done or taken under the corresponding provisions of this Act

尽管有上述废止，根据上述条例作出的任何命令、规则、公告或计划，或作出的任何事或采取的任何行动，应当被视为已经按本法相应规定作出或采取相应行动。

【2019 年修正新增】**87. Effect of arbitral and related court proceedings commenced.** —Unless the parties otherwise agree, the amendments made to this Act by the Arbitration and Conciliation (Amendment) Act, 2015 shall—

(a) not apply to—

(i) arbitral proceedings commenced before the commencement of the Arbitration and Conciliation (Amendment) Act, 2015 (23rd October, 2015);

(ii) court proceedings arising out of or in relation to such arbitral proceedings irrespective of whether such court proceedings are commenced prior to or after the commencement of the Arbitration and Conciliation (Amendment) Act, 2015;

(b) apply only to arbitral proceedings commenced on or after the commencement of the Arbitration and Conciliation (Amendment) Act, 2015 and to court proceedings arising out of or in relation to such arbitral proceedings. ①

已经开始的仲裁和与仲裁相关的法院程序的效力：

除非当事方另有协议，通过 2015 年《仲裁与调解法修正案》对本法的修正将：

(a) 不适用于：

(1) 仲裁程序的开始早于 2015 年《仲裁与调解法修正案》的仲裁程序(2015 年 10 月 23 日)；

(2) 因上述仲裁程序而进行的法院程序，而不管上述法院程序的开始是早于还是晚于 2015 年《仲裁与调解法修正案》的生效日期；

---

① 2019 年修正案新增，追溯至 2015 年 10 月 23 日起生效。

（b）仅适用于2015年《仲裁与调解法修正案》生效之后的仲裁程序和与此类仲裁程序相关的法院程序。

THE FIRST SCHEDULE
附件一

(See section 44 参见第44条)

Convention on

the Recognition and Enforcement of Foreign Arbitral Awards

Done at New York, 10 *June* 1958; *entered into force*, 7 *June* 1959

(*United Nations*, *Treaty Series*, *vol.* 330, *p.* 38, *No.* 4739)

承认及执行外国仲裁裁决公约

(1958年6月10日订于纽约)

Article I **第一条**

1. This Convention shall apply to the recognition and enforcement of arbitral awards made in the territory of a State other than the State where the recognition and enforcement of such awards are sought, and arising out of differences between persons, whether physical or legal. It shall also apply to arbitral awards not considered as domestic awards in the State where their recognition and enforcement are sought.

一、仲裁裁决，因自然人或法人间之争议而产生且在声请承认及执行地所在国以外之国家领土内作成者，其承认及执行适用本公约。本公约对于仲裁裁决经声请承认及执行地所在国认为非内国裁决者，亦适用之。

2. The term "arbitral awards" shall include not only awards made by arbitrators appointed for each case but also those made by permanent arbitral bodies to which the parties have submitted.

二、“仲裁裁决”一词不仅指专案选派之仲裁员所作裁决，亦指当事人提请仲裁之常设仲裁机关所作裁决。

3. When signing, ratifying or acceding to this Convention, or notifying extension under article X hereof, any State may on the basis of reciprocity declare that it will apply the Convention to the recognition and enforcement of awards made only in the territory of another Contracting State. It may also declare that it will apply the Convention only to differences arising out of legal relationships, whether contractual or not, which are considered as commercial under the national law of the State making such declaration.

三、任何国家得于签署、批准或加入本公约时，或于本公约第十条通知推广适用时，本着互惠原则声明该国适用本公约，以承认及执行在另一缔约国领土内作成之裁决为限。任何国家亦得声明，该国唯于争议起于法律关系，不论其为契约性质与否，而依提出声明国家之国内法认为系属商事关系者，始适用本公约。

Article II **第二条**

1. Each Contracting State shall recognize an agreement in writing under which the parties undertake to submit to arbitration all or any differences which have arisen or which may arise between them in respect of a defined legal relationship, whether contractual or not, concerning a subject matter capable of settlement by arbitration.

一、当事人以书面协定承允彼此间所发生或可能发生之一切或任何争议，如关涉可以仲裁解决事项之确定法律关系，不论为契约性质与否，应提交仲裁时，各缔约国应承认此项协定。

2. The term "agreement in writing" shall include an arbitral clause in a contract or an arbitration agreement, signed by the parties or contained in an exchange of letters or telegrams.

二、称“书面协定”者，谓当事人所签订或在互换函电中所载明之契约仲裁条款或仲裁协定。

3. The court of a Contracting State, when seized of an action in a matter in respect of which the parties have made an agreement within the meaning of this article, shall, at the request of one of the parties, refer the parties to arbitration, unless it finds that the said agreement is null and void, inoperative or incapable of being performed.

三、当事人就诉讼事项订有本条所称之协定者，缔约国法院受理诉讼时应依当事人一造之请求，命当事人提交仲裁，但前述协定经法院认定无效、失效或不能实行者不在此限。

Article III **第三条**

Each Contracting State shall recognize arbitral awards as binding and enforce them in accordance with the rules of procedure of the territory where the award is relied upon, under the conditions laid down in the following articles. There shall not be imposed substantially more onerous conditions or higher fees or charges on the recognition or enforcement of arbitral awards to which this Convention applies than are imposed on the recognition or enforcement of domestic arbitral awards.

各缔约国应承认仲裁裁决具有拘束力，并依援引裁决地之程序规则及下列各条所载条件执行之。承认或执行适用本公约之仲裁裁决时，不得较承认或执行国内仲裁裁决附加过苛之条件或征收过多之费用。

Article IV **第四条**

1. To obtain the recognition and enforcement mentioned in the preceding article, the party applying for recognition and enforcement shall, at the time of the application, supply:

一、声请承认及执行之一造，为取得前条所称之承认及执行，应于声请时提具：

(a) The duly authenticated original award or a duly certified copy thereof;

(甲) 原裁决之正本或其正式副本；

(b) The original agreement referred to in article II or a duly certified copy thereof.

（乙）第二条所称协定之原本或其正式副本。

2. If the said award or agreement is not made in an official language of the country in which the award is relied upon, the party applying for recognition and enforcement of the award shall produce a translation of these documents into such language. The translation shall be certified by an official or sworn translator or by a diplomatic or consular agent.

二、倘前述裁决或协定所用文字非为援引裁决地所在国之正式文字，声请承认及执行裁决之一造应备具各该文件之此项文字译本。译本应由公设或宣誓之翻译员或外交或领事人员认证之。

Article V **第五条**

1. Recognition and enforcement of the award may be refused, at the request of the party against whom it is invoked, only if that party furnishes to the competent authority where the recognition and enforcement is sought, proof that:

一、裁决唯有于受裁决援用之一造向声请承认及执行地之主管机关提具证据证明有下列情形之一时，始得依该造之请求，拒予承认及执行：

(a) The parties to the agreement referred to in article II were, under the law applicable to them, under some incapacity, or the said agreement is not valid under the law to which the parties have subjected it or, failing any indication thereon, under the law of the country where the award was made; or

（甲）第二条所称协定之当事人依对其适用之法律有某种无行为能力情形者，或该项协定依当事人作为协定准据之法律系属无效，或未指明以何法律为准时，依裁决地所在国法律系属无效者；或

(b) The party against whom the award is invoked was not given proper notice of the appointment of the arbitrator or of the arbitration proceedings or was otherwise unable to present his case; or

（乙）受裁决援用之一造未接获关于指派仲裁员或仲裁程序之适当通知，或因他故，致未能申辩者；或

(c) The award deals with a difference not contemplated by or not falling within the terms of the submission to arbitration, or it contains decisions on matters beyond the scope of the submission to arbitration, provided that, if the decisions on matters submitted to arbitration can be separated from those not so submitted, that part of the award which contains decisions on matters submitted to arbitration may be recognized and enforced; or

（丙）裁决所处理之争议非为交付仲裁之标的或不在其条款之列，或裁决载有关于交付仲裁范围以外事项之决定者，但交付仲裁事项之决定可与未交付仲裁之事项划分时，裁决中关于交付仲裁事项之决定部分得予承认及执行；或

(d) The composition of the arbitral authority or the arbitral procedure was not in accordance with the agreement of the parties, or, failing such agreement, was not in accordance with the law of the country where the arbitration took place; or

（丁）仲裁机关之组成或仲裁程序与各造间之协议不符，或无协议而与仲裁地所在国法律不符者；或

(e) The award has not yet become binding on the parties, or has been set aside or suspended by a competent authority of the country in which, or under the law of which, that award was made.

（戊）裁决对各造尚无拘束力，或业经裁决地所在国或裁决所依据法律之国家之主管机关撤销或停止执行者。

2. Recognition and enforcement of an arbitral award may also be refused if the competent authority in the country where recognition and enforcement is sought finds that:

二、倘声请承认及执行地所在国之主管机关认定有下列情形之一，亦得拒不承认及执行仲裁裁决：

(a) The subject matter of the difference is not capable of settlement by arbitration under the law of that country; or

（甲）依该国法律，争议事项系不能以仲裁解决者；或

(b) The recognition or enforcement of the award would be contrary to the public policy of that country.

（乙）承认或执行裁决有违该国公共政策者。

Article VI **第六条**

If an application for the setting aside or suspension of the award has been made to a competent authority referred to in article V（1）（e），the authority before which the award is sought to be relied upon may，if it considers it proper，adjourn the decision on the enforcement of the award and may also，on the application of the party claiming enforcement of the award，order the other party to give suitable security.

倘裁决业经向第五条第一项（戊）款所称之主管机关声请撤销或停止执行，受理援引裁决案件之机关得于其认为适当时延缓关于执行裁决之决定，并得依请求执行一造之声请，命他造提供妥适之担保。

Article VII **第七条**

1. The provisions of the present Convention shall not affect the validity of multilateral or bilateral agreements concerning the recognition and enforcement of arbitral awards entered into by the Contracting States nor deprive any interested party of any right he may have to avail himself of an arbitral award in the manner and to the extent allowed by the law or the treaties of the country where such award is sought to be relied upon.

一、本公约之规定不影响缔约国间所订关于承认及执行仲裁裁决之多边或双边协定之效力，亦不剥夺任何利害关系人可依援引裁决地所在国之法律或条约所认许之方式，在其许可范围内，援用仲裁裁决之任何权利。

2. The Geneva Protocol on Arbitration Clauses of 1923 and the Geneva Convention on the Execution of Foreign Arbitral Awards of 1927 shall cease to have effect between Contracting States on their becoming bound and to the extent that they become bound，by this Convention.

二、1923 年日内瓦仲裁条款议定书及 1927 年日内瓦执行外国仲裁裁决公约在缔约国间，于其受本公约拘束后，在其受拘束之范围内不再生效。

Article VIII 第八条

1. This Convention shall be open until 31 December 1958 for signature on behalf of any Member of the United Nations and also on behalf of any other State which is or hereafter becomes a member of any specialized agency of the United Nations, or which is or hereafter becomes a party to the Statute of the International Court of Justice, or any other State to which an invitation has been addressed by the General Assembly of the United Nations.

一、本公约在1958年12月31日以前听由任何联合国会员国及现为或嗣后成为任何联合国专门机关会员国或国际法院规约当事国之任何其他国家，或经联合国大会邀请之任何其他国家签署。

2. This Convention shall be ratified and the instruments of ratification shall be deposited with the Secretary - General of the United Nations.

二、本公约应予批准。批准文件应送交联合国秘书长存放。

Article IX 第九条

1. This Convention shall be open for accession to all States referred to in article VIII.

一、本公约听由第八条所称各国加入。

2. Accession shall be effected by the deposit of an instrument of accession with the Secretary - General of the United Nations.

二、加入应以加入文件送交联合国秘书长存放为之。

Article X 第十条

1. Any State may, at the time of signature, ratification or accession, declare that this Convention shall extend to all or any of the territories for the international relations of which it is responsible. Such a declaration shall take effect when the Convention enters into force for the State concerned.

一、任何国家得于签署、批准或加入时声明将本公约推广适用于由其负责国际关系之一切或任何领土。此项声明于本公约对关系国家生效时发生效力。

2. At any time thereafter any such extension shall be made by notification addressed to the Secretary – General of the United Nations and shall take effect as from the ninetieth day after the day of receipt by the Secretary – General of the United Nations of this notification, or as from the date of entry into force of the Convention for the State concerned, whichever is the later.

二、嗣后关于推广适用之声明应向联合秘书长提出通知为之，自联合国秘书长收到此项通知之日后第 90 日起，或自本公约对关系国家生效之日起发生效力，此两日期以较迟者为准。

3. With respect to those territories to which this Convention is not extended at the time of signature, ratification or accession, each State concerned shall consider the possibility of taking the necessary steps in order to extend the application of this Convention to such territories, subject, where necessary for constitutional reasons, to the consent of the Governments of such territories.

三、关于在签署、批准或加入时未经将本公约推广适用之领土，各关系国家应考虑可否采取必要步骤将本公约推广适用于此等领土，但因宪政关系确有必要时，自须征得此等领土政府之同意。

Article XI **第十一条**

In the case of a federal or non – unitary State, the following provisions shall apply:

下列规定对联邦制或非单一制国家适用之：

(a) With respect to those articles of this Convention that come within the legislative jurisdiction of the federal authority, the obligations of the federal Government shall to this extent be the same as those of Contracting States which are not federal States;

（甲）关于本公约内属于联邦机关立法权限之条款，联邦政府之义务在此范围内与非联邦制缔约国之义务同；

(b) With respect to those articles of this Convention that come within the legislative jurisdiction of constituent states or provinces which are not, under the constitutional system of the federation, bound to take legislative action, the federal Government shall bring such articles with a favorable recommendation to the notice of the appropriate authorities of constituent states or provinces at the earliest possible moment;

（乙）关于本公约内属于组成联邦各州或各省立法权限之条款，如各州或各省依联邦宪法制度并无采取立法行动之义务，联邦政府应尽速将此等条款提请各州或各省主管机关注意，并附有利之建议；

(c) A federal State Party to this Convention shall, at the request of any other Contracting State transmitted through the Secretary – General of the United Nations, supply a statement of the law and practice of the federation and its constituent units in regard to any particular provision of this Convention, showing the extent to which effect has been given to that provision by legislative or other action.

（丙）参加本公约之联邦国家遇任何其他缔约国经由联合国秘书长转达请求时，应提供叙述联邦及其组成单位关于本公约特定规定之法律及惯例之情报，说明以立法或其他行动实施此项规定之程度。

Article XII 第十二条

1. This Convention shall come into force on the ninetieth day following the date of deposit of the third instrument of ratification or accession.

一、本公约应自第三件批准或加入文件存放之日后第 90 日起发生效力。

2. For each State ratifying or acceding to this Convention after the deposit of the third instrument of ratification or accession, this Convention shall enter into force on the ninetieth day after deposit by such State of its instrument of ratification or accession.

二、对于第三件批准或加入文件存放后批准或加入本公约之国家，本公约应自各该国存放批准或加入文件后第 90 日起发生效力。

Article XIII 第十三条

1. Any Contracting State may denounce this Convention by a written notification to the Secretary – General of the United Nations. Denunciation shall take effect

one year after the date of receipt of the notification by the Secretary – General.

一、任何缔约国得以书面通知联合国秘书长宣告退出本公约。退约应于秘书长收到通知之日 1 年后发生效力。

2. Any State which has made a declaration or notification under article X may, at any time thereafter, by notification to the Secretary – General of the United Nations, declare that this Convention shall cease to extend to the territory concerned one year after the date of the receipt of the notification by the Secretary – General.

二、依第十条规定提出声明或通知之国家，嗣后得随时通知联合国秘书长声明本公约自秘书长收到通知之日 1 年后停止适用于关系领土。

3. This Convention shall continue to be applicable to arbitral awards in respect of which recognition or enforcement proceedings have been instituted before the denunciation takes effect.

三、在退约生效前已进行承认或执行程序之仲裁裁决，应继续适用本公约。

Article XIV **第十四条**

A Contracting State shall not be entitled to avail itself of the present Convention against other Contracting States except to the extent that it is itself bound to apply the Convention.

缔约国除在本国负有适用本公约义务之范围外，无权对其他缔约国援用本公约。

Article XV **第十五条**

The Secretary – General of the United Nations shall notify the States contemplated in article VIII of the following:

联合国秘书长应将下列事项通知第八条所称各国：

(a) Signatures and ratifications in accordance with article VIII;

(甲) 依第八条所为之签署及批准；

(b) Accessions in accordance with article IX;

（乙）依第九条所为之加入；

(c) Declarations and notifications under articles I, X and XI;

（丙）依第一条、第十条及第十一条所为之声明及通知；

(d) The date upon which this Convention enters into force in accordance with article XII;

（丁）依第十二条本公约发生效力之日期；

(e) Denunciations and notifications in accordance with article XIII.

（戊）依第十三条所为之退约及通知。

Article XVI **第十六条**

1. This Convention, of which the Chinese, English, French, Russian and Spanish texts shall be equally authentic, shall be deposited in the archives of the United Nations

一、本公约应存放联合国档库，其中文、英文、法文、俄文及西班牙文各本同一作准。

2. The Secretary – General of the United Nations shall transmit a certified copy of this Convention to the States contemplated in article VIII.

二、联合国秘书长应将本公约正式副本分送第八条所称各国。

THE SECOND SCHEDULE
附件二

(See section 53 参见第 53 条)

PROTOCOL ON ARBITRATION CLAUSES
仲裁条款议定书

The undersigned, being duly authorized, declare that they accept, on behalf for the countries which they represent, the following provisions: —

经正式授权的下列签署人，宣布他们所代表的国家，承认下列各条款：

1. Each of the Contracting States recognizes the validity of an agreement whether relating to existing or future differences between parties subject respectively to the jurisdiction of different Contracting States by which the parties to a contract agree to submit to arbitration all or any differences that may arise in connection with such contract relating to commercial matters or to any other matter capable of settlement by arbitration, whether or not the arbitration is to take place in a country to whose jurisdiction none of the parties is subject.

一、在不同缔约国管辖权下的合同当事人之间，签订一项关于解决现有或者将来的争议的协议，同意将由于合同所发生的一切或任何争议，不论是商事问题还是其他可以用仲裁方式解决的问题，提交仲裁，不论仲裁是否在对当事人无管辖权的国家境内进行，各缔约国都承认此项协议为有效。

Each Contracting State reserves the right to limit the obligation mentioned above to contracts which are considered as commercial under its national law. Any Contracting State which avails itself of this right will notify the Secretary – General of the League of Nations in order that the other Contracting States may be so informed.

各缔约国有权保留，将上述义务限制于依照本国法律属于商事范围的合同。行使此项权利的任何缔约国，应当通知国际联盟秘书长，以便通知其他缔约国。

2. The arbitral procedure, including the constitution of the Arbitral Tribunal, shall be governed by the will of the parties and by the law of the country in whose territory the arbitration takes place.

二、仲裁程序，包括仲裁庭的组织在内，应当依照当事人的意志和仲裁进行地国的法律的规定。

The Contracting States agree to facilitate all steps in the procedure, which require to be taken in their own territories, in accordance with the provisions of their law governing arbitral procedure applicable to existing differences.

各缔约国同意，对于需要在本国境内进行的仲裁程序中一切步骤，都依照本国法律可适用于现有争议的仲裁程序规定，给以便利。

3. Each Contracting State undertakes to ensure the execution by its authorities and in accordance with the provisions of its national laws of arbitral awards made in its own territory under the preceding articles.

三、各缔约国，对于依照上述各条规定的在本国境内作成的仲裁裁决，负责保证由本国有关机关依照本国法律的规定执行。

4. The Tribunals of the Contracting Parties, on being seized of a dispute regarding a contract made between persons to whom Article I applies and including an Arbitration Agreement whether referring to present or future differences which is valid in virtue of the said article and capable of being carried into effect, shall refer the parties on the application of either of them to the decision of the Arbitrators.

四、合于第一条规定的当事人所签订的合同，其中包括关于现有或者将来的争议的仲裁协议，而这个协议依照第一条的规定为有效并且可予实行，各缔约国的法院在受理关于上述合同的争议的时候，根据任何一方当事人的请求，应当命令双方当事人提请仲裁员决定。

Such reference shall not prejudice the competence of the judicial tribunals in case the agreement or the arbitration cannot proceed or becomes inoperative.

在协议或者仲裁不能进行或者无效时，上述提请并不影响法院有权受理。

5. The present Protocol, which shall remain open for signature by all States, shall be ratified. The ratification shall be deposited as soon as possible with the Secretary – General of the League of Nations, who shall notify such deposit to all the Signatory States.

五、本议定书向各国开放签字，并应经过批准。批准书应尽速送交国际联盟秘书长，秘书长应当通知所有签字国。

6. The present Protocol will come into force as soon as two ratifications have been deposited. Thereafter it will take effect, in the case of each Contracting State, one month after the notification by the Secretary General of the deposit of its

ratification.

六、本议定书自第二份批准书送交国际联盟秘书长时，即生效力。就每一缔约国来说，在秘书长通知收到这个国家的批准书1个月后生效。

7. The present Protocol may be denounced by any Contracting State on giving one year's notice. Denunciation shall be effected by a notification addressed to the Secretary – General of the League, who will immediately transmit copies of such notification to all the other Signatory States and inform them of the date on which it was received. The denunciation shall take effect one year after the date on which it was notified lo the Secretary – General, and shall operate only in respect of the notifying State.

七、本议定书可以由于任何缔约国在1年前提出通知而废止。废止应当通知国际联盟秘书长，由秘书长立即将通知书副本转交所有其他签字国，并且述明收到通知的日期。在通知秘书长之日1年以后，废止生效，并且只可以在有关提出废止通知的国家方面发生效力。

8. The Contracting States may declare that their acceptance of the present Protocol does not include any or all of the under – mentioned territories: that is to say, their colonies, overseas possessions or territories, protectorates or the territories over which they exercise a man date.

八、各缔约国可以声明对本议定书的承认不包括下述全部或一部领土：即其殖民地、海外领地、保护国或托管地。

The said States may subsequently adhere separately on behalf of any territory thus excluded. The Secretary – General of the League of Nations shall be informed as soon as possible of such adhesions. He shall notify such adhesions to all Signatory States. They will take effect one month after the notification by the Secretary – General to all Signatory States.

该缔约国日后可以代上述领土分别加入，同时应当尽速通知国际联盟秘书长，秘书长应将其加入通知所有签字国，在秘书长通知所有签字国一个月后，加入生效。

The Contracting States may also denounce the Protocol separately on behalf of any of the territories referred to above. Article 7 applies to such denunciation.

各缔约国也可以分别代上述领土废止本议定书。第七条的规定适用于此项废止。

THE THIRD SCHEDULE

附件三

(See section 53)

参见第五十三条

CONVENTION ON THE EXECUTION OF FOREIGN ARBITRAL AWARDS

执行外国仲裁裁决公约

Article 1. (1) In the territories of any High Contracting Party to which the present Convention applies, an arbitral award made in pursuance of an agreement, whether relating to existing or future differences (hereinafter called "a submission to arbitration") covered by the Protocol on Arbitration Clauses opened at Geneva on September 24th, 1923, shall be recognised as binding and shall be enforced in accordance with the rules of the procedure of the territory where the award is relied upon, provided that the said award has been made in a territory of one of the High Contracting Parties to which the present Convention applies and between persons who are subject to the jurisdiction of one of the High Contracting Parties.

第1条　在本公约适用的任何缔约方领土内，依据不论是否涉及1923年9月24日在日内瓦开放的《仲裁条款议定书》包含的现存或未来纷争的协议（以下简称"提交仲裁"）作出的仲裁裁决，应当被承认具有约束力，且应当根据请求执行该裁决的领土内的程序规则予以执行。但是，上述裁决已在本公约适用的一缔约方领土内且在受一缔约方管辖权约束的双方当事人之间作出。

（2） To obtain such recognition or enforcement it shall, further, be necessary：－

为获得上述承认或执行，以下要求应当有进一步的必要：

（a） That the award has been made in pursuance of a submission to arbitration, which is valid under the law applicable thereto;

依据对其适用的法律其是有效的提交仲裁，已经作出裁决；

（b） That the subject－matter of the award is capable of settlement by arbitration under the law of the country in which the award is sought to be relied upon;

按请求承认或执行裁决地国家法律，裁决的主题是能够以仲裁解决的；

（c） That the award has been made by the Arbitral Tribunal provided for in the submission to arbitration or constituted in the manner agreed upon by the parties and in conformity with the law governing the arbitration procedure;

提交仲裁中将纷争提交给了仲裁庭以双方当事人一致同意的方式组成且符合支配仲裁程序的法律，此仲裁庭已经作出裁决；

（d） That the award has become final in the country in which it has been made, in the sense that it will not be considered as such if it is open to opposition, appeal or pourvoi en cessation （in the countries where such forms of procedure exist） or if it is proved that any proceedings for the purpose of contesting the validity of the award are pending;

裁决在仲裁作出地国家已经是最终的，在此意义上，该裁决将不被视同其向反对、上诉或撤销原判（在存在此种程序形式的国家）开放或不被视同经证明为对抗该裁决有效性目的的任何程序待决；

（e） That the recognition or enforcement of the award is not contrary to the public policy or to the principles of the law of the country in which it is sought to be relied upon.

承认或执行该裁决不违反裁决申请地国的公共政策或法律原则。

Article 2. －Even if the conditions laid down in Article I hereof are fulfilled, recognition and enforcement of the award shall be refused if the court is satisfied: —

第 2 条 若法院认为存在以下情形，即使符合第 1 条规定的条件，也应当拒绝承认和执行该裁决：

(a) That the award has been annulled in the country in which it was made;

裁决在其作出地国被宣告无效；

(b) That the party against whom it is sought to use the award was not given notice of the arbitration proceedings in sufficient time to enable him to present his case; or that, being under a legal incapacity, he was not properly represented;

没有将仲裁程序在充足时间内通知给申请利用裁决所针对的当事人以便能出席其案件，或该当事人处于法律上无能力状态其没有适当地陈述其案件；

(c) That the award does not with the differences contemplated by or failing with in the terms of the submission to arbitration or that it contains decisions on matters beyond the scope of the submission to arbitration.

裁决没有处理提交仲裁的条款所规定的纷争，或裁决不属于提交仲裁的条款范围，或它包含的决定事项超出了提交仲裁的范围。

If the award has not covered all the questions submitted to the arbitral tribunal, the competent authority of the country where recognition or enforcement of the award is sought can, if it thinks for postpone such recognition or enforcement or grant it subject to such guarantee as that authority may decide.

若裁决未包含提交仲裁的所有事项，申请承认或执行该裁决的国家主管机构认为合适，可以中止承认或执行，或准许提供该机构决定的担保。

Article 3. – If the party against whom the award has been made proves that, under the law governing the arbitration procedure, there is a ground, other than the grounds reefed to in Article I (a) and (c), and Article 2 (b) and (c), entitling him to contest the validity of the award in a Court of Law, the court may, if it thinks fit, either refuse recognition or enforcement of the award or adjourn the consideration thereof, giving such party a reasonable time within which to have the award annulled by the competent tribunal.

第3条 已作出裁决所针对的当事人证明，按支配仲裁程序的法律，存在第1条（a）款和（c）款、第2条（b）款和（c）款规定理由以外的理由，有权在法院对抗该裁决的有效性，该法院认为适当，可以拒绝承认或执行该裁决，或中止审理，给予此当事人合理时间使主管法庭宣告该裁决无效。

Article 4. – The party relying upon an award or claiming its enforcement must supply, in particular: —

第4条 依赖裁决或请求执行裁决的当事人必须特别提供以下文件：

(1) The original award or a copy thereof duly authenticated, according to the requirements of the law of the country in which it was made;

根据裁决作出地国家法律要求，裁决正本或经正式认证的副本；

(2) Documentary or other evidence to prove that the award has become final, in the sense defined in Article I (d), in the country in which it was made;

在第1条（d）项界定的意义上，证明裁决在裁决作出地国家成为最终的文件或其他证据；

(3) When necessary, documentary or other evidence to prove that the conditions laid down in Article 1, paragraph (1) and paragraph (2) (a) and (c), have been fulfilled.

必要时，证明已经满足第1条第1款和第2款（a）项、（c）项规定条件的文件或其他证据。

A translation of the award and of the other documents mentioned in this Article into the official language of the country where the award is sought to be relied upon may be demanded. Such translations must be certified correct by a diplomatic or consular agent of the country to which the party who seeks to rely upon the award belongs or by a sworn translator of the country where the award is sought to be relied upon.

可以要求提供本条规定的裁决或其他文件翻译为裁决承认或执行地国官方语言的译本。此译本必须由申请承认或执行裁决的当事人所属国的外交或领事官员，或申请承认或执行裁决地国家的宣誓译员正确证明。

Article 5. – The provisions of the above articles shall not deprive any interested party of the right of availing himself of an arbitral award in the manner and to the extent allowed by the law or the treaties of the country where such award is sought to be relied upon.

第 5 条 上述各条的规定不应当剥夺任何利害关系方使自己以申请承认或执行裁决国家法律准许的方式和范围利用该裁决的任何权利。

Article 6 – The present Convention applies only to arbitral awards made after the coming into force of the Protocol on Arbitration Clauses opened at Geneva on September 24th, 1923.

第 6 条 本公约仅适用于 1923 年 9 月 24 日在日内瓦开放的《仲裁条款议定书》生效后作出的仲裁裁决。

Article 7. – The present Convention, which will remain open to the signature of all the signatories of the Protocol of 1923 on Arbitration Clauses, shall be ratified.

第 7 条 本公约将向 1923 年《仲裁条款议定书》全体签署者开放签署，应当被批准。

It may be ratified only on behalf of those Members of the League of Nations and Non – Member States on whose behalf the Protocol of 1923 shall have been ratified.

本公约可仅由国际联盟成员和 1923 年议定书的非联盟成员国批准。

Ratification shall be deposited as soon as possible with the Secretary General of the League of Nations, who will notify such deposit to all the signatories.

批准书应当尽快交存国际联盟秘书长，他将此交存通知给全体签署国。

Article 8. – The present Convention shall come into force three months after it shall have been ratified on behalf of two High Contracting Parties. Thereafter, it shall take effect, in the case of each High Contracting Party, three months after the deposit of the ratification on its behalf with the Secretary General of the League of Nations.

第 8 条 本公约应当自 2 个缔约国批准后 3 个月生效。此后在每一缔约方情形下，本公约应当在其向国际联盟秘书长交存批准书后 3 个月发生效力。

Article 9. – The present Convention may be denounced on behalf of any Member of the League or Non – Member State. Denunciation shall be notified in writing to the Secretary – General of the League of Nations, who will immediately send a copy thereof, certified to be in conformity with the notifications, to all the other Contracting Parties, at the same time informing them of the date on which he received it.

第 9 条 国际联盟任何成员或非成员国可以退出本公约。退出应当书面通知国际联盟秘书长，他立即将经证明与退出通知一致的通知副本送达其他全体缔约方，同时将他收到退出通知的日期告知他们。

The denunciation shall come into force only in respect of the High Contracting Party, which shall have notified it, and one year after such notification shall have reached the Secretary – General of the League of Nations.

退出应当仅在该缔约方已通知且在此通知到达国际联盟秘书长后 1 年生效。

The denunciation of the Protocol on Arbitration Clauses shall entail, ipso facto, the denunciation of the present Convention.

退出《仲裁条款议定书》应当事实上导致退出本公约。

Article 10. – The present Convention does not apply to the colonies, protectorates or territories under suzerainty or mandate of any High Contracting Party unless they are specially mentioned.

第 10 条 本公约不适用于任何缔约方宗主权或托管下的殖民地、保护地或领地，除非它们被特别提及。

The application of this Convention to one or more of such colonies, protectorates or territories to which the Protocol on Arbitration Clauses opened at Geneva on September 24th, 1923, applies, can be effected at any time by means of a declaration addressed to the Secretary – General of the League of Nations by one of the High Contracting Parties.

本公约对 1923 年 9 月 24 日在日内瓦开放的《仲裁条款议定书》适用于殖民地、保护地或领地的一个或多个适用，可以随时由一缔约方以向国际联盟秘书长作出声明的方式发生效力。

Such declaration shall take effect three months after the deposit thereof.

此声明应当自其交存后 3 个月生效。

The High Contracting Parties can at any time denounce the Convention for all or any of the Colonies, Protectorates or territories referred to above. Article 9 hereof applied to such denunciation.

缔约方可以随时对上述所有或任何殖民地保护地或领地退出本公约第 9 条据此适用于此退出。

Article 11. – A certified copy of the present Convention shall be transmitted by the Secretary General of the League of Nations to every Member of the League of Nations and to every Non – Member State, which signs the same.

第 11 条 本公约经验证的副本应当由国际联盟秘书长转递给国际联盟各成员和签署本公约的各非联盟成员国。

THE FOURTH SCHEDULE
附件四

[See sub-section (14) of section 11]
见第11条第14款

Sl. No. 序号	Sum in dispute 争议金额	Model fee 示范费用
1	Up to Rs. 5, 00, 000① 五十万卢比以下	Rs. 45, 000 四万五千卢比
2	Above Rs. 5, 00, 000 and up to Rs. 20, 00, 000 五十万卢比到两百万卢比	Rs. 45, 000 plus 3.5 per cent. of the claim amount over and above Rs. 5, 00, 000. 四万五千卢比加上等于和超过五十万卢比争议金额的3.5%
3	Above Rs. 20, 00, 000 and up to Rs. 1, 00, 00, 000 两百万卢比到一千万卢比	Rs. 97, 500 plus 3 per cent. of the claim amount over and above Rs. 20, 00, 000. 九万七千五百卢比加上等于和超过两百万卢比争议金额的3%
4	Above Rs. 1, 00, 00, 000 and up to Rs. 10, 00, 00, 000 一千万卢比到一亿卢比	Rs. 3, 37, 500 plus 1 per cent. of the claim amount over and above Rs. 1, 00, 00, 000. 三十三万七千五百卢比加上等于和超过一千万卢比争议金额的1%
5	Above Rs. 10, 00, 00, 000 and up to Rs. 20, 00, 00, 000 一亿卢比到两亿卢比	Rs. 12, 37, 500 plus 0.75 per cent. of the claim amount over and above Rs. 10, 00, 00, 000. 一百二十三万七千五百卢比加上等于和超过一亿卢比争议金额的0.75%
6	Above Rs. 20, 00, 00, 000 超过两亿卢比	Rs. 19, 87, 500 plus 0.5 per cent. of the claim amount over and above Rs. 20, 00, 00, 000 with a ceiling of Rs. 30, 00, 000. 一百九十八万七千五百卢比加上等于和超过两亿卢比争议金额的0.5%，但上限为三百万卢比

① 作者注：印度的数字除了英文的十（ten）、hundred（百）、千（thousand），还有十万（lakh或者lac）及千万（crore）这两个印度英语表述，因此在对阿拉伯数字标号时，除了英文中常见的隔三位标一个逗号，还存在隔两位标一个逗号的情况，以便与“十万（lakh或者lac）”和“千万（crore）”这两个印度本土英语数量单位配合。

Note: In the event the arbitral tribunal is a sole arbitrator, he shall be entitled to an additional amount of twenty – five per cent. on the fee payable as per the above.

注：仲裁庭为独任仲裁员的，该仲裁员应当有权获得额外费用，金额为上表规定的适用金额的25%。

THE FIFTH SCHEDULE

附件五

[**See section** 12 (1) (**b**)]

[**见第** 12 **条** (1) (**b**) **款**]

The following grounds give rise to justifiable doubts as to the independence or impartiality of arbitrators:

下列理由将引起对仲裁员的独立性或公正性的合理怀疑：

Arbitrator's relationship with the parties or counsel

仲裁员与当事人或律师的关系

1. The arbitrator is an employee, consultant, advisor or has any other past or present business relationship with a party.

仲裁员是当事人的雇员、顾问、咨询专家或与当事人有任何其他过去或现在的业务关系。

2. The arbitrator currently represents or advises one of the parties or an affiliate of one of the parties.

仲裁员目前代表或向一方当事人或其关联机构提供咨询建议。

3. The arbitrator currently represents the lawyer or law firm acting as counsel for one of theparties.

仲裁员目前代表一方当事人的律师或为其提供咨询顾问服务的律所事务。

4. The arbitrator is a lawyer in the same law firm which is representing one of the parties.

仲裁员是代表一方当事人的同一律师事务所的律师。

5. The arbitrator is a manager, director or part of the management, or has a similar controlling influence, in an affiliate of one of the parties if the affiliate is directly involved in the matters in dispute in the arbitration.

仲裁员是一方当事人关联机构中的经理、董事、管理层人员或拥有相当程度控制影响的其他人员，且该关联机构与仲裁争议事项有着直接关系。

6. The arbitrator's law firm had a previous but terminated involvement in the case without the arbitrator being involved himself or herself.

仲裁员所在的律师事务所曾参与过本案且案件已经结束，但仲裁员本人未参与。

7. The arbitrator's law firm currently has a significant commercial relationship with one of the parties or an affiliate of one of the parties.

仲裁员的律师事务所目前与一方当事人或其关联机构有着重要的商业关系。

8. The arbitrator regularly advises the appointing party or an affiliate of the appointing party even though neither the arbitrator nor his or her firm derives a significant financial income therefrom.

仲裁员定期向指定他的当事人或其关联机构提供咨询，即使仲裁员和其企业均未从中获得重大财务收入。

9. The arbitrator has a close family relationship with one of the parties and in the case of companies with the persons in the management and controlling the company.

仲裁员与一方当事人有密切的家庭关系，如果是该方当事人是公司，则与管理和控制公司的人有密切的家庭关系。

10. A close family member of the arbitrator has a significant financial interest in one of the parties or an affiliate of one of the parties.

仲裁员的近亲属与一方当事人或其关联机构有重大经济利益。

11. The arbitrator is a legal representative of an entity that is a party in the arbitration.

仲裁员是一方当事人的法定代表人。

12. The arbitrator is a manager, director or part of the management, or has a similar controlling influence in one of the parties.

仲裁员是一方当事人的经理、董事、管理层人员或拥有相同程度控制影响的其他人员。

13. The arbitrator has a significant financial interest in one of the parties or the outcome of the case.

仲裁员与一方当事人或本案仲裁结果有重大经济利益关系。

14. The arbitrator regularly advises the appointing party or an affiliate of the appointing party, and the arbitrator or his or her firm derives a significant financial income therefrom.

仲裁员定期向指定其的当事人或其关联机构提供咨询建议，并且仲裁员或其企业从中获得重大财务收入。

Relationship of the arbitrator to the dispute

仲裁员与争议的关系

15. The arbitrator has given legal advice or provided an expert opinion on the dispute to a party or an affiliate of one of the parties.

仲裁员曾就争议事项向一方当事人或其关联机构提供过法律意见或专家意见。

16. The arbitrator has previous involvement in the case.

仲裁员以前曾参与此案。

Arbitrator's direct or indirect interest in the dispute

仲裁员在争议中的直接或间接利益

17. The arbitrator holds shares, either directly or indirectly, in one of the parties or an affiliate of one of the parties that is privately held.

仲裁员直接或间接持有一方当事人或其关联机构等私营实体的股份。

18. A close family member of the arbitrator has a significant financial interest in the outcome of the dispute.

仲裁员的近亲与争议结果有重大的经济利益关系。

19. The arbitrator or a close family member of the arbitrator has a close relationship with a third party who may be liable to recourse on the part of the unsuccessful party in the dispute.

仲裁员或其近亲属与第三方有密切关系，该第三方可能有责任向败诉方进行追索。

Previous services for one of the parties or other involvement in the case

以前为当事人提供过的服务或其他参与本案的情形

20. The arbitrator has within the past three years served as counsel for one of the parties or an affiliate of one of the parties or has previously advised or been consulted by the party or an affiliate of the party making the appointment in an unrelated matter, but the arbitrator and the party or the affiliate of the party have no ongoing relationship.

仲裁员在过去三年内曾担任过一方当事人或其关联机构的代理律师，或曾就与本案无关的事项向一方当事人或其关联机构提供过法律建议或法律咨询，但上述关系并未持续下去。

21. The arbitrator has within the past three years served as counsel against one of the parties or an affiliate of one of the parties in an unrelated matter.

仲裁员在过去三年内曾在与本案无关的事项上担任过一方当事人或其关联机构对方的代理律师。

22. The arbitrator has within the past three years been appointed as arbitrator on two or more occasions by one of the parties or an affiliate of one of the parties.

仲裁员在过去三年内被一方当事人或其关联机构在两个或以上的案件中指定为仲裁员。

23. The arbitrator's law firm has within the past three years acted for one of the parties or an affiliate of one of the parties in an unrelated matter without the in-

volvement of the arbitrator.

仲裁员的律师事务所在过去三年中曾代理一方当事人或其关联机构，但仲裁员并未参与。

24. The arbitrator currently serves, or has served within the past three years, as arbitrator in another arbitration on a related issue involving one of the parties or an affiliate of one of the parties.

仲裁员目前或在过去三年内曾在另一个涉及本案当事人或其关联机构的仲裁中担任过仲裁员的。

Relationship between an arbitrator and another arbitrator or counsel

仲裁员与另一仲裁员或律师之间的关系

25. The arbitrator and another arbitrator are lawyers in the same law firm.

仲裁员和另一名仲裁员是同一家律师事务所的律师。

26. The arbitrator was within the past three years a partner of, or otherwise affiliated with, another arbitrator or any of the counsel in the same arbitration.

仲裁员在过去三年内是另一名仲裁员或同一仲裁中的任何律师的合作人或关联方。

27. A lawyer in the arbitrator's law firm is an arbitrator in another dispute involving the same party or parties or an affiliate of one of the parties.

仲裁员所在律师事务所的其他律师是另一个涉及本案当事人或其关联机构的仲裁中的仲裁员。

28. A close family member of the arbitrator is a partner or employee of the law firm representing one of the parties, but is not assisting with the dispute.

仲裁员的近亲属是代表一方当事人的律师事务所中的合伙人或雇员，但并未参与协助处理本案。

29. The arbitrator has within the past three years received more than three appointments by the same counsel or the same law firm.

在过去三年中，仲裁员曾三次以上接受同一律师或同一律师事务所的指定。

Relationship between arbitrator and party and others involved in the arbitration

仲裁员与当事人及其他参与人的关系

30. The arbitrator's law firm is currently acting adverse to one of the parties or an affiliate of one of the parties.

仲裁员的律师事务所目前是当事人或其关联机构对方的代理人。

31. The arbitrator had been associated within the past three years with a party or an affiliate of one of the parties in a professional capacity, such as a former employee or partner.

仲裁员在过去三年内与一方当事人或其关联机构有工作或专业联系，如作为其前雇员或合伙人。

Other circumstances

其他情形

32. The arbitrator holds shares, either directly or indirectly, which by reason of number or denomination constitute a material holding in one of the parties or an affiliate of one of the parties that is publicly listed.

仲裁员直接或间接持有的股份，其数量或面额构成公开上市的一方当事人或关联机构中的重大持股。

33. The arbitrator holds a position in an arbitration institution with appointing authority over the dispute.

仲裁员在具有指派仲裁员权力的仲裁机构中任职。

34. The arbitrator is a manager, director or part of the management, or has a similar controlling influence, in an affiliate of one of the parties, where the affiliate is not directly involved in the matters in dispute in the arbitration.

仲裁员是一方当事人其关联机构的经理、董事、管理层人员或具有相当程度控制影响的其他人员，该关联公司未直接参与本仲裁争议事项。

Explanation 1. —The term "close family member" refers to a spouse, sibling, child, parent or life partner.

解释 1：——“亲密家庭成员”一词是指配偶、兄弟姐妹、子女、父母或生活伴侣。

Explanation 2. —The term “affiliate” encompasses all companies in one group of companies including the parent company.

解释 2：“关联机构”一词含同一集团公司中的所有公司，包括母公司。

Explanation 3. —For the removal of doubts, it is clarified that it may be the practice in certain specific kinds of arbitration, such as maritime or commodities arbitration, to draw arbitrators from a small, specialized pool. If in such fields it is the custom and practice for parties frequently to appoint the same arbitrator in different cases, this is a relevant fact to be taken into account while applying the rules set out above.

解释 3：为消除疑问，作如下澄清：在某些特定类型的仲裁中，如海事或商品仲裁，从一个小型的、专门的仲裁池（仲裁员库）中抽取仲裁员的是惯常做法。在这些特定领域的仲裁中，如果当事人在不同的案件中经常指定同一名仲裁员是惯例，那么在适用上述规则时应考虑到这一相关事实。

THE SIXTH SCHEDULE
附件六

[See section 12 (1) (b)]

[见第 12 条（1）（b）款]

NAME：

姓名：

CONTACT DETAILS：

联系方式：

PRIOR EXPERIENCE (INCLUDING EXPERIENCE WITH ARBITRATIONS)：

以往经验（包括仲裁经验）：

NUMBER OF ONGOING ARBITRATIONS：

正在进行的仲裁案件数量：

CIRCUMSTANCES DISCLOSING ANY PAST OR PRESENT RELATIONSHIP WITH OR INTEREST IN ANY OF THE PARTIES OR IN RELATION TO THE SUBJECT - MATTER IN DISPUTE，WHETHER FINANCIAL，BUSINESS，PROFESSIONAL OR OTHER KIND，WHICH IS LIKELY TO GIVE RISE TO JUSTIFIABLE DOUBTS AS TO YOUR INDEPENDENCE OR

披露与本案当事人或与本案争议事项有关联的任何人存有的过去或现在的可能会对你的独立性提出合理的怀疑的关系或利益情形，无论是财务上、商业上、专业上还是其他类型。

IMPARTIALITY（LIST OUT）：

公正性（列出）：

CIRCUMSTANCES WHICH ARE LIKELY TO AFFECT YOUR ABILITY TO DEVOTE SUFFICIENT TIME TO THE ARBITRATION AND IN PARTICULAR YOUR ABILITY TO FINISH THE ENTIRE ARBITRATION WITHIN TWELVE MONTHS（LIST OUT）：

可能影响你对本仲裁付出足够时间保证的情况，特别是在 12 个月内完成仲裁的能力。

THE SEVENTH SCHEDULE
附件七

[**See section** 12（5）]［**见第** 12 **条**（5）**款**］

Arbitrator's relationship with the parties or counsel

仲裁员与当事人或律师的关系

1. The arbitrator is an employee，consultant，advisor or has any other past or

present business relationship with a party.

仲裁员是一方当事人的雇员、专家顾问、一般顾问或与其有任何其他过去或现在的业务。

2. The arbitrator currently represents or advises one of the parties or an affiliate of one of the parties.

仲裁员目前是一方当事人或其关联机构的代表或为其提供咨询顾问服务。

3. The arbitrator currently represents the lawyer or law firm acting as counsel for one of the parties.

仲裁员目前代表一方当事人的代表律师或为其提供法律顾问服务的律师事务所。

4. The arbitrator is a lawyer in the same law firm which is representing one of the parties.

仲裁员是代表一方当事人的同一律师事务所的律师。

5. The arbitrator is a manager, director or part of the management, or has a similar controlling influence, in an affiliate of one of the parties if the affiliate is directly involved in the matters in dispute in the arbitration.

仲裁人是一方当事人关联机构的经理、董事或管理层人员或拥有相当程度控制影响的其他人员，且该关联机构直接参与本仲裁争议事项。

6. The arbitrator's law firm had a previous but terminated involvement in the case without the arbitrator being involved himself or herself.

仲裁员所在的律师事务所曾参与过本案，但仲裁员本人未参与。

7. The arbitrator's law firm currently has a significant commercial relationship with one of the parties or an affiliate of one of the parties.

仲裁员的律师事务所目前与一方当事人或其关联机构有着重要的商业关系。

8. The arbitrator regularly advises the appointing party or an affiliate of the appointing party even though neither the arbitrator nor his or her firm derives a significant financial income therefrom.

仲裁员定期向指定其的当事人一方或关联机构提供咨询建议，即使仲裁员和其公司均未从中获得重大财务收入。

9. The arbitrator has a close family relationship with one of the parties and in the case of companies with the persons in the management and controlling the company.

仲裁员与一方当事人有密切的家庭关系，如果是公司，则与管理和控制公司的人有密切的家庭关系。

10. A close family member of the arbitrator has a significant financial interest in one of the parties or an affiliate of one of the parties.

仲裁员的近亲属在一方当事人或其关联机构中有重大经济利益。

11. The arbitrator is a legal representative of an entity that is a party in the arbitration.

仲裁员是一方当事人的法定代表。

12. The arbitrator is a manager, director or part of the management, or has a similar controlling influence in one of the parties.

仲裁人是一方当事人的经理、董事、管理层人员或拥有其他相当程度控制影响的其他人员。

13. The arbitrator has a significant financial interest in one of the parties or the outcome of the case.

仲裁员与一方当事人或案件结果有重大经济利益关系。

14. The arbitrator regularly advises the appointing party or an affiliate of the appointing party, and the arbitrator or his or her firm derives a significant financial income therefrom.

仲裁员定期向指定其的当事方或其关联机构提供咨询，仲裁员或其公司从中获得重大财务收入。

Relationship of the arbitrator to the dispute

仲裁员与争议的关系

15. The arbitrator has given legal advice or provided an expert opinion on the

dispute to a party or an affiliate of one of the parties.

仲裁员曾就本案争议向一方当事人或其关联机构提供法律意见或专家意见。

16. The arbitrator has previous involvement in the case.

仲裁员以前曾参与本案。

Arbitrator's direct or indirect interest in the dispute

仲裁员与本案争议直接或间接的利益关系

17. The arbitrator holds shares, either directly or indirectly, in one of the parties or an affiliate of one of the parties that is privately held.

仲裁员直接或间接持有一方当事人或关联机构的私有股份。

18. A close family member of the arbitrator has a significant financial interest in the outcome of the dispute.

仲裁员的近亲与本案仲裁结果有重大的经济利益关系。

19. The arbitrator or a close family member of the arbitrator has a close relationship with a third party who may be liable to recourse on the part of the unsuccessful party in the dispute.

仲裁员或其近亲属与第三方有密切关系，该第三方可能有责任在争议中向败诉方追索。

Explanation 1. —The term "close family member" refers to a spouse, sibling, child, parent or life partner.

解释1："亲密家庭成员"一词是指配偶、兄弟姐妹、子女、父母或生活伴侣。

Explanation 2. —The term "affiliate" encompasses all companies in one group of companies including the parent company.

解释2："附属公司"一词含同一集团公司中的所有公司，包括母公司。

Explanation 3. —For the removal of doubts, it is clarified that it may be the practice in certain specific kinds of arbitration, such as maritime or commodities arbitration, to draw arbitrators from a small, specialized pool. If in such fields it is the custom and practice for parties frequently to appoint the same arbitrator in different cases, this is a relevant fact to be taken into account while applying the rules set out above.

解释3：为消除疑问，作如下澄清：在某些特定类型的仲裁中，例如海事或商品仲裁，从一个小型的专门的仲裁池（仲裁员库）中抽取仲裁员是惯常做法。在这些特定领域，如果当事人在不同案件中经常指定同一仲裁员是惯例，则在适用上述规则时应考虑到这一相关事实。

后 记

我对仲裁理论和实务的兴趣来自在清华大学法学院读书时有幸入选法学院设立的“清华大学法学院国际仲裁与争端解决（IADS）”项目。作为该项目的第二期学员，我参与了两年的全英文高强度系统性国际仲裁法相关的学习，并且在郑若骅（Teresa Cheng）大律师的指导下，在香港德辅大律师行（Des Voeux Chambers）进行了国际仲裁的短期实习，后来又选择了国际私法方面的专家李旺教授对国际仲裁问题进行进一步的研究。

在对印度法的研究和实践中，我发现争议解决是中国企业非常容易忽视且陌生的问题，因此结合过去五年中经手的数个涉及中国当事人的仲裁办案经验，写就了本书。

本书的面世除了需要感谢前面的几位老师，还需要感谢文睿伟（Ravi Varma）律师，他为本书提供了不少实务观点。作为执业超过40年的资深律师，文律师是印度仲裁界受到尊敬的业界贤达，仍奋战在法律工作的第一线。同时，还要感谢苏达特（Suadat Kirmani）律师以及哈努良（Nusrat Hassan）律师，在多个仲裁案件的配合中，我受益良多。

感谢香港德辅大律师行卢君政大律师、北京仲裁委员会/北京国际仲裁中心的林晨曦及王唯一、中国国际经济贸易仲裁委员会的田雨酥，在本书撰写过程中与他们就很多实务问题进行了沟通，获得了很多有益的启发。

感谢韦媛媛律师、郑洁予女士以及湖北经济学院法商学院的李少瀛同学对于资料收集和整理的帮助。

感谢中国法制出版社编辑程思，本书的付梓离不开她的辛勤劳动。

当然，最应该感谢的是我的家人，尤其要感谢妻子刘烨博士一直以来的扶持和包容，她的睿智和上进也是鞭策我不断前行的动力。

李钦

2020年4月于北京

图书在版编目（CIP）数据

印度仲裁法精要／李钦著．—北京：中国法制出版社，2020.8

ISBN 978－7－5216－1221－9

Ⅰ．①印…　Ⅱ．①李…　Ⅲ．①仲裁法－研究－印度　Ⅳ．①D935.157

中国版本图书馆 CIP 数据核字（2020）第 147623 号

责任编辑：程思　李宏伟　　封面设计：杨鑫宇

印度仲裁法精要

YINDU ZHONGCAIFA JINGYAO

著者／李钦

经销／新华书店

印刷／北京京华虎彩印刷有限公司

开本／710 毫米×1000 毫米　16 开　　印张／22　字数／280 千

版次／2020 年 8 月第 1 版　　2020 年 8 月第 1 次印刷

中国法制出版社出版

书号 ISBN 978－7－5216－1221－9　　定价：76.00 元

北京西单横二条 2 号

邮政编码 100031　　传真：010－66031119

网址：http：//www.zgfzs.com　　**编辑部电话：010－66054900**

市场营销部电话：010－66033393　　**邮购部电话：010－66033288**

（如有印装质量问题，请与本社印务部联系调换。电话：010－66032926）